# 詳述倫理

教科書 倫理 702
準拠

## 演習ノート

文部科学省検定済教科書 7 実教 倫理702 高等学校公民科用

実教出版

Ethics

詳述
倫理

実教出版

# もくじ

## 本書の使い方

❶ このノートは，実教出版の教科書『詳述倫理』(倫理　702)に準拠しています。

❷ 教科書の1テーマを，2ページで編集しています。

❸ ノートの左ページは，主に教科書内容の学習ポイントを簡潔にまとめています。一部を空欄にしていますが，そこに入る語句などはすべて教科書に記載されているものです。教科書をよく読んで，書き込んでみましょう。【知識・技能】

❹ 側注には，各テーマを学習するうえで是非覚えておきたい知識を補足しています。内容理解を深めるために，または空欄に入る語句を考えるときの参考としてください。

❺ 巻末には学習の振り返りを記入する欄を設けました。

※【　】は関連する評価の観点を示しています。

## 第4章　国際社会に生きる日本人としての自覚

## 第5章　自然や科学技術にかかわる諸課題と倫理

## 第6章　社会と文化にかかわる諸課題と倫理

## 本書の使い方

**exercise ▶ Work** 【知識・技能】
・入試の出題形式をふまえた知識問題や図表問題。知識や概念が身についているか確認できます。

**Check! 資料読解 ▶** 【知識・技能】【思考・判断・表現】
・教科書の Check に対応した設問です。文章の空欄補充や選択式など，取り組みやすい形に改変しています。
・先哲の主張を読み取る技能や思考力を育成できます。

**TRY!** 【思考・判断・表現】
・教科書の単元のまとめの問い TRY に対応した設問です。
・身につけた知識を活用して考察・判断し，表現してみましょう。

**Skill Up** 【知識・技能】【思考・判断・表現】
・教科書の資料読解特集ページ Skill Up に対応した演習問題です。
・多様な問いを通して，複数の資料を読解し，考察することで，思考力・判断力・表現力を身につけることができます。

**章末問題** 【知識・技能】【思考・判断・表現】
・大学入学共通テストの問題や，教科書の特集ページ Theme に対応した問題で構成しています。これまで学んだ知識や概念を活用してチャレンジしてみましょう。

# ① 青年期とは何か

教科書　p.6〜10

〉〉〉【③】の発現
性ホルモンの分泌にともなって，体毛，乳房，声，骨格などにあらわれる男女の違いを[③]という。また，うまれつきみられる男女の体の違いを第一次性徴という。（→教 p.7 ❶）

〉〉〉「おとな」と「子ども」
フランスの歴史学者アリエス(1914〜1984)によれば，中世ヨーロッパでは，かつて「子ども」は存在せず，子どもは「小さなおとな」とみなされていた。近代にはいり，「子どもは子どもであり，おとなとは異なる」という見解が受け入れられ，「子ども」と「おとな」に二分されるようになった。（→教 p.7）

〉〉〉【④】
誕生・成人・結婚などの人生の区切りに，所属する集団や社会の慣習に従っておこなわれる儀式。たとえば，宮参り，七五三，成人式，婚礼など（→教 p.7 ❷）

〉〉〉青年期の特徴
青年が社会のなかでこれまでに体験していない役割や活動を体験すること(役割実験)が，社会や文化によって許容されている時期でもある。青年のなかには自立を回避し，おとなになろうとしない青年も見受けられる。このような青年を，精神科医の小此木啓吾(1930〜2003)は「モラトリアム人間」とよんだ。（→教 p.8, 9）

〉〉〉【⑦】
自分を自分で意識したり，自分と自分以外のものを区別したり，さまざまな自分の要素や体験をひとまとめにして自分をつくりあげる。また，自分の気持ちや行動，考えなどをコントロールする心の働きも意味する。（→教 p.9 ❸）

・青年期
　…かわりゆく自己を見つめながら，本当の自分を形成していくとともに，将来の生き方について考える時期

## 人間の発達

・人間…誕生から死に至るまで，外面(身体)のみならず，内面(心)も変化
　　　＝[①　　　　　　　]

・人間は生涯を通じて[①]していく存在だが，その変化は時期ごとに特徴があり，他と区分できる。これを[②　　　　　　　]と呼ぶ

## 青年期の出現

・青年期
　…[②]のなかで，乳幼児期についで心身ともに急激に変化する時期であり，いわゆる[③　　　　　　　]が発現する時期

【近代以前の社会】
　　[③]があらわれると，子どもからおとなになるための[④　　　　　　　]（イニシエーション)がおこなわれ，おとな集団の一員に

【近代以降の社会】
　近代になり，身分制が崩れ，職業選択が自由に
　→子どもからおとなへの移行には，身体的成熟以外にも心理的・社会的成熟が必要となり，見習い期間としての青年期が求められた
・アメリカの心理学者[⑤　　　　　　　](1902〜1994)
　➡青年期＝「[⑥　　　　　　　](猶予期間)」

## 第二の誕生

・青年期における身体の変化　→　心の変化も引き起こす
・自分をより強く意識，自分へのこだわり＝[⑦　　　　　]の目覚め
　→心身ともに大きく変化するこの時期＝[⑧　　　　　　　](ルソー)
・[⑧]を迎えた青年
　…親に見守られた安定した人間関係からの抜けだし，精神的自立を求める
　　＝[⑨　　　　　　　](ホリングワース)

【青年期の3つの特徴】
①成功による自信の獲得　②失敗や挫折による劣等感　③周囲に対して感じる孤独
さらに，青年期は自己主張が強くなり，自立の過程で周囲のおとなと対立
＝[⑩　　　　　　　]

## マージナル・マン

「青年」はもはや「子ども」ではないが，いまだに「おとな」でもない中間者
　＝[⑪　　　　　　　](境界人，周辺人)(レヴィン)
　　→同時にいろいろな集団に所属，不安定

## 愛着・友情と恋愛

- イギリスの精神科医ボウルビィ(1907〜90)

  人間は危機的な状況や今後の危機に備えて，<u>特定の他者と近接する傾向</u>
  ＝[⑫    ](アタッチメント)

  <u>乳幼児期</u>：母親や父親といった養育者だけでなく，祖父母，保育者，教師

     ↓

  <u>青年期や成人期</u>：友人や恋人へ

- 友人…親にも語れない悩みを語り，慰めてくれる。ときには批判してくれる
  存在。友との関係を通して自己を知る＝「友はもう一人の自己(第二の自己)」
  (アリストテレス)

- 恋愛…肉体的な欲求に根ざしながらも，相手に対する人間としての尊敬をこ
  めた強い憧れをともなう，精神的で持続的なもの

  ➡ 他者に対する理解を深め，生を豊かなものへ

## 社会性の発達

- 他者とともに生きるには[⑬   ]と[⑭    ]が必要

  [⑬]…スイスの心理学者ピアジェ(1896〜1980)

   乳幼児期：自分自身の立場から世界をみる[⑮    ]

   児童期：自分の視点を離れて抽象的に思考([⑯    ])

   青年期：他者の気持ちの理解，他者が自分の思考をどう思うかを予測

  [⑭]…幼児期の道徳的判断は叱られたかどうかの結果論

    →しだいに行為の意図や動機を考慮して善悪について判断

>>>ヤマアラシのジレンマ

ドイツの哲学者ショーペンハウアーの「比喩，たとえ話，寓話」に由来する言葉。とげのような剛毛をもつヤマアラシの一群が冷たい冬のある日に凍えることを防ぐためぴったりとくっつきあおうとするが，互いにとげの痛さを感じて別れることを繰り返すというたとえからいう。(→教 p.9❹)

>>>愛について

愛には肉体的なものや精神的なもの，価値あるものへの愛や無差別の愛などがある。(→教 p.76)

>>>[⑭]の発達段階

アメリカの心理学者コールバーグは3水準6段階からなる[⑭]の発達段階を提唱した。「他者から罰せられるかどうか」といった罰を避けることを基準に判断するような段階から，社会的ルールに従うことが正しいと考える段階，そして，現行の社会的ルールそのものを問い直し，人間や社会のあるべき姿を考えて判断しようとする段階へと発達すると考えられている。(→教 p.10)

---

**exercise** 「おとな」と「子ども」をめぐる概念についてレヴィンが述べた内容として最も適当なものを，次の①〜④のうちから一つ選びなさい。

〈センター試験倫理 2015 年本試を改変〉

① 自らの欲求を満たすことの出来ないおとなが幼児期の発達段階に逆戻りしたかのような態度を取る現象を見いだし，退行と名付けた。

② 子どもとおとなの狭間におり，どちらの世界に対しても帰属意識を持てずに不安定な状態にある青年を，マージナル・マン(境界人)と呼んだ。

③ 近代以前のヨーロッパでは「子ども」という概念が確立されておらず，中世では7歳頃以降の人間は「小さなおとな」と見なされていた，と指摘した。

④ 年齢的には大人になっても心理的には子どものままでいようとする青年の有様をピーターパン・シンドロームと呼んだ。

        [  ]

---

**Check! 資料読解** 教科書 p.8「第二の誕生」について，次の文章中の空欄 [  ] に当てはまる言葉を下の①，②のうちから選びなさい。どちらでもない場合は③と答えなさい。

ルソーはその著作『エミール』で，われわれは2回生まれると説明した。そのうち，例えば「自分の性に目覚める」というのは [  ] である。

① 第一の誕生    ② 第二の誕生    ③ どちらでもない

        [  ]

# ② 自己形成の課題

教科書 p.11〜15

〉〉〉**類型論と特性論**

[①]を理解するには，一般に「類型論」と「特性論」が用いられる。

「類型論」は，[①]を生物学的要因や心理的要因による特徴によって，いくつかの類型にわけ，概括的に性格を理解しようとする考え方である。

一方，「特性論」は，性格の特徴をあらわすいくつかの性格特性（たとえば，「明るい」，「協調的である」など）を選び，個々人がその特性をどの程度有しているかを記述することによって（たとえば「とても明るいが，協調性が少し不足する」といったように）個々人を理解しようとする考え方である。また，類型論や特性論で理解される[①]は必ずしも固定的なものではなく，その後の経験や学習あるいは個人の主体的な努力によって変容する可能性がある。（→教 p.11, 12）

〉〉〉**[⑤]と動機づけ**

[⑤]は，行動を開始させる原因の一つであり，人が行動を開始し，それを持続する一連の過程を動機づけという。動機づけの代表的な分類として，外発的動機づけと内発的動機づけがある。たとえば，「成績がよいと褒められるから勉強する」，「しないと怒られるから勉強する」など，賞罰に基づいた動機づけは，外発的動機づけとよばれる。一方で，報酬や罰，規則がなくても，人は主体的に行動することがある。たとえば，本が好きな人は，人にいわれなくても，ご褒美がなくても読書をする。このように，興味や好奇心に基づいた動機づけは，内発的動機づけとよばれる。（→教 p.12）

・自己形成の課題

…自らの生き方を選び，決定していくには，自立した自己を形成する必要性

## パーソナリティの形成

・人間は一人ひとり異なる[①　　　　　　　　　]（個性，人格）を有する

→[①]について[②　　　　　]と[③　　　　　　]の二つの要因からとらえるアプローチがある

[②]を重視：人間はうまれながらにして異なる[①]を有する

[③]を重視：人間はうまれたときには白紙であり，その後の経験と学習によって異なる[①]を有する

・青年期

…他者との比較を通して，憧れを抱くこともあれば，自己嫌悪に陥ったり，劣等感にさいなまれたりする経験

→自分をかえたいと望み，個人の[④　　　　　　　　]な努力がはじまる

＝[①]の第三の形成要因

## さまざまな欲求

・人間…生きるための[⑤　　　　　]を有している（うまれながらのものと誕生後に獲得されるもの）

→個々の[⑤]の充足をはかるなかで，[⑤]間の優先度をめぐって対立

・アメリカの心理学者[⑥　　　　　　　]…[⑤]を階層的にとらえる

人生最高の[⑤]＝自分の能力を最大限実現しようとする[⑦　　　　　]

【[⑤]の種類】

・生理的欲求（一次的欲求）

…食欲，性欲など

・社会的欲求（二次的欲求）

…金銭欲，名誉欲，承認欲，達成欲など

（ピラミッド図）

| [⑦] |
| 承認の欲求 |
| 所属と愛情の欲求 |
| 安全の欲求 |
| 生理的欲求 |

## 欲求不満と葛藤

・さまざまな欲求が対立し，その選択が困難になること＝[⑧　　　　　]（コンフリクト）

→欲求の充足を求めても，周囲の状況（社会的・環境的な条件など）からかなわないことも

・欲求の充足を求める個人が周囲の諸条件（社会のあり方，相手からの期待や要求，法・道徳・慣習などの社会規範）などに適合しようと努める行動

＝[⑨　　　　　]

・欲求の充足が妨げられると…

　心の緊張が高まる＝［⑩　　　　　　　　　　　　　　　　　　　　　　　　　］

　［⑩］の累積→解消のため攻撃行動，退行，目標なき行動へ

　［⑩］の高まりに耐える力＝［⑪　　　　　　　　　　　　　　　］

## 防衛機制

・［⑫　　　　　　　　　　　］（精神分析学者フロイトにより示される）

　…日常生活における［⑧］や［⑩］に対して，［⑬　　　　　　　　　］に自己を守るし

　くみ

## アイデンティティの確立

・アメリカの心理学者エリクソン

　…発達段階を８つに分類，それぞれの段階で達成すべき発達課題を整理

・青年期の発達課題

　…［⑭　　　　　　　　　　　　　　　　　　　　　　　　　　］の確立

　　＝「自分らしさ」，「私は誰なのか」という問いに対する答え

　　⇕

　　「本当の自分がわからない」「自分は何をすればよいのかわからない」といっ

　　た精神的な危機，［⑮　　　　　　　　　　　　　　　　　　　　　　　　　］に陥ること

　　＝アイデンティティの拡散

　　　例）スチューデントアパシー

　　→現実を直視し，ときに他者の力を借りて，克服しようとする努力が必要

〉〉〉【⑬】
意識的努力では気づくことができない心の領域。フロイトは心を氷山にたとえ，意識は水面上に浮かぶ部分，［⑬］は水面下でみることのできない大部分と説明している。フロイトは本当の自分，本当の認識というものも，心の働きの一部でしかないと主張した。（→教 p. 14 ❶）

〉〉〉【⑭】の確立
［⑭］の確立とは，いままで無自覚に生きてきた自分や，家族や周囲の期待に素直に従っている自分と，自らそうありたいと思っている理想の自分とを対峙させつつ，両者を統合してより一貫した自分をつくりあげることである。そのためには，自分の［①］や，自分がどのような欲求，動機づけをもっているかを考え，自己について理解を深めていくことが重要になる。（→教 p. 15）

〉〉〉スチューデントアパシー
無関心，無感動，無為にすごす，学生に特有な無気力症。（→教 p. 15 ❷）

---

**exercise** ▶ ①アイデンティティの拡散を表す語句として適当でないものを，次の①～④のうちから一つ選びなさい。

①　通過儀礼（イニシエーション）　　　②　自意識の過剰　　　〈センター試験倫理 2012 年本試を改変〉

③　否定的アイデンティティ　　　④　モラトリアム人間

---

②以下の①～④は，マズローの欲求階層説において一次的欲求と二次的欲求のどちらに当たるか，それぞれ数字で答えなさい。

①　金銭欲　　　②　食欲　　　③　睡眠欲　　　④　承認欲求

| 一次的欲求 | 二次的欲求 |
| --- | --- |
|  |  |

# ③ よりよい生き方を求めて

教科書　p.16〜17

〉〉〉**生きがい**
人間は、自らの生が豊かに充実していることを実感してはじめて「生きている」そのことを喜び、生きがいを見出すことができる。反対に、生きがいを喪失した人にとって、過去、現在の自分には何の価値もなくなり、未来への希望は不安と深刻な闇にとってかわられてしまう。(→教 p. 16)

〉〉〉**〔②〕とは**
神谷美恵子によれば、〔②〕とは、他人から与えられるものではなく、自らが、自らのためにもちうるものである。また、生きがいという言葉には「はりあい」という意味も含まれている。(→教 p. 16)

〉〉〉**神谷美恵子**
津田英学塾在学中にはじめてハンセン病の存在を知り衝撃を受ける。周囲の反対を乗り越えて医学の道に進み、終生をハンセン病患者のための実践活動に捧げた。(→教 p. 16 )

〉〉〉**〔④〕**
第二次大戦中にナチス・ドイツのユダヤ人強制収容所に収容され、極限状況を生き抜いた。そのときの体験を著書『夜と霧』にまとめる。人間存在の中心に責任と倫理をおく実存分析の立場から、人生の意味を見出すことで心の治療をおこなうロゴテラピーを開始した。(→教 p. 16〜17)

〉〉〉**自然環境の保全**
→教 p. 202 を参照

## 幸福感とウェルビーイング
・身体や精神、社会面において良好な状態＝〔① 　　　　　　　　　　　　〕
　→楽しさや快楽だけでなく、生きがいを有することや他者と良好な関係にあることは〔①〕の要素の一つ

## 生きがいとは何か
・精神科医の神谷美恵子(著書『生きがいについて』)
　最も生きがいを感じる人＝〔② 　　　　　　　〕に生きる人
・人間のもつ最も内在的な欲求
　＝自分の存在が他人にも受け入れられることを願う「〔③ 　　　　　　〕への欲求」

## 生きる意味
・オーストリアの精神医学者〔④ 　　　　　　　　〕(著書『夜と霧』)
　〔⑤ 　　　　　　　　　〕を見出した人間は自分の将来を信じ、希望をもって生きることができる
　→自分がなすべきことや使命を実現していくことに生命の意味がある

## 個性化と社会化
・社会のなかで生きる私たち
　…自身の幸福だけでなく、他者の幸福のために行動することが求められる
　　　　⬇
　　社会のなかで生きるための〔⑥ 　　　　　　〕の過程と、自分の生きがいを見出し、自分らしさを獲得する〔⑦ 　　　　　　〕の過程を調和させる必要
・自然のなかに生きる人間は、自然環境を保全しつつ、自分の幸福を求める必要もある

次の文章は，生の意味をめぐるフランクルの思想についての説明である。この文章を読み，　a　～　c　に入れる記述をア〜カから選び，その組み合わせとして正しいものを，下の①〜⑧のうちから一つ選びなさい。

〈センター試験倫理 2016 年追試〉

　フランクルは，　a　において，未来への希望を失い，「このまま生きても，人生に何も期待できない」と語る者が，いかにして生の意味を見いだせるかについて思索した。彼は，そのような者が生に対して問うのをやめ，　b　ことの重要性を説いた。この思想を通じて，生の意味が，言葉で語る次元ではなく，生きることのうちに，すなわち，各人が　c　と主張した。

ア　ナチス政権下の捕虜体験をもとに執筆した『全体性と無限』

イ　アウシュヴィッツ収容所での体験を綴った『夜と霧』

ウ　問いを自己自身に向け，認識を疑い続けることで，独断や偏見を取り除く

エ　自分自身が生から問われていることを自覚し，その問いかけに答える

オ　与えられたその都度の課題を果たし，要請を充たす行動のうちにある

カ　幸福を求めず，幸福となるに値する道徳的義務を果たすことのうちにある

| ① | a―ア | b―ウ | c―オ | | ② | a―ア | b―ウ | c―カ |
| ③ | a―ア | b―エ | c―オ | | ④ | a―ア | b―エ | c―カ |
| ⑤ | a―イ | b―ウ | c―オ | | ⑥ | a―イ | b―ウ | c―カ |
| ⑦ | a―イ | b―エ | c―オ | | ⑧ | a―イ | b―エ | c―カ |

**Check! 資料読解**　教科書 p. 17「幸福感を高める要因とは」について，表を読み取った内容として適切なものを，下の①〜④のうちから一つ選びなさい。

| 会食や集まりの頻度 | まったくしていない | 年に 1 回程度 | 年に数回 | 月に 1 回程度 | 週に 1 回以上 |
|---|---|---|---|---|---|
| 幸福感 | 2.45 | 2.38 | 2.19 | 2.17 | 2.03 |

| 近所の人の手助け | まったくあてはまらない | あてはまらない | どちらともいえない | あてはまる | よくあてはまる |
|---|---|---|---|---|---|
| 幸福感 | 2.70 | 2.41 | 2.25 | 2.05 | 1.88 |

①　会食や集まりの頻度は高ければ高いほど幸福感を高めるので，多く機会を設けるべきだ。

②　手助けしてくれる近所の人がいるかどうかは，幸福感とは関係ない。

③　会食や集まりの頻度が高い人は，手助けしてくれる近所の人も多いといえる。

④　月に 1 回程度会食や集まりがあるよりも，年に数回あるほうが幸福感を感じている。

**TRY!**　自分がどのようなパーソナリティや欲求をもち，どのようなことに生きがいを感じるのかについて整理し，今後自分がどのように生きていきたいのか，「生きがい」という言葉を使って説明してみよう。

>>>文字の発明
文字の発明は、知識の伝達をより容易なものとし、人間がより高度な文明を築いていくことを可能にした。文字の発明により、個人の記憶が、集団の記録となり、歴史となる。（→教p.18）

>>>【③】
フランスの哲学者ベルクソンによる定義。目的のために手段を工夫してものをつくることに注目する。（→教p.18, 112参照）

### 人間性の定義

- 人間はほかの動物よりも発達した知性（理性）をもち、それを発達させてきた
  ＝生物学で［① 　　　　　　　　　　　　　　　］（知恵のある者）
- 人間の知性は［② 　　　　　］と結びつく
  →意志伝達、共同生活、自己吟味や理性に基づく認識も可能になる
- 人間は環境に適応するのではなく、環境に働きかけ、環境を改変
  目的のために道具を作り、これを用いて必要なものを生産
  ＝［③ 　　　　　　　　　　　　　　　］
- 実用的な目的を離れて、それ自身を楽しむ「遊び」を通して文化をつくる
  ＝［④ 　　　　　　　　　　　　　　　］

### 人間と知性

●下の①と②にはそれぞれ何が描かれているだろうか。

①　　　　　　　　　　　　　　　②

- 人は世界をありのままに［⑤ 　　　　　］しているのではない
  ①無意識的に存在しない白い四角形をみている（主観的輪郭）
    ＊白い四角形は存在しないという知識があっても、みえてしまう
  ②同じ中央の文字が「B」とみえたり、「13」とみえたりする
    →知識をもとに解釈しているため、そうみえる（文脈効果）

●下の4枚カード問題をやってみよう

| E | K | 4 | 7 | ビール | コーラ | 22歳 | 16歳 |

▲ 4枚カード問題①
4枚のカードがある。そのカードには、片面にアルファベット、もう片面には数字が書いてある。これらのカードが「片面が母音ならば、もう片面は偶数である」というルールを満たしているか調べるために、裏返す必要のあるカードをすべて選べ。

▲ 4枚カード問題②
4枚のカードがある。そのカードには、片面に飲み物、もう片面にはそれを飲んでいる人の年齢が書いてある。これらのカードが「片面がお酒なら、もう片面は20歳以上である」というルールを満たしているか調べるために、裏返す必要のあるカードをすべて選べ。

>>>推論
一般的な原理から、個別的な判断を引き出す演繹法など。（→教p.20, 90参照）

- ［⑥ 　　　　　　　　　］も知識の影響を受ける
  同じ推論も具体的事例だとわかりやすくなる
  →知識が意味理解を助ける

・〔⑤〕や〔⑥〕は知識の影響を受ける

　→人間は過去の経験から〔⑦　　　　　〕し，情報を〔⑧　　　　　〕している

　　※自分のパーソナリティ，自己理解なども自分に関する過去の〔⑧〕

〔⑧〕
├─〔⑨　　　　　〕
│　　…みたことや聞いたことを一時的に覚えているような〔⑧〕
└─〔⑩　　　　　〕
　　　…より長期間，場合によっては一生覚えているような〔⑧〕

### 人間と感情

【以前】人間の知性（理性）と〔⑪　　　　　〕は対立するもの

　⬇　→〔⑪〕に対する知性（理性）の優位

【現在】人間の行動に影響を与え，人間の適応を支える固有の機能としての〔⑪〕

・アメリカの心理学者〔⑫　　　　　〕（1934〜）

〔⑬　　　　　〕

…人間にうまれつき備わっている〔⑪〕（怒り・嫌悪・恐れ・喜び・悲しみ・驚き）

⬍

〔⑭　　　　　　　　〕

…自分と他者の区別が可能になり，他者の存在や他者の自分に対する目を意識することで経験される〔⑪〕（罪悪感，恥，ねたみなど）

〉〉〉【⑦】

【⑦】とは，授業を受けたり，本を読んだりして勉強することだけではない。人間は社会のなかで生活しながら，環境との相互作用を通じて多くのことを【⑦】している（社会的学習）。（→教 p. 21 ❶）

〉〉〉【⑨】と【⑩】

【⑨】とは，住所を調べてから入力し終わるまでの間のように，一時的に覚えているような記憶である。一方で，自分の家の住所はメモなどをみずにいつでも思い出すことができる。このような記憶は【⑩】とよばれる。また，一般に，無意味なことよりも意味のあることの方が記憶しやすい。つまり，新しい情報をすでにもっている知識と関連づける（意味づける）ことは，長期的に覚えるための有効な方法である。（→教 p. 20）

---

**Check! 資料読解** 　教科書 p. 21「意味の理解と記憶」について，提示された文の種類と記憶成績（正しく思い出すことのできた単語の数）の関係を正しく述べているものを，次の①〜④のうちから一つ選びなさい。

①　提示される文章の意味は，記憶成績には影響を与えていない。

②　意味的な関連が明確なフレーズが追加された文は自然と記憶成績をよくしている。

③　記憶することは求められていないため，意味の理解と記憶成績の相関は答えられない。

④　意味的な関連が不明確なフレーズでも追加されることで，ベース文だけよりも記憶しやすくなる。

---

**TRY!** 　人間とは何か，に対する答えは時代によって変化し続けている。現在考えられている人間の特徴について述べた次の文章中の空欄　ア　・　イ　に当てはまる語句の組み合わせとして正しいものを，下の①〜④のうちから一つ選びなさい。

　　人間の　ア　と　イ　はしばしば対立するものと考えられ，　ア　の働きがより重視されてきた。しかし，現在ではその協働関係が強く指摘されている。たとえば，予期せぬことが起きたとき，驚きという　イ　が働くため，その予期せぬことに関する情報を集めようと　ア　が働くようになる。

①　ア―知性　イ―感情　　　②　ア―知性　イ―欲求

③　ア―感情　イ―知性　　　④　ア―感情　イ―欲求

1 人間形成をめぐって，多くの人々が様々な考えを提出している。そのうち，レヴィン，マズロー，エリクソンの考えとして適当なものを，次の①〜⑥のうちから一つずつ選びなさい。なお，レヴィンについては【　A　】に，マズローについては【　B　】に，エリクソンについては【　C　】に記入しなさい。

① 人間形成が十全になされるには，欲求の健全な充足を目指さなければならないが，欲求には，睡眠や飲食などの単に生理的なものだけではなく，その上位に位置づけられる，愛情や集団への帰属意識などの精神的欲求もある。

② 人間の心には無意識の領域があり，個人的なものと集合的なものがある。集合的無意識は個人的無意識よりも深い層にあり，そこには，元型という神話的な性格を帯びた普遍的イメージがうまれながらに備わっている。

③ 人生には，誕生から死に至るまで8段階の周期(ライフサイクル)があり，時間とともに自我は発達していくと考えられる。それぞれの段階には達成すべき課題があるが，その達成度が人の発達状況の目安となっている。

④ 人は青年期において自我に目覚め，精神としての自己という内面的世界を発見する。これはいわば第二の誕生であり，第一の誕生が存在するための誕生であるとすれば，第二の誕生は生きるための誕生である。

⑤ 子どもは小さなおとなではなく，子ども独自の世界がある。しかしながら，子どもの認識能力は一定の段階を経て発達し，自己中心的だった段階を脱すると，他者を意識するようになり，客観的な判断も出来るようになる。

⑥ 人が自分の行動を選択する場合，その人の所属する集団の価値観から強い影響を受けるが，生活空間が大きく変化する青年期においては，子どもの集団にもおとなの集団にも属することができず，中途半端な状態に陥る。

〈センター試験倫理 2004 年追試を改変〉

| A | B | C |
|---|---|---|
|   |   |   |

2 次の青年心理に関する記述 A〜C と，それを表す下の用語ア〜オとの組み合わせとして最も適当なものを，下の①〜⑥のうちから一つ選びなさい。

A 親などによって保護された状態から逃れることを求め，情緒的な不安定さを抱きながらも家族からの独立を図ろうとする。

B 身近にいる人ともコミュニケーションが取れないと思い，周りの人から自分が認められていないのではないかと感じる。

C 必ずしも客観的な根拠がないにもかかわらず，能力や容姿などについて他の人と比べ悩みがちになる。

ア　孤独感　　　　　イ　防衛機制　　　ウ　エゴイズム
エ　コンプレックス　オ　心理的離乳

① A—ア　B—イ　C—エ　　② A—ア　B—ウ　C—イ
③ A—ウ　B—ア　C—オ　　④ A—ウ　B—イ　C—オ
⑤ A—オ　B—ア　C—エ　　⑥ A—オ　B—エ　C—イ

〈センター試験現代社会 2008 年本試〉

3 青年期は社会を構成する一員として，他者との関係を培っていく時期である。この時期に特徴的にみられる個々人の心の発達について，次のア～エのそれぞれの説を提唱した心理学者を，後のa～dのうちから一つずつ選び，その組み合わせとして最も適当なものを，後の①～⑧のうちから一つ選びなさい。

ア　社会的自我の形成には，他者が深く関わっており，さまざまな立場の他者との相互作用を通して，一般化された他者からの期待を身につけていく。

イ　自己中心的な立場から離れ，客観的で多面的なものの見方ができるようになり，具体的な事象を超えた抽象的思考が可能になる。

ウ　他者との間に信頼関係が築けるようになるには，乳幼児期に子どもと養育者との間で愛着（アタッチメント）が形成されることが重要である。

エ　道徳性の発達において，人権や正義といった現実の社会の規則を超えたより普遍的な道徳原理を基準に，道徳的な判断ができるようになる。

a　ピアジェ　　　b　ボウルビィ　　　c　コールバーグ　　　d　G.H. ミード

① ア―a　イ―b　ウ―c　エ―d　　② ア―a　イ―c　ウ―b　エ―d
③ ア―a　イ―d　ウ―b　エ―c　　④ ア―c　イ―a　ウ―b　エ―d
⑤ ア―c　イ―a　ウ―d　エ―b　　⑥ ア―d　イ―a　ウ―c　エ―b
⑦ ア―d　イ―a　ウ―b　エ―c　　⑧ ア―d　イ―b　ウ―a　エ―c

〈大学入学共通テスト公共，倫理 2025 年度試作問題〉

4 欲求不満が生じたときの対処について，防衛機制「合理化」の例とされる有名な寓話を次に示した。

---

【防衛機制　X　の例】
高い木になっているブドウを見つけて欲しくなり，それを採ろうとするがどうしても採れなかったキツネが，　Y　。

---

この例では，　X　に合理化が，　Y　に「『あのブドウは酸っぱいに違いない』と考える」が挿入され，寓話が完成する。これを題材に，他の防衛機制の例を示す場合，防衛機制　X　と，それに対応する例に入る記述　Y　の組み合わせとして最も適当なものを，次の①～⑥のうちから一つ選びなさい。

① X　反動形成
　　Y　『今はおなかがいっぱいだ』と考える

② X　反動形成
　　Y　『今日は誰と遊ぼうかな』と考える（ブドウのことを忘れている）

③ X　抑圧
　　Y　ブドウの木に火をつけて燃やしてしまう

④ X　抑圧
　　Y　『このブドウは僕には食べられるのが嫌なんだ』と考える

⑤ X　置き換え
　　Y　ブドウに化けようとする

⑥ X　置き換え
　　Y　ブドウではなく大好物のイチジクを採りに行く

〈大学入学共通テスト現代社会 2021 年本試　第1日程〉

# ① ギリシア思想の誕生—自然哲学

教科書　p.22〜24

>>> **枢軸時代**
ドイツの哲学者ヤスパースは、前 800 年から前 200 年までを、枢軸時代とよんで、この時期を軸として人類全体の歴史をとらえようとした。彼は、この時代に、人類は精神的に深まり、ギリシアの哲学者たち、パレスチナの預言者たち、インドのブッダ、中国の孔子らの活動によって、人類のこんにちに至るまでの精神的な基礎が築かれたととらえている。(→教 p. 23 ❶)

>>> **ギリシア神話**
ホメロスの二大叙事詩『イリアス』と『オデュッセイア』には英雄たちとともに、神々の活躍が描かれている。叙事詩人ヘシオドスの『神統記』では、もろもろの神々の誕生と系譜、ゼウスによる現今世界の支配権確立の経緯が語られている。(→教 p. 23 ❷)

>>> **【⑥】**
本来「言葉」を意味するが、「(言語能力・思考能力としての)理性」、「論理」、「理法」、「(数的)比」など、多様な意味をもつようになった。(→教 p. 23 ❸)

>>> **【⑦】**
世界は人間の理性によって認識されうるとする[⑦]は、人間を理性的存在とみて、理性を中心にして生きていこうとする理性的人間観と深く関係する。(→教 p. 23 ❹)

>>> **【⑧】**
もともとは「秩序」を意味する言葉。(→教 p. 23 ❺)

>>> **クセノファネス**
神々は人間に似た姿をし、人間と同様の思考や行動をするという、伝統的な神々のとらえ方(擬人的神観)を批判した。(→教 p. 24 ❶)

>>> **パルメニデス**
「あるもの」のみがあり、「あらぬもの」は考えることも語ることもできないとした。「あるもの」は永遠、不動であり、一つであると主張した(存在一元論)。(→教 p. 24 ❸)

・紀元前 8 世紀ギリシア…各地にポリス(都市国家で小規模な共同体)が成立
　→市民たちはポリスの独立・自治に関与し、自由を重視
・ギリシア人…地中海沿岸にポリスを建設し(植民活動)、交易を活発におこない、オリエント文化と接触

・自由な精神や異文化との接触→伝統的な考え方と異なる考え方が芽生えた

## 神話から哲学へ—コスモスの発見

・人間…自分のまわりや自分自身について真実を知ろうとする精神的な欲求をもつ→[①　　　　　](ミュトス)が欲求にこたえる
・[①]…ものごとを神々の意志と力によって生じるものと考え、そうした考え方にもとづいて、世界のあり方や人間の生き方をとらえようとしたもの
・ギリシア[①]の発達…ものごとが、ゼウスを最高神とするオリュンポスの神々やその他の神々の働きと結びつけて説明された
　→人間は死すべきもので、[②　　　　　]に陥らない生き方が説かれた
　→ものごとが神々の働きによりもたらされるとする考え方
　　＝[③　　　　　　　　]
・紀元前 6 世紀初頭、小アジア・イオニア地方…[④　　　　]の誕生
　初期の哲学者は自然(ピュシス)を考察＝[⑤　　　　　　　]
　→[③]を排した
・自然…確固とした秩序を備えた存在で、人間の観察と思考によってとらえられる
・秩序の根拠…人間の[⑥　　　　　　](理性)の働きによって把握される
　＝[⑦　　　　　　]
　→自然の世界全体は、[⑧　　　　　]とよばれるように

## 自然哲学

| [⑨　　　　　　] | ・最初の哲学者<br>・水を万物の[⑩　　　　](原理、[⑪　　　　　　])と考え、水によって世界の成り立ちとその諸現象を説明しようとした |
|---|---|
| [⑫　　　　　] | 世界の秩序の根拠を数に求め、数的な比[⑥]に基づく調和(ハルモニア)があると考察 |
| [⑬　　　　　] | 万物の原理を火とし、世界の秩序を動的にとらえた(「万物流転」) |
| [⑭　　　　　] | 火・空気・水・土(四元)を万物の構成要素と考察 |
| [⑮　　　　　] | 無限に広がる空虚のなかを運動する無数の原子(アトム)の集合と離散によって世界のあらゆる事物・事象を説明しようとした(原子論) |

〈大学入学共通テスト倫理 2021 年本試第 2 日程を改変〉

**講師 A**：それでは，「自然と人間」の授業を始めます。まず，動植物を含む自然に照らして，人間のあり方を考察しましょう。

**高校生 B**：自然に照らして人間のあり方を考えるって，どういうことですか？

**講師 A**：人間を含む森羅万象を見つめながら，人間のあり方について考えていくということです。古今東西の思想家たちも，様々に考えてきました。

・次のレポートは，オープンキャンパスに参加した B が，高校の課題で，担任の先生に提出したレポートの一部である。

> 【レポート】
> 　私は，オープンキャンパスで「自然と人間」という模擬授業に参加し，自然に照らした人間のあり方に興味を持ち，さらに調べてみました。
> 　古代ギリシアでは，哲学者が自然を観察することで世界の根源を探究し始め，相互に議論を重ねていきました。私は，人間が存在するこの世界を，自然探究を通じて把握しようとした点に引き付けられました。

**問**　下線部に関して，世界の根源を探究した古代ギリシアの思想家についての説明として最も適当なものを，次の①〜④のうちから一つ選びなさい。

① ヘラクレイトスは，この世界は常に不変不動であり，そこには静的な秩序が維持されていると考えた。

② ヘラクレイトスは，この世界は絶え間なく運動変化しており，そこにはいかなる秩序も存在しないと考えた。

③ ピタゴラス（ピュタゴラス）は，この世界には調和的な秩序が実現されており，そこには調和を支える数的な関係があると考えた。

④ ピタゴラス（ピュタゴラス）は，この世界は無秩序であることを特徴としており，そこには調和は見いだせないと考えた。

**TRY!** 初期の自然哲学者たちは世界の成り立ちや秩序について，どのように考えたか。「根源」「ロゴス」という言葉を使って，上記高校生の B がまとめた次の説明文中の空欄 ア 〜 エ に当てはまる語句の組み合わせとして正しいものを，下の①〜④のうちから一つ選びなさい。

　初期の自然哲学者たちは自然の世界を，神々の気ままな働きに支配されたりせず，それ自体で秩序をもつ ア であると考えた。彼らはまた，その秩序は人間の観察と思考によってとらえられ，秩序の根拠は人間のロゴス，すなわち イ によってとらえられると考えた。彼らはこのような考え方をもとに，万物の根源を探求した。たとえば，哲学者 ウ は，万物の「根源」を水と考え，水によって世界の成り立ちを説明しようとした。また， エ は原子論を主張した。

① ア ミュトス　イ 理 性　ウ ピュタゴラス　エ エンペドクレス

② ア コスモス　イ 経 験　ウ ピュタゴラス　エ デモクリトス

③ ア ミュトス　イ 経 験　ウ タレス　　　　エ エンペドクレス

④ ア コスモス　イ 理 性　ウ タレス　　　　エ デモクリトス

## ② ソフィストたちとソクラテス

教科書　p.25〜28

〉〉〉【①】
一般的には、「それぞれのものがもつ、その種類に固有のよさ・卓越性」を意味する。「人間としてのよさ・卓越性」が人間の「徳」である。(→教 p.25 ❶)

〉〉〉【②】
知恵(ソフィア, sophiā)のある人・知者。彼らは、アテネを中心として各地をめぐり、多額の報酬をとって弁論術を教えた。代表的な人物として、〔④〕のほかに、弁論術を大成したゴルギアス(前483年ごろ〜前376年ごろ)がいる。(→教 p.25 ❷)

〉〉〉ソクラテス
アテネにうまれ、三度国外に出たほかはアテネを離れることがほとんどなかった。若いころは自然哲学にも関心をもっていたが、やがてもっぱら人間の生き方を問題にするようになり、体育場や街頭などで対話をおこなった。何も書き残さず、その思想はプラトンの対話編などを通じて知られる。(→教 p.27)

〉〉〉【⑦】
知恵(ソフィア)を愛すること(フィレイン)を意味する。「哲学(philosophy)」の語源。ソクラテスは自分を、「知恵をもつ者」(知者, ソフォス)と区別して、「知恵を愛し探求する者」(哲学者, フィロソフォス)と規定した。(→教 p.26 ❶)

〉〉〉【⑧】
ギリシアには古くから「美しい(カロス, kalos)」と「善い(アガトス, agathos)」を一体化してとらえる考え方があったが、ソクラテスはそれをとらえなおし、その哲学的意味を追求した。(→教 p.26 ❷)

〉〉〉【⑩】
対話の技術を意味する。ソクラテスは〔⑩〕を、多数の聴衆を相手にして彼らを説得することを目的としたソフィストたちの弁論術と対比して、真理探求の方法と位置づけた。(→教 p.27 ❶)

### 自然から人間・社会へ

・紀元前5世紀、アテネの民主政が進展

　→政治的指導者になるには、雄弁であることが不可欠に

　　＝人間として秀で卓越していること(〔①　　　　　　　　　　〕)

・〔②　　　　　　　　　〕とよばれる職業的教師の登場

…「〔③　　　　　　　　　〕」を標榜し、説得的な弁論をおこなうための技術・知識を教える

　→真実そのものよりも、人々に真実と思われることに関心が向く

・代表的な〔②〕の〔④　　　　　　　　　〕

「〔⑤　　　　　　　　　　〕」

　…客観的・普遍的な真理を否定し、ものごとがどうあるかは個々人がどう思うかによって決まる〔⑥　　　　　　　　〕の考え方

※〔②〕…自然(ピシュス)よりも人間と社会に目を向け、自由に論じた

　→法や慣習(ノモス)の相対性と人為性を強調

　　→人々の価値観に混乱をもたらす

### 無知の知

ソクラテス…ソフィストにはじまった人間への関心を、人間の自覚にまで深め、「知を愛する営み」(〔⑦　　　　　　　　　　〕)に新たな意味を与えた

・ある神託(デルフォイのアポロン神殿)

　…「ソクラテスに優る知者はいない」

　神託の意味…人間のなかで最大の知者とは、自分が無知であることを自覚している者

・ソクラテスが問題にしたこと

　…生きるうえで最も重要な〔⑧　　　　　　　　　　〕(カロカガティア)について人間は無知である

　→無知を自覚するがゆえにあくまで知を求める＝〔⑨　　　　　　　〕

　→自分を知を愛し求める哲学者ととらえ、無知を自覚しながら、人間としての生き方を探求

・ソクラテスの使命…人々に無知を自覚させること

　→〔⑩　　　　　　〕という、対話を通じて自分から真の知を見出すことを手助けする方法を用いた＝〔⑪　　　　　　　　　〕とも

### 魂への配慮

・ソクラテスが知を探求した理由

　…知ることが人間の生き方・あり方の全体にかかわると考えたから

　→人間にとって大事なこと＝ただ生きるのではなく、「〔⑫　　　　　　　〕」こと

・真の自分…[⑬　　　　　　　　　　　]であると主張

※肉体・財産・地位などは，自分の付属物にすぎない

→人間は[⑬]をよくすることによってよく生きることができる

人間の最大の関心事＝[⑭　　　　　　　　　　]

・善や正を知れば，それを知る[⑬]そのものがよくなって[⑬]の優れたあり方である[⑮　　　　　　　　　　]が実現＝「徳は知」，知徳合一

→よいおこないや正しいおこないの実行＝[⑯　　　　　　　　　]

→よく生き，幸福に生きることができる＝[⑰　　　　　　　　　]

▷▷▷【⑬】
生命，心・精神，魂などを意味する。（→教 p. 28 ❶）

▷▷▷【⑮】
ソクラテスは，「人間としてのよさ・卓越性」である[⑮]を，「魂のよさ・魂が優れていること」としてとらえた。（→教 p. 28 ❷）

---

**Check! 資料読解** 教科書 p. 28「ソクラテスの言葉」について，徳について問答することが人間にとって最大の善だといわれるのは，なぜだろうか。原典資料の内容として最も適当なものを，次の①～④のうちから一つ選びなさい。

① 自己の内面と向き合って徳について探求することが，人間に最高の幸福をもたらすと考えたから。

② 問答を通じて善や正，徳について探求することが，よく生きるために大事であると考えたから。

③ 徳についての問答を通じて，魂全体の秩序と調和が保たれるとき，魂全体の徳である正義が実現されると考えたから。

④ 徳についての問答を通じて，善・悪や正・不正などの相対性を知ることで，雄弁な政治的指導者になることができると考えたから。

---

**TRY!** 善や正など，生きるうえで重要なことについて知ることが，よく生きることにつながるというソクラテスの主張について，「ソクラテスの死」に関する次の学生三人の対話を読み，空欄　ア　～　ウ　に当てはまる語句の組み合わせとして正しいものを，下の①～④のうちから一つ選びなさい。

学生Ａ：ソクラテスの　ア　を自覚させる活動は，一部の人々の反感を買い，告発されてしまった。裁判でソクラテスは無罪を訴えたけれど，死刑を宣告され，処刑されたんだよね。

学生Ｂ：なぜ，逃亡しなかったのだろう。私がソクラテスの友人だったなら，君を陥れることを目的とした裁判の死刑判決だから従う必要はないし，身を守るため逃亡したとしても，「　イ　は君の行為を責めることはしない」と説得するけどな。

学生Ａ：「命」と「　ウ　」ことのどちらを選ぶか聞かれたら，自分の「命」を選ぶな。でもソクラテスは友人との問答のなかで，逃亡は不正なことだとして拒んだよね。

学生Ｃ：そうだね。そしてそのことは，ソクラテスが　イ　に「　ウ　」ことを身をもって示すことでもあったと習ったよね。

① ア　社会全体の正義　　イ　ソフィスト　　ウ　名誉

② ア　自分自身の無知　　イ　アテネ市民　　ウ　よく生きる

③ ア　自分自身の無知　　イ　ソフィスト　　ウ　よく生きる

④ ア　社会全体の正義　　イ　アテネ市民　　ウ　名誉

# ③ プラトン

〉〉〉プラトン
ソクラテスの弟子。自分の理想にかなった人材を育成しようとアカデメイアを創設した。その理想主義は、西洋文明に大きな影響を与えた。主著『饗宴』『パイドン』『国家』。(→教 p.29)

〉〉〉理想主義
理想に価値をおいて、それを追求し実現することを重要視する立場や考え方。現実主義と対比される。〔③〕の世界を真の実在とするプラトンの哲学は理想主義の典型とされる。(→教 p.29❶)

〉〉〉〔③〕
「姿，形」を意味するギリシア語。プラトンはこの言葉を「真の実在」をさすものとして用いた。たとえば、三角形についての確実な知識は、図に描かれた個々の具体的な三角形を視覚的にとらえるのではなく、思考を通じて「三つの直線によって囲まれた平面図形」として認識される三角形そのもの、すなわち三角形の〔③〕をとらえることによって得られる。(→教 p.29❷)

〉〉〉〔③〕の世界
プラトンは、〔③〕の世界と〔①〕でとらえられる世界を考える二世界説(二元論)を唱えた。(→教 p.30❶)

〉〉〉〔⑤〕
〔⑤〕は、わたしたちのものの見方・考え方を、イデアを追求する方向に転換するよう訴えるものであるといえる。(→教 p.30❷)

〉〉〉魂と肉体
プラトンは『パイドン』で、死は魂の肉体からの解放であるとして、魂の不死・不滅と輪廻転生の考え方を述べている。(→教 p.30❸)

〉〉〉〔⑦〕説
プラトンは、知識を得るということは魂がもともともっているイデアの記憶を想起すること(アナムネーシス，anamnēsis)であるとする〔⑦〕説を唱えた。(→教 p.30❹)

## プラトン

…理想主義的な哲学を展開し，そのなかで人間の本来の生き方を唱えた

### イデアの世界

【ソクラテスの考え方】

　倫理的な徳を知ることが実行につながる→確実な知識，定義を求めた

　　　　　　　　　　　　　　　　　　　(例)勇気そのもの，勇気の本質とは

【プラトンの考え方】

　広くものごと全般についての本質を問題にした

　…個々の具体的なものの本質・根拠となる普遍的なものこそが，確実な知識の対象である

　→目や耳などを通じた〔①　　　　　〕ではなく，思考能力としての〔②　　　　　〕によってとらえられる，普遍的なもの＝〔③　　　　　〕

　もろもろの〔③〕からなる世界＝真の実在の世界

　→〔③〕の世界の頂点に〔④　　　　　　〕がある

### 洞窟の比喩

・〔⑤　　　　　　　〕

　…感覚を通じて得るものが〔③〕の影であるにもかかわらず，多くの人々は，それらを実在であると思いこんでいることのたとえ

　　※暗闇の洞窟にとじこめられ，奥の壁に向かってすわったままの囚人が，壁に映る背後の事物の影像をそのまま実在であると思いこんでいる

　　　→魂の全面的な向けかえ(事物の真の姿をみること)が必要

### イデアへの思慕の情

・人間…魂と肉体からなる

　魂…かつて〔③〕の世界にあって，もろもろの〔③〕を明瞭にとらえた

　→この世にうまれるとともに肉体という牢獄のなかにとじこめられ，〔③〕の記憶があいまいに

・魂…かつて接した〔③〕の世界への〔⑥　　　　　　　　〕がある

　→〔⑥〕を原動力にして〔③〕を〔⑦　　　　　〕し，〔③〕の世界を学び知る＝幸福につながる人間の本来の生き方

### 四元徳と理想国家

・国家…人々が能力を発揮し，補いあって生きる共同体

・能力に即した三階級…〔⑧　　　　　　〕・**防衛者**・〔⑨　　　　　　　〕

　→〔⑧〕が「知恵」の徳を，防衛者が「勇気」の徳を発揮し，欲望が制御され三つの階級が協調して「節制」の徳を発揮

　　→国家全体に秩序と調和が生まれ，正義の支配する〔⑩　　　　　　〕が実現

　　※イデアを認識する哲学者の統治(〔⑪　　　　　　〕)が必要

・各人の魂

　…国家と同じ構造がある

　…[③]を認識する[②]，肉体にかかわる[⑫　　　　　]，その中間にあって

　　意志の働きをなす[⑬　　　　]の三部分

　→[②]が「知恵」の徳を，[⑬]が「勇気」の徳を，さらに三つの部分が協調して

　　「節制」の徳を習得し，魂全体の秩序と調和が保たれるとき，魂全体の徳で

　　ある[⑭　　　　]の実現

　　　※知恵・勇気・節制・[⑭　　]は[⑮　　　　　　]

》》》個人の魂と国家の三階級

プラトンは，『パイドロス』で[②]・[⑬]・[⑫]の三部分からなる人間の魂を，一対の有翼の馬とそれらを御する一人の有翼の御者にたとえ，[⑬]的部分である一方の馬が天上をめざし，[⑫]的部分である他方の馬が地上に向かおうとするのを，[②]的部分である御者が統御してそれらを天上へと導いていこうとするさまを描いている。(→教 p.31)

国家の三階級　　　[⑮]　　　魂の三部分

指導　[⑧]　知　恵　[②]　統御

防衛者　勇　気　[⑬]

[⑨]　節　制　[⑫]

国家全体の秩序と調和　[⑭]　魂全体の秩序と調和

**exercise** プラトンについての説明として最も適当なものを，次の①〜④のうちから一つ選びなさい。

〈センター試験倫理 2020 年本試〉

①　イデアの認識を確実にするのは，理性ではなく，憧れという欲求であると説き，イデアへの憧れに衝き動かされた魂を，翼をもった一組の馬と御者が天上に飛翔する姿になぞらえた。

②　この世に生まれる前は無知であった人間の魂が，この世に肉体を持って生まれてきた後，感覚に頼ることでイデアを完全に知ることができるようになると論じた。

③　感覚的次元に囚われた魂を，暗闇の中で壁に映し出された影を真実と思い込む洞窟内の囚人の姿になぞらえ，感覚的世界からイデアへと魂を向け変える必要があると説いた。

④　理想国家のあり方を，理性と欲望が調和した魂の姿と類比的に論じ，そのような国家では，全ての人が哲学を学び優れた市民となることで，統治する者とされる者との関係が消滅すると述べた。

**Check! 資料読解** 教科書 p.31「魂の全面的な向けかえ」について，魂を，イデアを追求する方向へと転換させるべきだとプラトンが説くのはなぜだろうか。次の文章中の空欄 ア ・ イ に当てはまる語句の組み合わせとして正しいものを，下の①〜④のうちから一つ選びなさい。

　プラトンによれば， ア でとらえられ，たえずものごとが生成・変化・消滅する世界ではなく，永遠・不変で真の実在であるイデアの世界，とくにその頂点にある イ を知ることが，人間の本来の生き方であり，この生き方が幸福につながるから。

①　ア−感覚　イ−善のイデア　　②　ア−理性　イ−善のイデア

③　ア−感覚　イ−愛のイデア　　④　ア−理性　イ−愛のイデア

# ④ アリストテレス

教科書　p.32〜35

>>> **アリストテレス**
プラトンの弟子。論理学，生物学，政治学など，多くの学問分野を開拓し，「万学の祖」と称されている。主著『形而上学』『ニコマコス倫理学』『政治学』。(→教 p. 33)

## アリストテレス

…現実主義的な思想を展開し，人間の優れたあり方やよい生き方を探求

### 形相と質料

**【プラトンの考え方】**

実在…個々の事物から独立した普遍的なイデア(本質)

※理性でとらえられる

**【アリストテレスの考え方】**

真の実在…具体的な個々の事物(個物)　※感覚でとらえられる

・事物の成り立ち

個々の事物のなかにある本質([① 　　　　　　　　])

＋素材([② 　　　　　　　　])→[①]の現実化

### 目的論的自然観

・自然の世界の諸事物

…[②]のうちに可能的にある[①]が現実化するもの

・自然の世界には目的があり，自然全体はさまざまな[①]・目的が関連しながら階層を形づくっている＝[③ 　　　　　　　　]

→のちに中世キリスト教神学に取り入れられ，ヨーロッパの支配的な自然観に

>>> **[①]の現実化**
アリストテレスは，[①]が現実化する過程を，可能態(デュナミス，dynamis)から現実態(エネルゲイア，energeia)への展開としてとらえた。(→教 p. 32 ❶)

### 徳と中庸

・人間の形相…魂／人間の本質…理性

└「動物のうちで人間だけが理性(ロゴス)をもつ」

魂・理性の本来のあり方を現実化

→人間が人間として完成し，人間にとっての善と幸福が実現

・徳…魂・理性のすぐれたあり方

├ [④ 　　　　　　　　　　　　]

│　…よい行為を反復することによって，感情や欲望が理性の指示に従う，よい性格ができあがった魂の状態　※勇気・節制・正義など

│　・感情や欲望が理性の指示に従う＝過不足をさけて[⑤ 　　　　　]を選択すること

└ [⑥ 　　　　　　　　]

　　…教育を通じて理性が十分に働くようになった状態　※知恵・思慮など

　　・日常的・実際的な関心を離れ，理性を純粋に働かせ，そのこと自体を楽しむ＝[⑦ 　　　　　　　　]

　　　→人間の本質を完成させ，人間に最高の幸福をもたらす

>>> **人間の最高の生き方**
アリストテレスは，人々が善と幸福をどのようにとらえて生きるかに応じて，人間の生き方を分類し，快楽を善ととらえてそれを追求する享楽的生活，名誉を追求する政治的生活，真理を知り，そのことに喜びを見出す[⑦]的生活の三つをあげたが，この分類でも，[⑦]的生活を最高の生き方としている。(→教 p. 33)

>>> **アリストテレスの国制**
アリストテレスは，現実のさまざまなポリスの形態(国制)を分類した。それによると，よいポリスとは人々に共通した利益をめざすポリスであり，それには，優れた一人が統治する王制，少数の優れた人々による貴族制，多数者が全体の利益をはかる共和制がある。そして，それぞれの堕落した形態として，独裁者が自分の利益だけをはかる僭主制，少数の富裕者による寡頭制，大衆による衆愚制がある。(→教 p. 34 ❶)

### 正義と友愛

・アリストテレスの人間観…「人間は，本性上，ポリス的動物である」

＝人間は本来ともに生きる存在であり，ポリスという共同体のなかでのみ生活できるという考え方

・共同体で生活するうえで欠かせないもの

…性格的徳のなかの正義と[⑧ ]（フィリア）

〉〉〉[⑫]
[⑫]は，不公平な状態を公平な状態に回復・矯正するような正義であるので，矯正的正義ともいわれる。（→教 p. 34 ❷）

〉〉〉[⑧]
アリストテレスは，真の[⑧]は，よい人同士が，相手を「もう一人の自己」として扱い，対等な関係のなかで，互いに相手の善を願うような関係である，とした。また彼は，[⑧]が成り立つためには，互いに相手の善を願っていることを，互いに気づいていなければならないとしている。（→教 p. 35 ❶）

| [⑨ ]…法を守るという広義の正義 | | |
|---|---|---|
| [⑩ ]<br>…人々の間に均等（公平）が実現するという狭義の正義 | [⑪ ]<br>…名誉や財貨などを各人の功績や働きの違いに応じて配分 | |
| | [⑫ ]<br>…裁判や取引などで当事者たちの利害・得失が均等になるように調整 | |

・[⑧]を正義以上に重要視

── 快楽を求めて成り立つもの

── 有用さを求めて成り立つもの

── 互いのよさ（徳）に基づいて成り立つもの＝真の[⑧]

**exercise** アリストテレスは「中庸」の徳とそれに対応する過剰と不足の悪徳を具体的な例によって説明している。その組み合わせとして適当でないものを，次の①～④のうちから一つ選びなさい。

〈センター試験倫理 2003 年本試を改変〉

| | 過　剰 | | 中　庸 | | 不　足 |
|---|---|---|---|---|---|
| ① | 放　埓 | ── | 節　制 | ── | 無感覚 |
| ② | 短　気 | ── | 温　和 | ── | 腑抜け |
| ③ | 虚　栄 | ── | 高　邁 | ── | 卑　屈 |
| ④ | 無　謀 | ── | 正　義 | ── | 臆　病 |

**Check! 資料読解** 教科書 p. 34「観想と幸福」について，観想的活動が究極的な幸福であるといわれるのはなぜだろうか。次の文章中の空欄 ア ・ イ に当てはまる語句の組み合わせとして正しいものを，下の①～④のうちから一つ選びなさい。

幸福は ア に即しての活動であるため，究極的な幸福は，最高の ア に即しての活動である。最高の ア とは，最善なものの ア であり，人間の内の最善なものとは イ である。観想は，イ の ア に即しての活動，つまり最高の ア に即しての活動であるから，観想的活動は究極的な幸福とされる。

① ア―卓越性　イ―理性　　② ア―卓越性　イ―勇気

③ ア―普遍性　イ―勇気　　④ ア―普遍性　イ―理性

**TRY!** プラトンとアリストテレスはそれぞれ，正義をどのようなものと考えたか。次の文章中の空欄に当てはまる語句を記入し，両者の考え方をまとめてみよう。

・プラトン：[ア ]の一つであり，魂全体の秩序と調和が保たれるときに実現される，魂全体の徳である。

・アリストテレス：[イ ]の一つであり，友愛と同じように共同体で生活するうえで欠かせないものである。

# ⑤ ギリシア思想の展開

>>>【②】
サモス島にうまれる。「[②]の園」と呼ばれる学園をアテネに開いた。学園には，その思想に共鳴する人々が男女や身分の違いをこえて集まった。(→教 p.37)

>>>快楽
[②]は快楽と苦痛の原因を知的に把握することが重要であると説き，「肉体における快楽は，欠乏による苦痛がひとたび取り除かれると，増大せず，多様化するだけである」という。(→教 p.36 ❶)

>>>【④】
「(魂が)かき乱されないこと」を意味する。[②]は，魂をかき乱すものとして，神々にまつわる迷信と死の恐怖を重要視し，デモクリトスから受け継いで発展させた原子論・唯物論に基づいて，それらの観念が根拠のないことを示そうとした。神々が世界や人間に介入することを否定して迷信を退け，また，魂の死後の存続を否定し，「我々が存するとき，死は現に存せず，死が現に存するとき，我々は存しない」と主張した。(→教 p.36 ❷)

>>>【⑥】
キプロス島にうまれる。[⑦]の創始者。アテネの「彩色列柱館」(ストアー・ポイキレー)で哲学を講じたことから，[⑦]とよばれるようになった。(→教 p.37)

>>>情念の克服
ただし，すべての情念が否定されるのではなく，親愛の情など，よい情念は肯定される。(→教 p.37 ❶)

>>>【⑦】の展開
[⑦]の思想は，ローマの人々にも広く受け入れられた。ローマ時代の代表的な[⑦]思想家として，セネカ，エピクテトス，マルクス＝アウレリウスがいる。(→教 p.37 ❷)

・紀元前4世紀後半…アレクサンドロス大王が東西にわたる世界国家を建設

　　　　　　　　ギリシア文化とオリエント文化が混交

・[①　　　　　　　　　]時代

　…ポリスにしばられない個人の内面的な自由と平安が求められる

## エピクロス派

[②　　　　　　　　]

…人間は本性上快楽を追求する存在であるととらえる

…快楽は善であり，快楽のうちに幸福があると主張

　＝[③　　　　　　　　]

・真の快楽…利那的・衝動的なものでなく永続的・精神的(肉体的快楽に消極的)

　→「水と一切れのパンがあれば足りる」と述べ，自ら足るを知る簡素な生き方

　　(自足，アウタルケイア)を実践

・迷信や死の恐怖…理論的に根拠がないものと認識

　→精神的不安や苦痛を取り除くことが，真の快楽をもたらす

・[④　　　　　　　　]

　…魂の平静

　…実践と理論的考察の両面を通じて実現される，賢者の理想

・公人として活動することは魂の平静を妨げる

　→[⑤　　　　　　　　]と説く

## ストア派

[⑥　　　　　　　]を創始者とする[⑦　　　　　　　]

…「[⑧　　　　　　　　　　]」ことが人生の目的と主張

・自然全体…理性(理法，ロゴス)の支配する世界

　人間…自然全体の一部として，自然によって理性が与えられている

・人間…自分の自然的本性である理性を，自然全体の理性に従わせる

　自然に反した過度の衝動である欲望・快楽などの情念(パトス)を克服した

　[⑨　　　　　　　　　　　　]を実現＝[⑩　　　　　　　　]

　→「[⑧]」ことができる

・「自然に従った魂の状態」…徳(思慮・勇気・節制・正義)であり，唯一の善

　※「幸福であるためには徳だけで十分である」

・自然全体…理性的な法の支配するポリス

　→すべての人間は自然の法のもとで平等にその市民である

・個々のポリスにしばられない[⑪

　　　　]とみなす考え方　※のちの自然法思想の源流の一つ

## 懐疑派

- ヘレニズム期…〔⑫　　　　　　　　〕とよばれた人々
- 物事の真偽は判断しがたいとして，それを断定せず，むしろあらゆる判断を
  保留→魂の平静（〔④〕）に至るという生き方を示す
  ※懐疑の精神→のちのモンテーニュらに影響を与える

〉〉〉新プラトン主義
3世紀には，プロティノス
を開祖として，プラトン哲
学の流れをくむ新プラトン
主義があらわれた。彼らの
神秘主義的な思想はキリス
ト教思想に影響を与えた。
（→教 p. 37 ❸）

**exercise** ①理想的な生き方を考察したヘレニズムの思想家についての説明として最も適当なもの
を，次の①〜④のうちから一つ選びなさい。

〈大学入学共通テスト倫理 2021 年本試第 1 日程〉

① エピクロスは，あらゆる苦痛や精神的な不安などを取り除いた魂の状態こそが幸福であると考え
た。

② エピクロスは，快楽主義の立場から，いかなる快楽でも可能な限り追求すべきであると考えた。

③ ストア派の人々は，人間の情念と自然の理法が完全に一致していることを見て取り，情念に従って
生きるべきだと考えた。

④ ストア派の人々は，いかなる考えについても根拠を疑うことは可能であり，あらゆる判断を保留す
ることにより，魂の平安を得られると考えた。

②ストア派の人々が説いた「自然に従って生きよ」とは何を意味するのか。最も適当なものを，次の①〜
④のうちから一つ選びなさい。

〈センター試験倫理 2010 年本試〉

① 文明化された都市においては理性的な判断を惑わすものが多いため，自然の中で魂の平静を求めて
生きよ，という意味

② 感情に左右されやすい人間の理性を離れ，自然を貫く理法に従うことにより，心の平安を得て生き
よ，という意味

③ 人間の理性を正しく働かせ，自然を貫く理法と一致することで，心を乱されることなく生きよ，と
いう意味

④ 人間の理性を頼みとして努力をするのではなく，自然が与えるもので満足することを覚えよ，とい
う意味

**TRY!** ギリシア思想における徳の考え方を「魂」「理性」という言葉を使って説明した次の文章中の空欄
　ア　〜　ウ　に当てはまる記述を，下の①〜④のうちから一つずつ選びなさい。

ギリシア思想において，徳はおもに魂の優れたあり方としてとらえられるが，とくに理性の働きが重要
である。プラトンは，　　　　　　ア　　　　　　から徳を説明している。また，アリストテレスは，
　　　　　イ　　　　　のが性格的徳であると考え，また理性を純粋に働かせる観想が最高の幸福をもたら
すと考えている。さらに，ストア派は，各人の理性を自然全体の理性に従わせた，　　　　ウ　　　　
が徳であると考えている。

① 自然に従った魂の状態　　　　　　② 説得的な弁論の技術をもち雄弁である

③ 理性，気概，欲望からなる魂のあり方　④ 感情や欲望が理性の指示に従う

| ア | イ | ウ |
|---|---|---|
|   |   |   |

# ① 古代ユダヤ教

>>> **ユダヤ人**
ヘレニズム時代にギリシア人がパレスチナを支配した際に「ユダヤ」(ユダ族の土地)という呼称が定着し，同地の人々がユダヤ人，その宗教が〔①〕とよばれるようになった。聖書では，ヘブライ人，イスラエル人とよばれ，神〔②〕との契約のもとにある人々をさす。(→教 p.39 ❶)

>>> **〔③〕**
キリスト教の『聖書』は『〔③〕』と『新約聖書』からなる。「旧約」はキリスト教の見地から「旧い契約」を意味し，〔②〕とユダヤ人が結んだ約束をいう。「新約」はイエスをキリスト(救世主)とみる「新しい契約」を意味する。(→教 p.39 ❷)

>>> **〔④〕**
「〔④〕」は神と人間の相互の意志の誠実さ，確かな信頼の証しを意味する。「〔⑨〕」(トーラー)は神の意志をあらわし，それをおこなうように導く教え。(→教 p.39 ❸)

>>> **約束の地カナン**
神はカナン全土をアブラハムとその子孫に永久の所有地として与えるとアブラハムに約束していた。(→教 p.39 ❹)

>>> **〔⑪〕**
神に選ばれ，神の言葉を預かり，人々に伝える者。イザヤ，エレミヤら〔⑪〕たちの預言は『〔③〕』の重要な部分をなしている。(→教 p.40 ❶)

>>> **ユダヤ人の国の滅亡**
ソロモン王の死後，王国は南北に分裂した。その後，北イスラエル王国は前722年にアッシリアに滅ぼされ，南ユダ王国は前586年に新バビロニアに滅ぼされた。(→教 p.40 ❷)

>>> **〔⑭〕**
「油を注がれた者」を意味し，ユダヤ人の王は即位の際に油を注がれた。後に「〔⑭〕」は，神の救いをもたらす「救世主」を意味するようになった。(→教 p.40 ❸)

・キリスト教…〔①　　　　　　　　〕が母胎
・〔①〕…世界を創造した全知全能の唯一神〔②　　　　　　　〕を信じるユダヤ人の民族宗教
・〔①〕の聖典…キリスト教の『聖書』にある『〔③　　　　　　　〕』

## 神との契約と律法

・神…ユダヤ人の祖先アブラハムと〔④　　　　　　〕を結び子孫の繁栄を約束
・〔⑤　　　　　　　　　〕…神は諸民族のなかからユダヤ人を愛して選びだした

・ユダヤ人…エジプトに移住したが，奴隷として使われ，迫害を受ける
　神…〔⑥　　　　　　　〕を指導者に選び，ユダヤ人をエジプトから約束の地カナン(パレスチナ)に向けて脱出させる
・〔⑦　　　　　　　　　　〕を結ぶ…新たな〔④〕
→神は〔⑥〕に〔⑧　　　　　　〕をかなめとする〔⑨　　　　　〕を与え，〔⑨〕に従い正しく生きるよう要求

## 神殿祭儀と預言者

・ユダヤ人…カナンに王国樹立

・紀元前10世紀のダビデ王，ソロモン王時代に繁栄
→都エルサレムに祭司が儀礼をおこなう〔⑩　　　　　　〕も築かれたが，支配者の権威の正当化に利用され，〔②〕を畏れ敬うことが軽視される
　　※王や祭司らは〔⑨〕に背く
・〔⑪　　　　　　〕が出て，王や祭司らを厳しく批判
→〔⑫　　　〕を悔い改め回心しなければ，神は正義の裁きをおこない(神の義)，契約は破綻して，ユダヤ人は滅亡すると警告

## 捕囚と新しい契約

・人々は回心せず，ユダヤ人の国は新バビロニアにより滅亡
→〔⑬　　　　　　　　　　〕(前586〜前538)…大部分の人々が捕虜として連行

人々は回心したが，自らの罪が神の裁きを招き契約も破綻したと絶望
→預言者は，神は〔⑭　　　　　　　〕(救世主，救い主)を派遣して解放し，新しい契約を結ぶことになると，人々を励ます
→人々は，〔⑨〕や〔⑪〕の言葉を集め成文化し，正典として整える
・捕囚から解放されエルサレムに帰還した人々…神殿祭儀と律法を基盤とする宗教的共同体を創設
→神殿の祭司と律法学者を指導者とする〔①〕が成立

- ヘレニズム時代…ユダヤ人は強国の支配下にはいる

  →ユダヤ教を守るための独立戦争がおこって，多くの血が流れた

- 祭司階級のサドカイ派や律法遵守を重視する［⑮　　　　　　　　　　］（パリサイ派）が影響力を増す

  ⇔民衆は抑圧と暴力に苦しみ，救いと解放をもたらす［⑭］の到来を熱望

- 紀元前 1 世紀なかごろ…ローマの支配下に→イエスが活動

>>> ［⑮］
神が救うのは律法を遵守するユダヤ教徒だけであるとする厳格な律法主義を唱え，律法を守らない罪人や異邦人に対して極端な排他的・独善的態度をとったとされる。（→教 p. 40 ❺）

**exercise** ユダヤ教についての説明として正しいものを，次の①〜④のうちから<u>すべて選びなさい</u>。

〈センター試験倫理 2015 年，2017 年，2020 年本試，大学入学共通テスト倫理 2021 年本試〉

① ユダヤ教では，十戒など，イスラエルの民が自ら定めた律法を守れない場合，神から裁きが下されると考えられた。

② ユダヤ教では，イスラエルの民はモーセを介して神と契約を結び直したとされ，この新しい契約を記した書物が新約聖書である。

③ ユダヤ教では，神からモーセに授けられた十戒を遵守することが求められ，その十戒のなかには，盗みを禁じる規定や，隣人の家を欲することを禁じる規定があった。

④ ユダヤ教の聖典は，世界の創造者である神の啓示の書とされる。神が与えた律法を守ることで救いと繁栄が約束されるという契約の思想が表され，神と契約を結んだ民であるイスラエル人の歴史などが書かれている。

**Check! 資料読解** 教科書 p. 39「モーセの十戒」について，十戒は神を大切にすること（宗教的義務）と他者を大切にすること（道徳的義務）を含んでいる。それぞれ，具体的にどのようなことが説かれているだろうか。次の文章中の空欄　ア　〜　ウ　に当てはまる語句の組み合わせとして正しいものを，下の①〜④のうちから一つ選びなさい。

- 十戒の宗教的義務について

  最初から 4 番目までは，ヤハウェが民を　ア　状態から救った，だから他の神々を拝まず，　イ　を大切にして，ヤハウェへの義務として，ヤハウェにのみ全生活をささげて生きるべきであると説かれている。

- 十戒の道徳的意義について

  5 から 10 番目までは，ヤハウェによって救われた民であるのだから，民のなかにかつて　ア　であったときのように虐げられ，悲しむ者があってはならないと説かれている。ただし，父母や　ウ　を大切にする生き方は，同胞への道徳義務にとどまらず，本質的には 4 番までと同様に，ヤハウェに対する宗教的義務でもある。

① ア 奴隷　イ 安息日　ウ 隣人

② ア 奴隷　イ 律法　ウ 契約

③ ア 多神教　イ 安息日　ウ 隣人

④ ア 多神教　イ 律法　ウ 契約

## ② イエス

教科書　p.41〜43

>>>イエス
ガリラヤ地方のナザレ出身（ベツレヘムで誕生したとされる）。父はヨセフ（大工），母はマリア。30歳ごろに洗礼者ヨハネから洗礼を受け，独自の宣教をおこなった。その約2年後，ユダヤ教指導者に訴えられ，処刑された（十字架刑）。イエスの言行と受難は四つの福音書（「マタイ」「マルコ」「ルカ」「ヨハネ」）に記され，『〔④〕』に収録された。（→教 p.41）

>>>〔②〕
ギリシア語で「エウアンゲリオン（告知されるべきよい知らせ）」。神による救いの到来の告知のこと。（→教 p.41 ❶）

>>>〔⑤〕
当時は病気が罪に対する罰として理解された。そのため，〔⑤〕は罪人と同様に汚れた者とされ，神殿祭儀および共同体から排除されるべきことが律法によって定められていた。（→教 p.42 ❶）

>>>〔⑦〕
見返りを求めずに与える無償・無差別平等の愛であり，相手を大切にする慈しみの愛である。他方，エロースは，相手の美などの卓越性にあこがれ，それと一体化し，わがものにしようと欲求する愛である。（→教 p.43）

### イエス

…「時は満ち，〔①　　　　　　　〕は近づいた。悔い改めて〔②　　　　　　〕を信じなさい」と説いた

#### 神の国

・イエス…弟子たちと旅をして，「父なる神は全世界の人々をわけ隔てなく〔①〕に招いており，人間が神の愛に心をひらけば，罪を悔い改める心がうまれ，〔①〕が実現する」と説いた

・〔①〕

…地上の王国でも死後の世界でもなく，人間の互いの心において，神の愛と平和の交わりとして実現するもの

→貧しい人や虐げられた人に大きな喜びと慰めをもたらすもの（〔③　　　　　　　　　　〕）

#### 律法と神の愛

・『〔④　　　　　　　　　〕』の「福音書」

・イエス

…遊女・徴税人・異邦人・〔⑤　　　　　　　〕と深く交わり，慰め，癒やし，食事をともにした

…律法で一切の労働が禁じられた安息日に病者を癒やした

　※ユダヤ教の指導者たちにとって，律法と神殿の権威を軽んじる許しがたいおこない

律法の忠実な実践者にみえる〔⑥　　　　　　　　　〕を神の愛（〔⑦　　　　　　　　　〕）をふみにじる偽善者だと批判

・神の愛…罪人を含むすべての人にわけ隔てなく注がれる

> 「天の父は悪人にも善人にも太陽をのぼらせ，正しい者にも正しくない者にも雨をふらせてくださる」

・〔⑧　　　　　　　　　　　　　〕…神の無償の愛に気づくなら，自己の罪を認め，悔い改めて回心し，神を心から愛し，感謝して生きることができる

・〔⑨　　　　　　　　〕…自分が無償で神から愛され，許されて生きている以上，自分も無償で他の人を愛し，許して生きなければならない

・最も大切な律法

> 「心を尽くし，精神を尽くし，思いを尽くして，あなたの神である主を愛しなさい」

　　　　　　　＋

> 「隣人を自分のように愛しなさい」

→神の愛によって，実現され，完成される

## 隣人愛

・イエスの［⑨］の教え

> 「人にしてもらいたいと思うことは何でも，あなたがたも人にしなさい」

＝［⑩　　　　　　　］　※キリスト教倫理の基本

・［⑨］…互いに対等であることを条件としない（無償の神の愛に基づく）

「敵を愛し，迫害する者のために祈れ」→報復よりも許しと平和を説く

**exercise** イエスが安息日に病人を癒やそうとしたことの説明として最も適当なものを，次の①～④のうちから一つ選びなさい。

〈センター試験倫理 2019 年本試〉

① イエスは，安息日に関する律法からあえて逸脱することで，律法が人々の間で形式的にしか守られていないことを批判し，神に対して忠実であることの本来の意味を明らかにしようとした。

② イエスは，安息日に関する律法からあえて逸脱することで，律法が神の意志そのものとは関係のないものであることを明らかにし，あらゆる律法が不要な状態を理想とした。

③ イエスは，安息日に関する律法を厳格に守り通すことによって，律法に則った正しい信仰のあり方を，自らの行いという実例を通して周囲の人々に示そうとした。

④ イエスは，安息日に関する律法を厳格に守り通すことによって，人々が重視していた律法と，人にしてもらいたいと思うことを人にもすべきだとする黄金律とが一致することを示そうとした。

**Check! 資料読解** 教科書 p. 43「よきサマリア人のたとえ」について，律法によれば，サマリア人は罪人であり敵である。律法学者はイエスの最後の問いかけにどう答えただろうか。この問いかけについて，律法学者 A～D の意見を例としてあげた。それをふまえ，（ⅰ）・（ⅱ）の問いに答えなさい。

律法学者 A：隣人はサマリア人と言いたいのだろうが，彼らは罪人であり敵である。

律法学者 B：隣人は他人のもめごとに関わろうとしない祭司やレビ人ではないだろう。

律法学者 C：隣人はサマリア人とも思えるが，罪を自覚した追いはぎだと考えるべきだ。

律法学者 D：隣人は神と契約を結んだ民族だけであり，そのなかには親切ではない人もいるが例外だ。

（ⅰ）イエスの問いかけに素直に応じたくはないが，イエスの言葉に心が動き「隣人」について率直に考えている律法学者を A～D から一つ選びなさい。

（ⅱ）従来の立場にこだわっている律法学者を A～D から一つ選びなさい。

| （ⅰ） | （ⅱ） |
|---|---|
| | |

**TRY!** 敵を排除することと敵を愛すること，どちらが平和を実現するだろうか，二つの立場を具体例をあげて比較しながら，自分の考えをまとめてみよう。

# ③ キリスト教の誕生と展開

>>>〔①〕
メシアはギリシア語で「クリーストス(油を注がれた者)」と訳された。「〔①〕」はこれに由来し、「イエス・〔①〕」は「イエスは救い主」という信仰宣言の意味をもつ。(→教 p.45 ❶)

>>>**十字架の死と復活**
『新約聖書』によれば、イエスは死後3日目に復活して弟子の〔②〕らの前にあらわれ、その後昇天した。イエスは終末に再び地上にあらわれて(再臨)、最後の審判をおこない、善人に永遠の命を与え、神の国を完成すると信じられた。(→教 p.45 ❷)

>>>〔⑤〕
『旧約聖書』の「創世記」には、人類の始祖アダムが神の命令に従わず、禁断の実を食べ、楽園を追放されたという記述がある。すべての人間はうまれながらにアダムの罪を共有し、自力では解放されえない罪をもってうまれてくるという考え方を〔⑤〕思想という。(→教 p.45 ❸)

>>>〔④〕の書簡
〔④〕の諸書簡は『新約聖書』に収録され、その後の教会の教えの基盤となった。(→教 p.45 ❹)

>>>〔⑩〕
正統的信仰を伝承していると教会によって公認された、古代から中世初期にかけて活躍したキリスト教著作者たち。(→教 p.46 ❶)

>>>〔⑬〕
北アフリカ出身。マニ教に傾倒していたが、キリスト教に回心した。後に北アフリカのヒッポ・レグィスの司教となり、教義の確立に大きく貢献した。主著『告白』『神の国』。(→教 p.46)

>>>〔⑯〕
ローマ教皇を首位者とする教会の呼称。「カトリック」は「普遍的な」を意味するギリシア語に由来する。(→教 p.46 ❸)

・愛を説くイエス…とらえられ、十字架刑による非業の死をとげる(受難)
　→弟子たちは迫害を恐れ離散したが、やがて再結集し、イエスが全人類の救い主(メシア、〔①　　　　　〕)であると教えた

## 受難と復活

・律法の根本は神への愛と隣人愛であるというイエスの教え
　→ユダヤ教指導者の権威を脅かす
　→指導者たちは、民衆を扇動した反逆者として訴え、十字架刑に追いやる
・イエスを見殺しにした弟子たち…復活したイエスに出あい、神の恵みを身をもって経験し、イエスの十字架の死によって人間の弱さと苦しみを背負う神の愛が示されたと理解

## パウロの贖罪理解

・弟子の〔②　　　　　　　〕を中心にイエスを〔①〕と信じる〔③　　　　　　〕が成立
・異邦人への宣教で大きな役割を果たした〔④　　　　　〕
　…熱心なファリサイ派で、当初は〔②〕たちを迫害していた
　→復活した〔①〕に出あい回心し、キリスト教徒に
・〔⑤　　　　　〕…誰もがうまれながらにもつ、神に逆らい、欲望に隷従する根源的な悪への傾き
・〔⑥　　　　　〕…自力では克服できなかった〔⑤〕をイエスが十字架上で身代わりになって背負い、それから解放してくれたこと

## 信仰義認

・〔④〕…宣教を通じて、「人が義とされるのは律法の行いによるのではなく信仰による」と説く=〔⑦　　　　　〕
　→信仰・希望・〔⑧　　　〕の〔⑨　　　　　〕を、身をもって世に示しながら、各地に宣教

## キリスト教の発展

・キリスト教…4世紀初頭にローマ帝国で公認され、4世紀末に国教となる
・キリスト教の教義の形成に関わった〔⑩　　　　　〕
　…プラトン哲学をはじめとするギリシア・ローマの哲学を用いながら、外部からの非難や批判に対して擁護(護教)
　…父なる神と子なる〔①〕と聖霊の三者は本質において一つであるとする、〔⑪　　　　　〕の教義などを確立=〔⑫　　　　　〕
・代表的〔⑩〕〔⑬　　　　　〕の主張
　…人間は罪深く、神の恵み(〔⑭　　　〕)によらなければ善を志すこともできず、救われることもできない
　…神が与える恵みと救いは神の意志によってあらかじめ決められている=〔⑮　　　　　〕
　→ローマ=〔⑯　　　　　〕により正統的信仰に導かれる

・〔⑬〕…ギリシアの四元徳（知恵・勇気・節制・正義）の上位に，神の恩寵による〔⑨〕をおくことで，各人は正しく生きられると説く

・地上の国の上位に〔⑰　　　　　　〕があり，対立するが，教会は神の救いの入り口となり，人々を地上の国から〔⑰〕に導く使命がある

## スコラ哲学

・12世紀ごろ…西ヨーロッパの諸都市で「大学」が成立

　→哲学は神学に仕えるものと位置づけられ，哲学を用いた神学研究が活発に

　→神学と結びついた哲学は学校（スコラ）で教授・学習されたため〔⑱　　　　　　〕とよばれる

・最大の〔⑱〕者〔⑲　　　　　　　　　　〕の主張

　…神によって啓示される真理は人間の理性をこえるものであり，理性によって認識される哲学の真理と対立しない＝信仰と理性の調和

　→アリストテレス哲学を用いてキリスト教の信仰を体系的に説明

・〔⑳　　　　　　　〕…世界は神の永遠の法により支配されており，その法を人間が理性でとらえたもの＝人間の実践の第一原理であり社会の根本規範

## 信仰と理性をめぐる思想の展開

・〔㉑　　　　　　　　　　　　　〕…信仰は証明不可能であり，そのため，信仰に理性は無用であるとして信仰と理性を分離

〉〉〉地上の国と〔⑰〕
〔⑰〕と地上の国の対立は「神の愛の国」と「自己愛の国」の対立とされる。『神の国』では，二つの国・二つの愛のせめぎあいはキリストが再臨する終末まで続き，そこで〔⑰〕が完成するという歴史哲学が展開された。教会は二つの国の間にあって神の愛へと人々を導くとされる。（→教 p. 46 ❹）

〉〉〉哲学と神学の関係
〔⑲〕は，理性に基づく哲学は啓示に基づく神学に大いに貢献すると考えて哲学を高く評価し，その考え方にたって，哲学を「神学の侍女」ととらえている。（→教 p. 47 ❶）

〉〉〉〔⑲〕
イタリアのナポリ出身。19歳ごろ，ドミニコ会に入会。その後，パリ大学神学教授を務めた。主著『神学大全』。（→教 p. 47）

---

**exercise** パウロの思想の説明として最も適当なものを，次の①～④のうちから一つ選びなさい。

〈センター試験倫理 2018年本試を改変〉

① 人間は善を望んでいるのに，望まない悪を行ってしまう。そこからの救済はキリストへの信仰によるほかなく，人類全体の罪を担ったキリストに従い，私たちも，隣人への愛を実践すべきだ。

② 人間は善を望んでいるのに，望まない悪を行ってしまう。そこからの救済はキリストへの信仰によるほかなく，神と契約したキリストのように，私たちも，神との契約である律法を遵守すべきだ。

③ 人間は肉体の情欲によって，望まない悪を行ってしまう。そこから救済されるためには，自らの運命を受け入れたキリストのように，私たちも，罪のない本来の自己を再発見し受け入れるべきだ。

④ 人間は肉体の情欲によって，望まない悪を行ってしまう。そこから救済されるためには，苦しむ人々を癒したキリストに従い，私たちも，善行によって，神から義とされるよう努力すべきだ。

---

**Check! 資料読解** 教科書 p. 47「真理から生じる喜び」について，幸福な人生とは，どのようなものとして説かれているだろうか。また，幸福な人生には，なぜ真理が必要なのであろうか。原典資料に関する説明文として適当なものを，次の①～④のうちからすべて選びなさい。

① 幸福な人生は最高善や神を愛することであり，そこから喜びを得ることである。

② 幸福な人生は真理である神を正しく愛し，そこから喜びを得ることである。

③ 神ではないものを愛する人々は，本当の真理に憎悪する。

④ 神ではないものを愛する人々は，真理や喜びをまったく求めていない。

>>>イスラーム
イスラームは「絶対的に帰依すること」を意味する。信者を、男性はムスリム、女性はムスリマという（「（神に）絶対的に帰依する者」を意味する）。イスラームという言葉自体が宗教であることを意味しており、イスラーム教とよぶ必要はないとされる。（→教 p.48 ❶）

>>>【①】
アラビア語「【①】」は「神」を意味する。ただし、唯一の神しか存在しないとされる。（→教 p.48 ❷）

>>>【⑤】
イスラーム世界では、この年を元年とするヒジュラ暦（イスラーム暦）が用いられる。（→教 p.49 ❶）

>>>聖地
メッカとメディナはイスラームの二大聖地であり、エルサレムはこれらにつぐ聖地である。（→教 p.49 ❷）

>>>【⑦】
一般に「聖戦」と訳される。元来の意味は「定まった目的のための努力」。戦闘行為としての【⑦】は【⑥】の防衛と拡大とにわけられるが、こんにちでは前者に限られている。（→教 p.49 ❸）

>>>【⑫】
イスラームでは、ユダヤ教、キリスト教の聖書も聖典と認められ、ユダヤ教徒、キリスト教徒は「啓典の民」とよばれる。しかし、『【⑪】』を最も重要な独自の聖典とする。（→教 p.51 ❶）

>>>利子禁止
『【⑪】』で利子を取ることが禁止されているのを受けて、現代では利子取得を禁止したイスラーム銀行の金融システムが発展している。（→教 p.51 ❷）

イスラーム…唯一絶対の神[①　　　　　　　]を信じる一神教

## イスラームの誕生

- イスラームの開祖[②　　　　　　　]…アラビア半島の商業都市のメッカにうまれ商人として活躍
- 40歳ごろ、天使を介して[①]のお告げ（[③　　　　　　]）を受けた
  →自分が神の使徒・[④　　　　　　]であると自覚
  →「起きて警告せよ」という言葉に従ってメッカで布教を開始
- [②]…神は唯一であり、自分はその使徒であること、人間は平等であり、孤児や貧者などの弱者を扶助すべきことなどを説く

　　　　　　　※伝統的な多神教も否定

- 上層部の大商人らにより激しい迫害を受ける
  →622年：[②]は信者たちとメディナに移住
  　…[⑤　　　　　　　　　]
  →[⑥　　　　　　　　　　　　　　　]を築く

- 630年：メッカを征服し聖地に
  →[⑥]を防衛・拡大するために戦う[⑦　　　　　　　]が信者の義務に
  →[②]の死後、歴代カリフが領土拡大（アラビア半島をこえ東西へ広まる）

## 神の唯一絶対性

- イスラーム…ユダヤ教とキリスト教を自らの先行宗教と位置づける
  →ユダヤ教の預言者…同じ神からの啓示、イエスも神の子でなく預言者
- イスラームの神
  …世界を創造し、支配し、終焉させる（[⑧　　　　　]）、全知全能の神
  …人間に恵みを与える神であると同時に、[⑨　　　　　　]ですべての人間を裁き、永遠の来世における各人のあり方を決定
  　＝慈悲深い神／義の神
- [②]…最大で最後の預言者だが神性は否定される人間
  ＝神の唯一絶対性の徹底
- 神を偶像であらわすことは許されない…[⑩　　　　　　　]

## 『クルアーン』と信者の生き方

- 『[⑪　　　　　　　]（コーラン）』
  …[②]に下された神の啓示を記したイスラームの聖典（[⑫　　　　　]）
  →唯一神の絶対性、[⑨]後の天国・地獄への振り分けといった信条
  →食、結婚・離婚、相続、利子禁止など、生活上の具体的指示
- [⑬　　　　　　　]…[②]の言行に関する伝承
  →信者は、『[⑪]』を根本規範とし、[⑬]に示された[②]の生き方を模範的な慣行（[⑭　　　　　　]）として生きることが求められる

・〔⑮　　　　　　　　〕（イスラーム法）…『〔⑪〕』と〔⑭〕をもとにした社会生

活全体の規範

・信者の基本的な義務…6つの信仰箇条である〔⑯　　　　　　　〕＋5つの信仰行

為である〔⑰　　　　　〕

| 〔⑯〕—信仰箇条 | 〔⑰〕—信仰行為 |
| --- | --- |
| 1.　アッラー<br>2.　天使<br>3.　啓典<br>4.　使徒・預言者<br>5.　来世<br>6.　予定 | 1.　信仰告白<br>2.　礼拝…1日5回メッカのカーバ神殿に向かって跪拝<br>3.　喜捨…弱者救済のため，財産に応じた税を支払う<br>4.　断食…ヒジュラ暦の第9月に毎日早暁から日没まで<br>　　　　飲食を断つ<br>5.　巡礼…一生に一度第12月にカーバ神殿に参詣する |

## イスラームの宗派と文化の発展

| 〔⑱　　　　　　　〕 | スンナとイスラーム共同体の団結を重視する多数派 |
| --- | --- |
| 〔⑲　　　　　　　〕 | 預言者の死後，共同体指導者の権威が，預言者の従弟・娘婿のアリーに引き継がれたとする |

・〔⑳　　　　　　　　　　　　　　　　　　　〕…アリストテレス哲学を

研究→その成果は西欧にも伝わりルネサンスに影響を与えた

>>> 予定
アッラーによる定め（すべてはアッラーによってあらかじめ決定されている）をいう。「定命」とも訳される。（→教 p.51 ❸）

**Check! 資料読解** 教科書 p.51「クルアーン」について，どのようなおこないをすることが，正しいとされているだろうか。次の会話文は，生徒Xとムスリム留学生Zが，イスラームの戒律と信者の生き方について交わしたものである。会話文中の空欄 a 〜 c に入る語句をそれぞれ答えなさい。

X：今日，授業でイスラームについて習ったよ。唯一絶対の神 a を信じる一神教で，聖典『クルアーン』には，生活上のさまざまな具体的指示が記されているんだよね。

Z：よく覚えたね。『クルアーン』にあるように，仲間に対しても敵に対しても b を行うことがアッラーへの信仰において正しいこととされているんだ。

X：なるほど。『クルアーン』には，孤児や貧者に対する態度についても書かれているね。

Z：このことに関連する信仰行為が二つあるんだ。何か知ってる？

X：五行のなかの断食と c のことかな。

Z：その通り。孤児・貧者などの弱者を助けることが，最後の審判にかかわる重要な行いとされているんだ。

| a | b | c |
| --- | --- | --- |
|  |  |  |

**TRY!** イスラームの教えが国家，民族をこえて広く受け入れられているのはなぜか，次の文章中の空欄に当てはまる語句を下の語群から選び記入しよう。

　アッラーのもとに信者が互いに平等であり，血縁や出身地によらない〔ア　　　　　　　　〕を掲げているため，国家や〔イ　　　　　　〕の枠組みを超えた信仰共同体の形成が可能となっているため。

| 語　群：隣人愛　　世界市民　　同胞愛　　宗教　　人類愛　　民族 |
| --- |

# ① 仏教以前のインド思想

教科書　p.52〜53

〉〉〉〔①〕
バラモンなどの四つの身分は，伝統的に「ヴァルナ」（種姓）とよばれる。その後，さまざまな職業集団（ジャーティ）が誕生し，インド独特の身分制度・職業制度ができあがる。後にインドを訪れたポルトガル人たちの言葉から，この複雑な身分制度に対する「〔①〕」の呼称が定着した。この制度の底辺に，苛酷な差別を受ける不可触民が存在する。（→教 p.53 ❶）

【仏教誕生以前のインド社会】

・紀元前15世紀ごろ…中央アジアからアーリア人がインド亜大陸に侵入

　→身分制度（〔①　　　　　　　　　〕）をもつ社会をつくりあげる

【古代インドの社会構造】

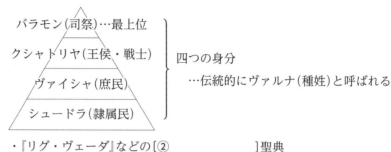

バラモン（司祭）…最上位
クシャトリヤ（王侯・戦士）
ヴァイシャ（庶民）　　　　　四つの身分
シュードラ（隷属民）　　　…伝統的にヴァルナ（種姓）と呼ばれる

・『リグ・ヴェーダ』などの〔②　　　　　　　　〕聖典

　…神々への讃歌などが収録

　→〔③　　　　　　　〕教の基礎となる

### 輪廻と解脱

・紀元前7世紀…ガンジス川の中流域に都市国家が栄える

　一部のバラモンたち…荒れ地や森林のなかで〔②〕聖典の奥義を求める

　→哲学的思索をおこない，宇宙のはじまりや真実の自己を探求

　　＝〔④　　　　　　　　　〕とよばれる

【〔④〕がめざしたこと】

・人生の目的…〔⑤　　　　　〕から解きはなたれること＝〔⑥　　　　　〕

　〔⑤〕…「移りゆくこと」を意味し，生と死が円環状につながる死生観

・生命の循環のプロセス

　…生きとし生けるものはうまれかわり，苦しみの生存を繰り返す〔⑤〕転生

・死後にうまれかわる世界…この世でのおこない（〔⑦　　　　　　　　〕）の善悪で定まる

　→よりよいうまれかわりを得ても，人生の根本的な苦しみは解決しない

　→真の幸福＝〔⑤〕そのものから〔⑥〕することで得られる

### 真実の自己の探究

・〔④〕の中心…〔⑧　　　　　　　〕の思想

〉〉〉〔④〕
ヴェーダやウパニシャッドの思想を母胎としながら，後4世紀ごろからシヴァ神やヴィシュヌ神などへの民間信仰と融合して誕生した宗教がヒンドゥー教である。（→教 p.53 ❷）

| 〔⑨　　　　　　　　　〕（梵）…宇宙の諸現象の根源にある最高の存在者 | 〔⑩　　　　　　　　〕（我）…自己の内奥にある真実の自己 |
| --- | --- |

→〔⑨〕と〔⑩〕は等しい

・〔⑧〕の境地に達することで，〔⑤〕からの〔⑥〕がはたされる

　その境地に達するために…

　→出家して断食などの苦行に専念／感覚を制御する精神集中に励む

　＝俗世の価値をこえた永遠なものへの憧れ

〉〉〉インド思想の影響
インドの思想は日本文化にも影響を及ぼしている。たとえば，悪い行いは地獄へ落ちるという考えや，自業自得，因果応報といった考えなどである。日本の重層的文化の特徴の一つである。

〈大学入学共通テスト倫理試行調査を改変〉

> 【あなたの発言】
>   私は，「倫理」の授業で梵我一如に興味をもち，調べてみたところ，それに関して書かれている資料として「　ア　」という記述を見つけました。さらに，梵我一如を説いている教えを調べてみると，　イ　も分かりました。このことから　ウ　と考えました。

(1) あなたの発言の　ア　に入る記述として最も適当なものを，次の①か②のうちから一つ選びなさい。

① この世の万物は最高原理を本質としている。それは真にあるもの，それはアートマンである。この世のすべてはこのアートマンである。この万有はブラフマンにほかならない。この世の万物はアートマンにほかならない。この世において何物も，多様には存在しない。そして，もしこのようでないとすれば，一者を認識することによってすべての認識が達成されはしないのである。

② いやまったくのところ，お前たちは審判を嘘だといっている。しかし，お前たちの上には監視役がいる。気高い書記がいる。彼らは，お前たちの所業をよく知っている。敬虔なものは，至福の中に住むが，放蕩者は，業火の中に住み，審判の日，その中で焼け滅びる。そこから逃げ出すこともかなわぬ。

（2） あなたの発言の　イ　に入る記述として最も適当なものを，次の①〜③のうちから一つ選びなさい。

① この教えは，封建制度が崩壊し始め，諸侯が国の秩序安定をはかり富国強兵に努めた時代の中国で説かれたもので，古い習慣や自説を固く守り続けることを意味する故事成語がこの教えから生まれたこと

② この教えは，争いが絶えず，貧富の差が大きかったアラブ社会において，唯一神の前での信者の平等，同胞愛，社会的な正義を説き，生活すべてにおいて聖典に従うよう信者に求めたこと

③ この教えは，現世での生き方が来世の在り方を決定すると説き，多神教の宗教としてインドにおいて発展したもので，その後，民間信仰等と融合して，現在のインドに根づいている宗教に変容したこと

（3） あなたの発言の　ウ　に入る記述として最も適当なものを，次の①〜③のうちから一つ選びなさい。

① 人間は平等に神の裁きを受けて死後の運命が決定されると，この教えでは捉えていることがわかりました。混沌とした社会だからこそ，神の言葉のままに生きようとしたのだろう

② 宇宙の根源の原理と自己の永遠不滅の実体とが一体となった境地に達することで，苦から逃れ安らぎを得られるとしたのだろうと思いました。そのために厳しい修行や禁欲の生活を必要としたのだろう

③ なぜ世界から戦争がなくならないのか疑問をもちました。戦争がなくなり平和な世界が来るように，すべての人々を愛する無差別で平等な愛が求められているのではないか

## ② ブッダの教え

〉〉〉〔①〕
業の束縛から離れ，解脱を得るために，不殺生（アヒンサー）や無所有をはじめとする誓いを守り，苦行・禁欲の実践をおこなう。（→教 p.55 ❶）

〉〉〉〔②〕
ヒマラヤ山麓のシャカ族の王子としてうまれる。幼名をシッダッタという。父王のはからいで穢れたものから遠ざけられていたが，あるとき，城の東西南北の四つの門から外の世界に出て，老人・病人・死人を目のあたりにし，北門で沙門をみて出家を決意する（四門出遊）。悟りをひらいた後，ガンジス川中流域のマガダ国・コーサラ国などで布教し，最後に故郷への旅の途中，クシナガラの地で入滅（死去）する。（→教 p.54）

〉〉〉〔④〕
サンスクリット語の「ダルマ」の漢訳であり，教え，真理，行動規範，存在などの意味がある。（→教 p.55 ❷）

〉〉〉経典
〔③〕が亡くなった後，弟子たちにより編纂された〔③〕の言葉が「経」である。これに仏教徒が守るべき戒律を記した「律」，教説の解釈を示した「論」の三つをあわせて「三蔵」という。なお，のちの大乗仏教の聖典まで含めた全体は，漢訳され「一切経」や「大蔵経」とよばれる。（→教 p.55 ❸）

〉〉〉〔⑨〕
五蘊とは，物質的要素である色（肉体）と精神的要素である受（感覚）・想（表象）・行（意志）・識（判断）の集まりである。なお，〔⑤〕に〔⑥〕などの四つを加えて四苦八苦という。（→教 p.55 ❹）

〉〉〉〔⑬〕
このうち，欲望（貪）・怒り（瞋）・無知（癡）が三毒とよばれる根本的なものである。（→教 p.55 ❺）

・紀元前6〜5世紀

　…「沙門」（修行者）たちがバラモン教とは異なる教えを広める

・〔①　　　　　　　　　　　〕の指導者ヴァルダマーナ（マハーヴィーラ）

・仏教の開祖〔②　　　　　　　　　　　　　　〕

### ブッダとその教団

・〔②〕

　…ネパール，シャカ族の王子としてうまれた

　…人生の悩みを克服しようと出家し，修行者となる（29歳）

　→6年間の苦行でも，心の平安を得られず

・苦行を断念し，ブッダガヤーの菩提樹のもとで瞑想し，悟りをひらく（35歳）

　→「（真理に）目覚めた者」＝〔③　　　　　　　　〕とよばれた

・〔③〕…最初の説法（初転法輪）をおこなってから80歳で亡くなるまで，自らが体得した真理（〔④　　　〕）を説く

### 苦とその原因

・〔③〕が説いた苦しみの真理

四苦八苦
- 〔⑤　　　　　　〕…生老病死の苦しみ
- 〔⑥　　　　　　〕…愛するものといつか別れる
- 〔⑦　　　　　　〕…憎むものと出会う
- 〔⑧　　　　　　〕…求めるものが得られない
- 〔⑨　　　　　　〕…人間存在そのものが苦しみ悩む存在

・〔③〕…〔⑩　　　　　〕の道理（すべての物事には原因があるという道理）から苦の原因を探求

・苦の原因

| 〔⑪　　　〕 | 真理に対する無知 |
| --- | --- |
| 〔⑫　　　〕 | 自己や自己の所有物に執着する心 |
| 〔⑬　　　〕 | 〔⑫〕からうまれる欲望や怒りなど |

・自己への執着を断ち切り，苦しみを克服するための実践＝八正道

　→苦行に専念するのでもなく，快楽を追求するのでもない，その両極端を離れた〔⑭　　　〕　※真の幸福を実現するために人が歩むべき道

・〔⑮　　　　　〕（四つの真理）と八正道

| 苦諦 | 現実世界は苦である |
| --- | --- |
| 集諦 | 苦は執着よりおこる |
| 滅諦 | 執着をなくすことで苦は滅する |
| 道諦 | 正しい修行方法は八正道である |

正見（正しいものの見方）
正思（正しい思考）
正語（正しい言葉）
正業（正しい行為）
正命（正しい生活）
正精進（正しい努力）
正念（正しい気づき）
正定（正しい精神統一）

## 四法印

・[③]の[⑩]の教え…[⑯       ]にまとめられる

| [⑰     ] | 原因と条件からうまれたあらゆる事物は必ず変化し消えてゆく運命にある |
|---|---|
| [⑱     ] | 「苦」とは，思うままにならないことであり，この世の一切は苦である |
| [⑲     ] | それ自体で存在する不変の実体はないことを知り，自己やその所有物に執着してはならない |
| [⑳     ] | [⑬]の炎が滅し，心が平安になった状態(涅槃，ニルヴァーナ)　※輪廻から離れることができる |

## 慈悲の実践

・[㉑     ]…生きとし生けるすべてのもの([㉒     ])に対する思いやりの心

→[㉑]を育みながら生きること＝仏教徒の理想

>>>[㉑]
友情を意味する「慈」と憐れみを意味する「悲」の二つの語が組み合わされたもの。あらゆる生きものに楽を与えることが慈，あらゆる生きもののために苦を抜くことが悲であるとも説明される。(→教 p.56 ❶)

---

**exercise** 仏教の開祖であるブッダが説いたとされる教えについての説明として最も適当なものを，次の①〜④のうちから一つ選びなさい。

〈センター試験倫理，政治・経済 2020 年度追試を改変〉

① すべての生き物は，生老病死の苦しみから逃れることはできない。よって，バラモン教の祭祀に基づき，苦しみを超克する道を歩むべきである。

② 自己の身体を含め，あらゆるものは自己の所有物ではない。よって，我執を断つことにより，それらへの執着を捨てる道を歩まなければならない。

③ ウパニシャッド哲学などで説かれた涅槃は認められない。人は，涅槃の境地ではなく，輪廻からの解脱を目指さなければならない。

④ 貪りと怒り，そして忍辱の三つの煩悩は，三毒と呼ばれる。人は，物事のあるがままの真理を見つめて，煩悩の炎を消さなければならない。

---

**Check! 資料読解** 教科書 p.55「ブッダの言葉」について，なぜ，仏教では欲望を追求することが戒められるのだろうか。次の生徒と先生の会話文中の空欄 　ア　・　イ　 に当てはまる語句の組み合わせとして正しいものを，下の①〜④のうちから一つ選びなさい。

生　徒：自分の子だからと親が私の将来を心配し過ぎて困ります。

先　生：君も成長し親から離れていく。親子関係も四法印の 　ア　 や，「万物は流転する」にも通じるね。子どもも親はいつまでも元気だと思っていても，年を取り，いつかは亡くなってしまう。

生　徒：ブッダが説いた「理」を知っていても，執着を断ち切ることは難しいです。

先　生：執着を断ち切るための方法について，ブッダは苦行と快楽の両極端を離れた中道と，　イ　の実践を説いた。難しいけれど，君の親が心配して苦しまないように，自立していこう。

① アー諸行無常　　イー八正道　　　② アー涅槃寂静　　イー八正道

③ アー諸行無常　　イー四諦　　　　④ アー涅槃寂静　　イー四諦

# ③ 大乗仏教の成立とその教え

教科書　p.57〜59

>>> **戒律**
戒律の基本は五戒であり，不殺生（殺さない），不偸盗（盗まない），不邪淫（みだらなことをしない），不妄語（嘘をつかない），不飲酒（酒を飲まない）を自発的に守り身につけることが求められる。一般信者は五戒を守ればよいが，男性の出家者は250，女性の出家者はその倍近くの戒律を守ることになっていた。（→教p.57 ❶）

>>> **出家者**
出家者のなかで，修行の結果，人々の尊敬に値する境地に達した人物が阿羅漢とよばれる。（→教p.57 ❷）

>>> **〔④〕**
大乗（マハーヤーナ）とは，大きな乗り物という意味で，出家・在家を問わず，すべてのものが等しくブッダと同じ悟りに到達できることを比喩的に表現したもの。これに対して伝統的な〔③〕を小乗仏教とよぶのは〔④〕からみた場合の蔑称である。なお，〔④〕の成立にはいまだ多くの謎が残されている。（→教p.57 ❸）

>>> **〔⑦〕**
波羅蜜（パーラミター）とは「完成」の意味。悟りの手段となる布施（教えを授けたり，財を与えること），持戒（戒律を守ること），忍辱（苦難にたえ忍ぶこと），精進（仏道修行に努力すること），禅定（瞑想し精神を統一すること），智慧（真理をきわめた悟りの認識）を実践し，完成させることをさす。（→教p.57 ❹）

>>> **大乗経典**
大乗経典には，ブッダの永遠性（久遠実成）を説いた『法華経』のほかに，宇宙のあらゆる存在が相互に関係しあうこと（一即一切）を説き明かした『華厳経』，空の真理を直観する智慧（般若）を示した『般若経』，阿弥陀仏とその極楽浄土を描いた『無量寿経』などがある。（→教p.58 ❶）

**【ブッダ死後の仏教】**

・仏教教団…戒律を厳格に守ろうとする保守派の〔①　　　　　　　〕と，戒律を柔軟にとらえる進歩派の〔②　　　　　　〕とに分裂

→さらに複数の部派にわかれた＝〔③　　　　　　　　　〕

→実践をおこなう僧侶（出家者）と，経済的に支援する一般信者（在家者）に区別された

・紀元前後のころ…〔④　　　　　　　　　〕の運動発生

→出家・在家の区別をこえ，他者の救済をめざす実践に励むべき，と提唱

## 大乗経典の教え

・〔④〕…新しい経典（大乗経典）が次々とつくられた

・大乗経典に共通する主題

…自分の悟り（**自利**）よりも他者の救済（〔⑤　　　　　〕）を第一に考え，ブッダと同じ悟りをめざす者（〔⑥　　　　　〕）たちの生き方

・〔⑥〕…「すべての生きものたちを幸福にする」などの誓い（請願）をたて，〔⑦　　　　　　〕の実践をおこなう存在

| 布施・持戒・忍辱・精進・禅定・智慧 |
|---|

・〔④〕の教説…誰でもがブッダと等しい境地を得ること（**成仏**）を強調し，「あらゆるものには本来的に仏たるべき本性がある」＝〔⑧　　　　　　〕

## 空の思想と唯識思想

〔⑨　　　　　　　　　　　　　　〕

…主著『中論』で〔⑩　　　　〕の思想を説く

・〔⑩〕…さまざまな事物が言語や概念でそう思いこまれている通りには存在しない，ということ

→事物に固有の本性はない（**無自性**）＝言葉や概念による執着がうみだしたもの

・〔⑩〕を正しく見極めること（観法）により，執着を取り除く

→あらゆるものが相互に依存しあう縁起の世界がひらかれる

→他者とのつながりを抜きにしては自分自身もまた存在しえないことを理解

## 「色即是空，空即是色」

・「色即是空，空即是色」

…この世界のなかにある物質的要素（色蘊）も，執着を離れれば，そこに固定的な本性はないこと（空であること）がしられる＝色即是空

…空であることが，あらゆる物質的要素の本性である＝空即是色

〔⑪　　　　　　〕（アサンガ）と〔⑫　　　　　　　　〕（ヴァスバンドゥ）

…〔⑬　　　　　　〕思想を体系化

・〔⑬〕思想…あると思い込んでいる自己や世界の諸存在は，心の作用（〔⑭　　　　　　〕）がうみだしたあらわれにすぎない

→事物も自己も，根本にある心（アーラヤ識）が変容したもので存在しない

・[⑬]思想が説く精神集中（ヨーガ，瑜伽行）…外界の事物や自己に対する執着を断ち切り，主客の対立をこえる智慧の獲得

≫≫仏教の伝播

インドで興隆した仏教は，やがてイスラーム勢力の台頭や社会の変動などのために，衰退した。しかし，[③]（とくに上座部仏教）の流れをくむ伝統は，スリランカ・東南アジア方面に広まった（南伝仏教）。一方，[④]の聖典は，中国から来訪した玄奘三蔵（7世紀）などの努力により漢訳され，中国・朝鮮・日本へと伝えられた（北伝仏教）。また，ヒマラヤ山脈をこえてチベット盆地に伝えられた[④]（チベット仏教）の伝統もある。（→教 p. 59）

**exercise** ある留学生が日本人の宗教観の特質に関する感想を述べている。文章中の空欄 ［ a ］・［ b ］に入る語句の組み合わせとして最も適当なものを，下の①〜④のうちから一つ選びなさい。

〈大学入学共通テスト倫理試行調査を改変〉

週末に「日本の宗教美術」という展覧会を見に行ってきました。とても面白かったです。絵画にはいろいろな仏や菩薩が描かれていました。私の出身地である ［ a ］ では，［ b ］ が信仰されていて，仏像というと釈迦牟尼仏がほとんどですから，とても驚きました。

①　a　チベット　　b　大乗仏教　　　②　a　タイ　　b　大乗仏教
③　a　チベット　　b　小乗仏教　　　④　a　タイ　　b　小乗仏教

**Check! 資料読解** 教科書 p. 59「菩薩の道と菩薩の徳」について，菩薩の道と菩薩の徳に共通するものとは何だろうか。原典資料に関する説明として適当なものを，次の①〜④のうちから二つ選びなさい。

①　菩薩の道はすべての生きとし生けるもの（衆生）に対して平等の心があることで，菩薩の徳は彼らに対して慈悲の心があること。

②　菩薩の道は利他の実践のためには輪廻にとどまらなければならないことで，菩薩の徳はすべての衆生をブッダの悟りへと導くこと。

③　菩薩の道はすべての衆生に対して平等に教えを説くことで，菩薩の徳は衆生のために布施を行うが，その報いを期待しないこと。

④　菩薩の道はあらゆるものが空で善なるものであることを理解することであり，菩薩の徳はすべての衆生に対して正しい行いを実践すること。

**TRY!** 自己中心的に自らの欲望のみを追求することを戒める仏教の教えは，現代社会のどのような問題を解決するために役立つだろうか，考えてみよう。

# Skill Up 三大宗教が説く人間の生き方

教科書　p.60〜61

**Check! 資料読解** ▶ ①教科書 p. 60「節制・忍耐と幸福」について，アウグスティヌスは人間が努力すべき生き方について，どのように主張しているか。また，その主張の根拠は何か。この問いかけに関する次の文章中の空欄 a 〜 c に当てはまる語句の組み合わせとして最も適当なものを，下の①〜④のうちから一つ選びなさい。

> 　世俗的に善いものとされるものについて a し，世俗的に悪しき事柄とされるものに b することを努力すべき生き方として述べている。その根拠は，a と b が人間を世俗的な善悪から遠ざけ，c を清くするからである。

① a 忍　耐　　　b 節　制　　　c 魂

② a 努　力　　　b 忍　耐　　　c 罪

③ a 節　制　　　b 忍　耐　　　c 魂

④ a 節　制　　　b 努　力　　　c 罪

②人間の努力に加えて神を待ち望むことがなぜ必要なのだろうか。p. 46 の恩寵の説明をふまえて考えてみよう。このことに関して，次の文章中の空欄 　　　　　　　　　　　 には，p. 46 の恩寵の説明をふまえた内容が入る。その内容として最も適当なものを，下の①〜④のうちから一つ選びなさい。

> 　自分を不幸にする一時的な欲望，情念などにとらわれた自己を自覚し，魂を清く保てたとしても，人間は，　　　　　　　　　　　 ため。

① 神の律法にかなうように自分をつくろってしまう存在であり，神の恩恵を受けられなくなる

② 神が与える恩寵を求め，教会において贖罪のための信仰を行えば，すべての原罪から解放される

③ 神の恩寵を地上の国で受けることができず，最後の審判を受ける神の国でのみ判断される

④ 神の恩寵によらなければ何が善であり，何が真実の幸福かを見分け，それを正しく意志することができない

**Check! 資料読解** ▶ ①教科書 p. 60「節制・忍耐と幸福」と「欲望の克服」について，キリスト教と仏教は，それぞれなぜ欲望を抑制することが大切だと説いたのだろうか。キリスト教と比較した仏教の考えについて，次の文章中の空欄 a 〜 c に当てはまる語句の組み合わせとして最も適当なものを，下の①〜④のうちから一つ選びなさい。

> 　キリスト教の場合には，魂を浄化し，神の恩寵を受け取るために，節制の徳が説かれているのに対して，仏教では，欲望は a の原因であり，特に b の a をもたらすものだから，欲望を c することが大切だとされた。

① a 死　神　　　b 輪　廻　　　c 彼　岸

② a 苦しみ　　　b 輪　廻　　　c 回　避

③ a 死　神　　　b 愛　着　　　c 回　避

④ a 苦しみ　　　b 愛　着　　　c 彼　岸

②キリスト教と仏教が説く真の幸福について，どのように考えるか。教科書 p. 60 の二つの資料について，A〜D の生徒が考えを述べている。4 つの意見のなかで，「キリスト教の考え」と「仏教の考え」を述べている生徒をそれぞれ記号で答えなさい。

生徒 A：私は，この世の幸福は永遠ではないけれど，神から与えられる真の幸福は永遠であるという教えが，信仰心を高めているということがわかりました。

生徒 B：私は，今生きているこの現実の世界で真の幸福を探すことが大事だという教えは，多くの人に必要だということがわかりました。

生徒 C：私は，天国や輪廻は最高善を想起させ，真の幸福は道徳性を高めることだという教えはとても哲学的だと思いました。

生徒 D：私は，欲望を抑制して，輪廻の洪水に流されることのない涅槃の境地に至ることが真の幸福だとされていることが印象に残りました。

| キリスト教 | 仏教 |
| --- | --- |
|  |  |

**exercise 資料読解**　教科書 p. 61「断食の意味」に関して，「断食」についての説明として最も適当なものを，原典資料と p. 50 の内容をふまえて，選択肢①〜④のうちから一つ選びなさい。

**TRY!**　現代社会では，欲望を追求することは必ずしも悪ではない。一方，過度に欲望を追求することがもたらす不幸もある。三つの原典資料から，欲望との向き合い方について，話しあってみよう。この課題について，先生と生徒が考えを述べあっている。会話文に関する内容として正しいものを，下の①〜④のうちから一つ選びなさい。

生徒 A：TRY！の「現代社会では，欲望を追求することは必ずしも悪ではない」という考え方は当然だと思います。学校では部活動で勝ちたいとか，自分が希望する進路に向かって努力することが求められているからです。これって資本主義の考えにも通じているような……

先　生：欲しいものを手に入れれば，それだけで幸せになれるわけではないよね。三大宗教の教えは，できるだけ欲望を抑えて節制を心がければ，今までとは違う幸福の形が見出せると説いているよ。

生徒 B：食欲もそうですね。五行の中の断食は大変だと思うけれど，自己をこえた神などの存在に思いを巡らし，食べ物などに恵まれることの有難さを感じる良い機会になっているのかも。

生徒 C：各人が自分自身を見つめ，欲望をある程度コントロールできるようになれば，別の幸福を積み重ねていく人生に意味を見出せるのかもしれない。

先　生：これらの原典資料は，人が欲望とどう向き合うべきか考えさせてくれるね。

①　生徒 A は，キリスト教の教えから，欲望は競争社会に必要なことだと指摘している。

②　先生は，幸福とは自らの理性に従って生きることであり，欲望を抑え込むべきだと主張している。

③　生徒 B は，イスラームの教えから，欲望を抑えれば，理想的な人間社会をつくりあげられると考えている。

④　生徒 C は，欲望をある程度調節することで，別の幸福のあり方に価値を見出せると考えている。

# ① 「道」の自覚―孔子

教科書　p.64〜67

>>> 天

すべての神の上にたつ超越的な人格神。天帝・上帝ともいう。自然界・人間界を支配するものとして信仰され，天命に従うのが人間の道である，とも考えられていた。(→教 p.65 ❶)

>>> [④]

春秋時代末期の魯の国にうまれた。幼くして両親と死別し，苦学の結果，下級役人となった。やがてその学識を認められ，魯の大司寇(司法長官)になったが，失脚し亡命する。諸国を遊説し，徳治主義の理想を説いたが，受け入れられなかった。晩年は魯の国に戻り，文献の整理と弟子たちの教育に専念した。周公旦に憧れて，理想を追い求めた生涯であった。[④]の死後に，弟子たちとの言行録である『論語』がまとめられた。(→教 p.66)

>>> [⑦]

[④]の説く[⑦]は，キリスト教的愛(アガペー)のような無差別の人類愛とは異なり，家族への自然な愛情を基本とする。したがって他の人間関係へと及ぼされる場合，親しさの違いによって[⑦]のあり方は異なるものとされた(差別愛)。(→教 p.66)

>>> [⑧]

[④]は，両親や祖先への祭祀儀礼を重んじている。(→教 p.65 ❷)

・紀元前 11 世紀ごろ…周の王が，天命(天の命令)を受けた天子として，封建的な社会秩序を定めた

⬇

・春秋時代末期…秩序は崩れ，諸侯が富国強兵に努め，有能な思想家を求めた
　→[①　　　　　　　]の登場

※後世に影響を与えたのは，[②　　　　　]と[③　　　　　](老荘思想)

【その他の諸子百家】
法家(韓非子・李斯)：信賞必罰・法治主義／墨家(墨子)：兼愛交利・非攻／名家(恵施・公孫竜)：論理／縦横家(蘇秦・張儀)：合従策・連衡策／兵家(孫子)：戦略戦術論／農家(許行)：農本主義など

## 仁と礼

[④　　　　　]…人間のあり方についての普遍的な原理をさぐり，これにもとづいて社会秩序をたてなおそうとした

・[⑤　　　　　]…人間関係の普遍的な原理＝[⑥　　　　　　　]

　※「朝に道を聞かば，夕べに死すとも可なり」と強調

⬇

・[⑦　　　　]…人を愛する心(家族への自然な情愛)
　├─ [⑧　　　　]…親子兄弟の間の愛情(両親や祖先への敬愛)
　└─ [⑨　　　　]…兄や年長者への従順

　→[⑦]による政治＝為政者が，そうした家族的な親愛の情を広く民へと及ぼしていくこと

・[⑦]…他人に対する心のあり方としても説かれる

| | |
|---|---|
| [⑩　　　　　] | 自分のわがままを抑えること |
| [⑪　　　　] | 自分を偽らない真心 |
| [⑫　　　　] | 他人への思いやりの心(具体的には，自分が望まないことは他人にもしないようにすること) |
| [⑬　　　　] | 他人を欺かないこと |

・[⑭　　　　]…仁を実践するにあたっての客観的な形式

「己に克ちて礼に復る([⑮　　　　　　　　])を仁と為す」

　→自分勝手な欲望を抑えて，社会的規範の[⑭]に合致させることが[⑦]

・[⑭]…古代周王朝で確立した法律，慣習，礼儀作法
　→外面にあらわれる形式が重視される
　形式的な[⑭]の規範を，内面から支える道徳性が[⑦]
　→[⑦]あっての[⑭]

## 徳治主義

- [⑯      ]…[⑦]の実現と自己の道徳的完成をめざす人間＝人間のあるべき姿

- 社会の安定…すべての人間が自己の身を修めて[⑦]に向かい，人徳を備えた人がその感化によって政治をおこなう（人々を安らかにする）

        ↓   ※法と刑罰による法治主義を退けた

- [⑰      ]の考え方＝[⑱      ]の理想

    ※孔子の理想…聖人周公旦がおこなった[⑭]による政治

- 孔子の関心…現実の人生の問題，人としていかに生きるべきかの課題に向けられた＝現実的，合理的な考え方

   「怪力乱神を語らず」「いまだ生を知らず，いずくんぞ死を知らんや」

≫≫【⑯】
[⑯]と対比されるのが，小人である。小人は，自分の目先の利益のみを考える自己中心のつまらない人間である。したがって小人とよばれることは，このうえない侮辱であった。（→教p.66 ❶）

≫≫【⑰】
宋代の朱子学では「修己治人」ともよばれた。（→教p.66 ❷）

≫≫周公旦
[④]が理想的な聖王として憧れた前11世紀ごろの周の王族。周の創始者文王の子。儒家では，多くの制度や儀式・礼楽を制定した聖人とされる。（→教 p.66 ❸）

**exercise** 次の文章は孔子の礼についての説明である。文章中の空欄 a ～ c に入れる語句の組み合わせとして正しいものを，下の①～④のうちから一つ選びなさい。

〈センター試験倫理 2016 年本試を改変〉

  孔子は，社会を支える規範として礼を重んじたが，それは，単に外形的なものではなく，内面性に裏打ちされるべきであると考えた。つまり，他者を愛する心持である a が，立ち居振る舞いや表情・態度として外に現れ出たものが礼であるとしたのである。その実現には，私利私欲を抑えるとともに，他人も自分も欺くことなく，他人を自分のことのように思いやることが重要とされた。このうち，自分を欺かないことは，b と呼ばれる。このようにして礼を体得した c によって，秩序ある社会の実現も可能であると孔子は考えた。

  ① a 恕   b 忠   c 真人    ② a 仁   b 信   c 真人
  ③ a 恕   b 信   c 君子    ④ a 仁   b 忠   c 君子

**Check! 資料読解** 教科書 p.67「『論語』の言葉」の3. の資料について，孔子が，羊を盗んだ父の罪を隠す子を「正直者」といったのはなぜか。次の文章中の空欄に当てはまる記述として正しいものを，下の①～④のうちから一つ選びなさい。

  法による秩序の実現を重んじた葉公に対して，孔子は，[          ]が，人のあるべき道の根本であると考えた。父の罪を隠そうとする子に，そうした道の姿を見たのである。

  ①  苦行や快楽の両極端を離れた実践    ②  親子兄弟の自然な情愛
  ③  絶対的な宇宙の原理           ④  血筋や出自による連帯をこえた同胞愛

**TRY!** 孔子が理想とした「仁」は，具体的にどのような生き方において実現されるのか，「礼」「克己・忠・恕・信」「徳治」という言葉を使って説明してみよう。

# ② 儒家思想の展開

教科書　p. 68〜70

〉〉〉〔①〕
戦乱の世に王道という理想主義を掲げた。教育熱心な母をめぐり，学習環境を考慮して三度転居したという孟母三遷や，継続の大切さを教えた孟母断機の逸話がある。主著『孟子』。(→教 p. 68)

## 性善説と王道政治―孟子

〔①　　　　　　〕

…当時衰えていた儒家を復興(孔子の仁の教えを継承)

…人間の本性は善であるとする〔②　　　　　　〕を提唱

⬇　うまれながらに備わっている素質

〔③　　　　　〕の心…徳の端緒(芽生え)　　　　　〔⑧　　　　　　〕

　　─〔④　　　　　　〕…憐れみいたむ　　　　　→仁

　　─〔⑤　　　　　　〕…自分の悪を恥じ悪を憎む　→義

　　─〔⑥　　　　　　〕…他人に譲りへりくだる　　→礼

　　─〔⑦　　　　　　〕…是非善悪を判断する　　　→智

　　※〔③〕の心を自覚的に大きく育てていけば〔⑧〕が実現＝〔③〕の説

・〔⑧〕の充実とともに養われる，天地に満ちあふれるほどの強く正しい気力
　＝〔⑨　　　　　　〕

　→〔⑨〕を養う者を〔⑩　　　　　　〕とよび，理想の人間像とした

・父子・君臣・夫婦・長幼・朋友の基本的な人間関係のあり方

　　〔⑪　　　　〕…親子の親愛の情

　　〔⑫　　　　〕…君臣の礼儀

　　〔⑬　　　　〕…男女のけじめ　　　　　〔⑯　　　　　　〕の道

　　〔⑭　　　　〕…兄弟の序列

　　〔⑮　　　　〕…友人の信頼

〉〉〉〔⑯〕の道
のちに前漢の董仲舒が唱えた五常(仁・義・礼・智・信)とともに，儒学の基本的な徳目となった。(→教 p. 69 ❶)

・四徳のなかでも仁と義を重視

　→武力などの力によって民衆を支配する覇道を退け，仁義に基づいて民衆の幸福をはかる〔⑰　　　　　　〕を強調

　→王の徳をもたず民意に背く君主は，天命を失ったものとして追放されるという易姓革命の思想を展開

## 性悪説―荀子

〔⑱　　　　　　〕

…孔子の礼の教えを継承しながらも〔⑲　　　　　　〕を提唱

・人間…うまれつき欲望に従って利を追い求め人を憎む傾向があり，争い合う

　⬇　社会の秩序を保つためには…

　利己的な傾向を，君主による礼を身につける努力と教育により，人為的に矯正

　→礼に基づく政治を主張＝〔⑳　　　　　　〕

〉〉〉〔⑱〕
戦国時代末期のうまれ。儒教道徳を体現した聖人によって天下が統一され，平和が回復されることを求め，諸子百家の思想は社会に混乱をもたらすとして批判した。主著『荀子』。(→教 p. 68)

〉〉〉〔②〕と〔⑲〕
〔①〕の性善が，人間の本性に関していわれるのに対して，〔⑱〕の性悪は，人間の欲望に関していわれるものである。〔⑱〕にとって人の善悪は，本性の問題ではなく，聖人の定めた礼に従うか否かによって決められる。(→教 p. 69)

## 法家と墨家

・法家の〔㉑　　　　　　〕…〔⑱〕の〔⑲〕を継承

　→人間の利己心を利用した信賞必罰，法に基づく政治＝〔㉒　　　　　　〕

・墨家の〔㉓　　　　　　〕…儒家の家族愛的な仁に対して，敵対関係のなかで利害の対立を停止する兼愛を説く〔㉔　　　　　　〕を重視

　→非攻を説き，非攻を貫く国が多くなれば平和が実現(〔㉕　　　　　　〕)

## 儒学の成立と展開

・孔子を祖とする儒家の教学…儒学→前漢時代に国家の教学として官学化

**朱子学**を提唱した[㉖　　　　]（朱熹）

…世界を，万物を貫く宇宙の原理（[㉗　　　]）と，万物の物質的な素材
（[㉘　　　]）によって構成されているととらえる＝[㉙　　　　　　]

・[㉗]…人間の本性（性）でもあるが（[㉚　　　　　]），現実の人間は[㉘]に
基づく私欲に妨げられ，本質を発揮できない（気質の性）

↓

・私欲を抑制して内なる[㉗]に従う（[㉛　　　　　]）とともに，事物の[㉗]の
究極に至る（格）ことで，知を極め（致）るべき
＝格物致知すなわち[㉜　　　　]を説いた

**陽明学**を提唱した明代の[㉝　　　　　]…朱子学に対立，人の心の本体こそ
が[㉗]であるとした＝[㉞　　　　　]

・[㉗]…心に先天的に備わる善悪を判断する能力（[㉟　　　　]）を発揮する
ところにあらわれるもの
→[㉟]をきわめて生きること＝[㊱　　　　　]が求められる

・[㊲　　　　　　　]…真に知ることと実行は同一である

>>>**儒学**
祖先祭祀の宗教に基づき，孔子が説いた人倫の教説（礼教）を儒教という。儒教は前漢時代に漢王朝の国教となり，20世紀に至る中国漢民族文化を代表する思想となった。（→教 p.70 ❶）

>>>**五経と四書**
宋代以降，五経（『詩経』『書経』『易経』『春秋』『礼記』）にかわって四書（『論語』『孟子』『大学』『中庸』）が重視された。五経に『楽経』を加えて六経ともいう。しかし『楽経』は早くから失われたとされる。（→教 p.70 ❷）

>>>**[㉖]**
現在の福建省にうまれる。[㉙]に基づいて朱子学を大成した。主著『四書集注』。（→教 p.70）

>>>**[㉝]**
浙江省余姚にうまれる。朱子学に満足せず，[㉞]・[㊱]を説き，陽明学を完成した。（→教 p.70）

**exercise** 次の文章は，朱熹と王陽明の「格物」の理解についての説明である。文章中の空欄　A　・　B　に入れる語句の組み合わせとして正しいものを，下の①〜④のうちから一つ選びなさい。

〈センター試験倫理 2020 年追試〉

　朱熹は，『大学』の「格物」という言葉を「物に格（ただ）す」と読み，修行を重んじるだけでなく，事物の本質を把握しようとする　A　も重んじた。これを受けて，王陽明は 7 日間，目の前の竹を見続けて憔悴の余り病気になった。こうした失敗から，王陽明は，心こそが理であると考え，「格物」を「物を格（ただ）す」と読み替えて，万人に備わる　B　に従えば，誰でも，その時々における正しい行いをすることができると説いた。二人の主張の背後には，経典解釈の違いがあった。

① A 居　敬　　B 良　知　　　② A 居　敬　　B 忠　恕
③ A 窮　理　　B 良　知　　　④ A 窮　理　　B 忠　恕

**Check! 資料読解** 教科書 p.69「孟子の性善説と荀子の性悪説」について，孟子と荀子は，性（本性）と実現すべき善との関係をそれぞれどのようにとらえているだろうか。この問いに関する説明として<u>適当でないもの</u>を，次の①〜④のうちから一つ選びなさい。

① 孟子は，四端の心を自覚的に育むところに四徳が実現すると考えた。

② 孟子は，人の性には五倫の道という善の端緒があると考えた。

③ 荀子は，人の性は放置すれば欲望に流されてしまうと考えた。

④ 荀子は，礼に基づく後天的な矯正が善の実現に必要と考えた。

# ③ 老荘思想

教科書　p.71〜73

・老子と荘子…人知をこえた，道(宇宙の原理)に即して生きることを説いた

　→老荘思想…道を中心に説くため[① 　　　　　　　　]ともよばれる

## 万物の根源としての道―老子

[② 　　　　　　　]…儒家の仁義は，本来の道が見失われることによっておこった社会の混乱を回復するための手段にすぎないとした

・[③ 　　　　　]（タオ）…万物をうみだす根源，あらゆる現象を成立させる原理

　→人間の知性や感覚では認識できず，名づけようがないもの＝[④ 　　　　　]ともよばれる

・万物…[③]から生じて[③]に帰る

　[③]…万物からは何もしていないようにみえ（[⑤ 　　　　　　]），万物は自分自身で行動する（[⑥ 　　　　　]）という形であまねく働く

・理想の君主(聖人)…　[③]の働きにまかせた[⑤]の政治をおこなう者

・[⑦ 　　　　　　　　]…人々が素朴で質素な生活に自足する小規模な共同体

　＝[⑤]の政治が実現した姿

※[②]の思想

┌・[⑧ 　　　　　　　]…作為のないあるがままの自然な生き方

│・無欲恬淡…欲望を抑え執着を捨てること

│・[⑨ 　　　　　　　]…万物をうるおしながらなにものとも争わず，低い

└　ところへ流れる水のような，柔軟でへりくだった心をもつこと

## 万物斉同と真人の境地―荘子

[⑩ 　　　　　　]

…根源的な道に即した生き方を，個人の内面的な心の世界に求めた

・是非・善悪・貴賤といった価値の対立・差別…人間だけの相対的なもの

　→道の立場からみれば，万物には区別や差別はなく，すべてがみな斉(ひと)しい＝[⑪ 　　　　　　　]

↓

・人間の理想

　…[⑫ 　　　　　]（至人）

　　＝心を虚しくして知や感覚を忘れる[⑬ 　　　　　　　]により，一切の対立・差別や偏見にとらわれず，世界と一体となり，おおらかな絶対自由の境地に遊ぶ（[⑭ 　　　　　　]）人

・[①]…現実世界をこえて根源的な道の原理にたとうとする

　→現実の社会に対する消極的な態度という点で儒家思想と対照をなす

　→現世をこえた世界やその意味について人々の目をひらき，中国における仏教の受容と展開に大きな影響を与え，文明批判の思想としても注目される

## 文明批判としての道家思想

・『[②]』の「知足安分」

　…足ることを知ってむさぼらず，自分の身のほどに安んじること

　→大量生産・大量消費という現代文明に対する批判的意義

---

>>>【②】
[②]については不明な点が多く，伝説上の架空の人物だとされている。その著書とされる『[②]』も，複数の思想家の手になるものだと考えられている。(→教 p.71)

>>>【⑩】
宋の国の出身といわれ，生没年についても諸説ある。主著『[⑩]』は，漢代ごろまでの道家たちの著作を集めたものであり，どの部分が[⑩]の自著かは明らかでない。万物一体を象徴する混沌に人間と同じ七つの穴(目耳鼻口)をあけると，混沌は死んでしまった，など巧みな寓話が多い。(→教 p.72)

>>>道家
道家，とりわけ理想的な君主の姿を描く『老子』は，もともと政治思想として理解されていた。彼らは，儒家の理想とする封建的な秩序を人為的な偽善であるとして退け，[⑤]の政治による平等で純朴な社会を理想とした。(→教 p.73)

>>>道教
[①]は，のちに不老長生を願い求める民間信仰と結びつき，これが道教として広い影響力をもった。(→教 p.73 ❶)

>>>[①]と仏教
仏教の「空」の思想は，老荘の「無」に通じるところがある。また，「道」を体得しようとする考えは，禅宗の「無心」の境地に至ろうとする修行に通じるものがある。(→教 p.73 ❷)

・〔⑩〕の「無用の用」

　…一見無用にみえることが，個人的にも社会的にも役立っているという発想

**exercise** 道家の老子と荘子についての説明として適当なものを，次の①〜④のうちからそれぞれ一つずつ選びなさい。

① 私欲を抑制して内なる理に従うとともに，事物の理の究極に至ることで知を極めるべきことを説いた。

② 心身を忘れて世界と一体化するあり方を説き，何にもとらわれない，精神の絶対的で自由な境地を目指した。

③ 欲望に流される利己的な傾向を，君主が定めた規範としての礼を身につける努力と教育によって，人為的に矯正していく必要性を説いた。

④ 道の働きにまかせた無為の政治を，人々が素朴で質素な生活に自足する小規模な共同体として描き出した。

| 老子 | 荘子 |
|---|---|
|  |  |

**Check! 資料読解** 教科書 p. 72「道に即した生き方」について，こうした生き方は，「道」のどのような性質から導かれるのだろうか。次の先生と生徒の会話文をふまえ，道の説明として適当なものを，下の①〜④のうちから一つ選びなさい。

先　生：『老子』第十九章を読んで，老子が説く「道」についてどんな印象をもったかな。

生　徒：私が考える「道」は，仁のような人間関係の原理だと思います。社会に生きる以上，絶対に必要だと思いますが，老子はそう考えていないようですね。

先　生：むしろ，「仁をなくし義をすてることで，人々は孝行と自愛にかえる」と書かれているね。

生　徒：『老子』第八章では，水は「道に近いものだ」とありますね。

先　生：道にかなった生き方が，水の働きに即すことにたとえられているんだ。

① 資料中の「仁をなくし義をすてよ」とは，儒家思想本来の姿へ戻ることを意味している。

② 道の本来の意味は，儒家と道家で同じである。

③ 資料中の「最上の善は水のようなもの」とは，万物すべてが相対的なものであることを意味している。

④ 作為のない道にかなった生き方は，水にたとえられている。

**TRY!** 善悪や美醜といったさまざまな価値について，儒家と道家はそれぞれどのように考え，何がそうした価値をうみだす基準・根源だと考えたか，まとめてみよう。

**人間と精神**

・人間…驚きや疑問をもち，期待や不安を抱きながら生きている

　　＝肉体だけでなく心・[①　　　　　　]をも備えた存在

　　　　　　　　　　　　多様な働き

　　　　　[②　　　　　]と[③　　　　　]の価値を追求

　　　　　　　　　　　　　　　　※人間の[①]のきわだった特色

　　　　宗教にかかわる／芸術にかかわる

・宗教と芸術

　…生きることの意味を確かめようとする人間の精神的要求にこたえる活動

**宗教と人生**

・あやまちや挫折，争いや死など，思い通りに生きられない人間のあり方

　→人間の不完全さや人生のはかなさ

　→人間をこえた無限なもの・完全なもの・永遠なものへのあこがれ

・人間の有限性を自覚したうえで生きる意味を見出そうとする人間の要求

・[④　　　　　]

　…聖なるものへの信仰を説くことによって苦悩や不安を克服する救いの道を

　　示し，その要求にこたえようとする活動

・現代の民主社会

　…信仰の自由／特定の信仰をもたない自由が認められる

　　　→[④]の教えは，どちらの人間にも人生への優れた指針を与える

・[④]…現実には多くの社会で人々の生活に根づいているもの

　→現代の[⑤　　　　　　　　　　]の進展にともない，互いの宗教を理解し

　　て共生を図る態度が欠かせない

**宗教と社会**

・社会学者[⑥　　　　　　　　　　]

　…聖なるものを俗なるものから分離・対比されたものと分析

・[④]の二つの要素 ｛ ・聖なるものの表象である信念

　　　　　　　　　　 ・聖なるものにかかわる実践である儀礼

・[④]

　…信念と儀礼を同じくする人々の集団における，信念と儀礼の体系

　→定期的な祝祭などの人々の集まりを通じて社会を活性化し維持する働き

　　　※人間の集団である社会と[④]の関係を重視

**芸術と人生**

・人間…美を感じる心がある＝[⑦　　　　　　　　　　]

　　　└─ 満天の星にみとれ，小鳥のさえずりに聞きほれる感覚

・美…人間が求めてやまない主要な価値の一つ

・美術・音楽・文学・演劇・映画・舞踊などの〔⑧　　　　　　　〕

　…想像力をかきたたせ多様なイメージをよびおこさせるもの(形・色・音・

　　リズム・言葉・動作・身振り・表情)を用いて，美を積極的に表現し創造

　　しようとする活動

・美は多彩であり，人間はいたるところで美と出会う(美の遍在)

　※喜びや悲しみのうちにもひそんでいる

・〔⑧〕はこれらの美に表現を与え，崇高美・悲壮美・悲哀美・滑稽美・優美な

　どを描き出す

　→美に接する者…共感を覚え，人生への励ましや慰めをうる

　→優れた作品を享受し，自分でも表現を試みることは美的感受性を豊かに

　　し，人生を豊かにする

## 芸術による自己表現

・〔⑨　　　　　　　〕の絵画制作(約10年間)

　…描くことによる自己表現に命をかけた

　※「骨のなかまで燃えるような熱意」をもって，多くの題材を独特の力強さで

　　情念を込めてあらわし続けた

**exercise**　18世紀フランスの古典学者バトゥーは，「自然を模倣する技」について，次の文章のように捉えている。これを読んで，彼の主張の説明として<u>適当でないもの</u>を，下の①～④のうちから一つ選びなさい。

〈センター試験倫理 2010 年追試〉

　芸術を生み出す努力は，すべて，自然の最も美しい部分を選び出し，それによって，一つにまとまった優れた作品を形成することに帰着した。そのようにして生み出された芸術作品は，自然そのものよりも完全ではあったが，それでいてやはり自然なものであった。……私は次のように結論づけた。第一に，芸術の父である天才は自然を模倣しなければならない。第二に，その天才は自然をごくありふれたままに，即ち，それが日々我々の目に映るがままに模倣すべきでは決してない。第三に，趣味*は，それに向けて芸術作品が作られ，またその作品の審判者でもあるのだが，この趣味は，芸術が自然を正しく選び出し，正しく模倣しているとき，満足しなければならない。このように，我々のすべての証言は，……美しい自然の模倣という説を確立することに向かうものでなければならない。　　(シャルル・バトゥー『芸術論』)

＊趣味：物事の味わいや良し悪しを感じ取る能力，美的な感覚・好み

①　芸術は，天才の働きを通じて，自然を正しく模倣することによって，美しく統一のとれた作品を生み出す。

②　正しく模倣された自然の完全な姿は，天才の働きによって生み出された美しい芸術作品を通じて示される。

③　天才は，趣味に従って，自然を正しく模倣することによって，日常生活をより美しく完全な芸術作品へと作り変える。

④　趣味は，芸術が自然を正しく模倣しているか，統一のとれた美しい作品へとまとめ上げているかどうかを判断する。

① 教科書 p. 76「『愛する』とはどういうことなのか」を読み，以下の問いに答えなさい。

問1　愛についての考えを述べている次のア〜カはどの人物の思想を説明しているか，それぞれ答えなさい。

ア　この人物の愛の教えは，神の愛がすべての人に分け隔てなく無条件に注がれていることを信じ，自分自身のあり方を神とのかかわりから見つめ直すことも意味している。

イ　この人物が説く愛は，自分自身を律するという面がある。知恵を愛する者は，欲望や気概に支配されることなく，魂を調和させていくと考えた。

ウ　愛するということは，一般的には対象が自分に与えてくれる快さや有用さにひかれる心の動きでもあるが，この人物は互いが持つ人間としてのよさ（徳）に基づいて成り立つものだと考えた。

エ　この人物は，生きとし生けるものすべてを思いやる心は，自己の所有物に執着する人には生じないとして，自己への執着をなくすことが求められると説いた。

オ　この人物は，愛する者自身が，相手を配慮する，尊重する，理解するといった能動的な能力を発揮することが愛することだと考えた。

カ　この人物が説く愛は，自分を相手の身におきかえて相手を思いやる心であり，自分勝手な欲望を抑え，自己を引き締めるよう説いた。

| ア | イ | ウ |
|---|---|---|
| エ | オ | カ |

問2　5人の生徒（A〜E）が，教科書の内容を振り返りながら，自分の考えをまとめようとしている。次のメモには，さまざまな愛の説明が書かれているが，それぞれの語句を答えなさい。

【生徒5人のメモ】

生徒A：「人間は，本性上，ポリス的動物である」という言葉は，ポリスの共同体のなかでのみ生活できるのであり，正義とあわせたこの考え方が欠かせないと説いている。

生徒B：友情と憐れみを意味する二つの語が組み合わされたもので，自己への執着を捨て，相手の立場に立って物事を考えるこの教えは理想的だと感じた。

生徒C：これは「愛・恋愛」を意味する言葉で，ある対象に価値を認めて追求し獲得しようとする欲求に由来し，イデアをとらえようとする哲学的衝動の意味で用いられた。

生徒D：人を愛する心であり，この言葉による政治とは，為政者が家族的な親愛の情を広く民へと及ぼしていくことを意味している。

生徒E：すべての人にわけ隔てなく注がれる無償の愛によって，罪人も自己の罪を認め，悔い改めて回心し，感謝して生きることができる。

| A | B | C |
|---|---|---|
| D | E | |

②愛について考察した思想家の説明として最も適当なものを，次の①〜④のうちから一つ選びなさい。

①　墨子は，世界平和を実現するために，遠くにいる者よりも近くにいる者を愛することを重視する別愛を主張した。

②　孔子は，仁による政治を理想とし，仁の基盤として，親や祖先への愛である孝や，兄や年長者への愛である悌があると考えた。

③　ソクラテスは，神だけが真に知を愛する者であると考え，知者を自認する人間を批判的に吟味した。

④　プラトンは，個々の美しいものを愛する欲望をエロース(エロス)と呼び，イデアの把握のためにはエロースは不要であると考えた。

〈大学入学共通テスト倫理 2022 年追試〉

③教科書 p. 76 について，生徒がプレゼンのスライドをつくり発表することになった。スライド中のⅠ〜Ⅲについて，生徒三人が話しあった。この会話文中の空欄　a　〜　c　に入る文を，①〜⑤のうちからそれぞれ選びなさい。

---

【愛することについて】

◎これから理解したいこと(疑問点)

Ⅰ…プラトンとイエスが考える愛の違いについて
Ⅱ…アリストテレスと孔子の愛について共通すること
Ⅲ…ブッダとイエスが説いた「愛すること」の難しさとは

---

生徒Ａ：Ⅰについて，イエスと比べてプラトンが考える愛の特徴は，対象が家族や友人などの他者ということよりも，　a　だね。

生徒Ｂ：Ⅱについて，アリストテレスと孔子に共通することは，社会共同体や人間関係には愛が必要だと考えたことかなと思う。でも，それぞれが生きた時代背景にも影響を受けていると思う。アリストテレスはポリス社会の中で，互いに対等であることが条件だった。孔子は春秋時代の秩序が乱れていた時代を生きたので，　b　が特徴といえると思う。

生徒Ｃ：Ⅲの愛することの難しさについて考えたけれど，自分が愛されたいと願っても，愛されるわけではないしね。イエスの「人にしてもらいたいと思うことは何でも，あなたがたも人にしなさい」という黄金律は分かっていても実践するのは難しい。ブッダが　c　のはすごいことだといえるけど，その実践もまた難しいと思うな。

①　自分自身と他者との関係について，神との関わりから見つめ直すことを求めたこと

②　自己に執着する心からうまれる欲望から離れるため，苦行に専念することを説いた

③　理性によってとらえられる普遍的なものと考えたこと

④　自己やその所有物への執着を断ち切ることを説いた

⑤　家族間の自然な情愛を，為政者が人格をもとに広く民へと及ぼしていくと考えたこと

| a | b | c |
|---|---|---|
|   |   |   |

4 教科書 p. 77「真理とは何か」について，「本文の内容を200字以内で要約せよ。」という課題が出された。課題に取り組んだ生徒AとBの要約について，以下の問いに答えなさい。

---

【生徒Aの要約】

　真理については，(A)相対的なものであるとする考えと，普遍的で唯一の真理があるという考え方がある。しかし，各人が考える真理がいかに異なっていたとしても，(B)対話を通して相互に共有できる真理がないかを批判的に探究することが大事である。その際には，科学的真理のような客観的な法則ばかりではなく，自己の心のうちにある真理にも目を向け，自らの生き方に関わる真理を見定めることも忘れてはならない。

---

【生徒Bの要約】

　プロタゴラスは真理について「万物の尺度は人間である」と主張した。ソクラテスは問答法を通じて，ロゴス(言葉)によって真理を探究した。ブッダは人々を涅槃に導くための言葉の重要性を認めたが，権威ある者の教えを鵜呑みにすることを戒めた。自己の内なる真理について，朱子学は万物を貫く理が真理の一つとしたが，王陽明は心即理だと主張した。このように多くの先哲が，真理の大切さについて述べているのである。

---

問1　生徒Aの要約の下線部(A)についての説明として正しいものを，次の①～④のうちから一つ選びなさい。

① 人それぞれに価値観が異なることはないという真理を相対的真理という。

② 「万物の尺度は人間である」は「万物の根源は水である」と同じ自然哲学である。

③ 人々の倫理的な生き方には普遍的な真理があり，絶対的真理ともとらえることができる。

④ ソクラテスは恣意的な思惑に左右されるものこそが真理であると考えた。

問2　下線部(B)について，関係しないことがらを，次のア～エのうちから一つ選びなさい。

ア　ロゴス　　　　　　　　　イ　問答法

ウ　アウグスティヌス　　　　エ　ソクラテス

問3　生徒Aと生徒Bのそれぞれの要約について，先生がコメントを書いて返却した。次のア～エのうち，先生が指摘したコメントの内容としてふさわしくないものを一つ選びなさい。

ア　生徒Aへ：人それぞれに価値観が異なる相対的真理と，普遍的な絶対的真理の対比ができている。また，科学的真理と異なる，心のなかの真理にも触れられている。

イ　生徒Aへ：相対的と絶対的という真理の対立を乗りこえる方法としての対話の重要性を指摘できている。また，内なる真理についての自己探求にも言及できている。

ウ　生徒Bへ：先哲の考え方をあげて，真理に対してどのような捉え方をしたのかを中心に要約している。特に普遍的真理が存在し，人類社会に不可欠だと捉えることができている。

エ　生徒Bへ：プロタゴラスとソクラテスの主張の違いをより明確に説明した方が良いと思う。また，ブッダについては，真理との関係をもう少し明確に説明しよう。

⑤教科書 p. 77 について，「真理は自らの心のうちに宿るという考え方について，あなたの考えを 400 字以内で述べよ。」という課題に取り組むため，生徒が自分の考えを整理し，何を書くべきかを，図も入れながらまとめた。このことに関する以下の問いに答えなさい。

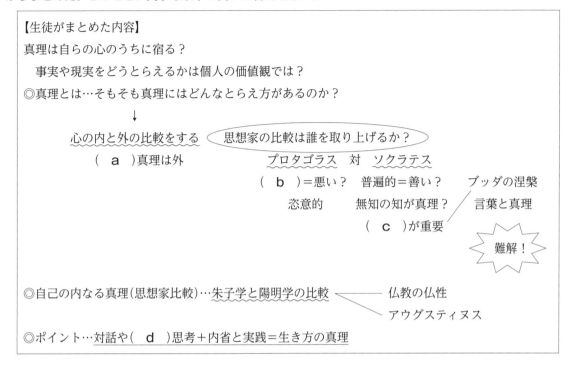

問1　生徒のまとめのなかの空欄（　a　）〜（　d　）に当てはまる語句を，次の語群より選び，記号で答えなさい。

語群
ア　批判的　　イ　問答法　　ウ　恩寵　　エ　相対的
オ　宗教的　　カ　自然法　　キ　科学的　　ク　神話的

| a | b | c | d |
|---|---|---|---|
|   |   |   |   |

問2　生徒が自分の考えを書いた内容として適当でないものを，次の①〜④のうちから一つ選びなさい。
① 私たちが生きていくうえで重要な真理は，心の外の万物を貫く法則だけとはかぎらない。真理は心の外にあるのではなく，自らの心のなかに宿るものという考え方もあり，私はこの立場を支持したい。
② 人それぞれで主観的真理を主張するならば，普遍主義と変わらない。どんな時でも怒りを抑えることが真理だと考える人と，不正を働く者に対して怒るのが真理だと考える人は，恣意的に一致する。
③ 王陽明の心即理の考えによれば，理は心の本体であり，誰にとっても普遍的に成り立つべき生き方の規範である。他人を傷つけてはならないなどの真理は，万人の心に最初から宿っている。
④ 私たちは真理を考えるときに科学的な真理ばかりに目を向けがちであるが，人間の生き方に関する真理については，客観的な世界の側にあるとするよりも，各人の心を内省して見つけてゆくべきものだと考える。

|   |
|---|
|   |

# ① ルネサンス

・中世末期から近代初期のヨーロッパ…[①　　　　　　]とよばれる文芸運動をきっかけとして，人間に対する見方が大きくかわった

## 人文主義

・[①]…ギリシア・ローマ文化の復興

　　　　※もともと再生という意味の言葉

　　⬇

芸術運動にとどまらない[②　　　　　　]という思想運動

・[②]

→キリスト教の神を中心とする，中世の社会や思想から人々を解放

→新しい人間のあり方を提示

## 世界と人間の発見

・[①]期…「世界と人間の発見」の時代

→キリスト教の世界観や人間観からの解放，世界や人間の見直し

　　⬇

世俗の生活に積極的な価値，自主的，主体的に活動する＝人間らしい生き方

→自分の能力の全面的な発揮＝理想としての[③　　　　　　]

　（例）画家・科学者・技術者の[④　　　　　　],

　　　　彫刻家・画家・建築家の[⑤　　　　　　]

【中世の絵画】

神の栄光を示すための芸術

　　⬆⬇

【ルネサンス期の絵画】

あるがままの世界や人間を描く

　（例）[④]…絵画制作に遠近法や解剖学を取り入れた

## 人間中心主義

| 【中世のキリスト教】 | | 【ルネサンスの人文主義】 |
|---|:---:|---|
| 人間は[⑥　　　]のもとに | ⬅➡ | [⑥]ではなく，人間中心<br>＝[⑦<br>　　　　　　] |

・ピコ＝デラ＝ミランドラ

　…「人間の尊厳について」という文章で人間の[⑧　　　　　　]を強調

　人間…自分の生き方を<u>自由に選ぶ能力</u>をもち，これによって神のような存在

　　　　にも動物のような存在にもなれる

　→[⑧]のうちに，人間の尊厳がある

---

〉〉〉[②]

[②]の父とよばれるペトラルカ(1304〜74)の叙情詩『カンツォニエーレ』や，ボッカチオ(1313〜75)の小説『デカメロン』には，人間性の解放の精神がこめられている。ダンテ(1265〜1321)が魂の遍歴を歌った叙事詩『神曲』は，ルネサンス文学の先駆とされている。影響→教 p.84「モラリスト」

〉〉〉絵画と科学

[④]は絵画を，単に芸術に属するものではなく，科学と一体のものと考えていた。世界や人間をあるがままにとらえる精神は，西洋の美術に受け継がれただけでなく，のちの世界観や人間観にも大きな影響を与えることになった。(→教 p. 80)

〉〉〉[⑦]

[⑦]は，人間性を意味するラテン語のフマニタスを語源とする。ルネサンス期の[⑦]は，ギリシア・ローマの古典の研究による人間性の回復と教化をめざしたため，[②]ともよばれる。(→教 p. 80)

## マキャヴェリ

- 〔⑨                    〕

…政治を宗教や道徳から切り離し，現実の人間や政治について考察

「人間：自分の能力で運命を支配し，欲望を満たす

政治：人間を統治する技術

君主：ライオンの強さとキツネの賢さで人間を統治すべき

〉〉〉〔⑨〕
人間や政治を宗教や道徳に
訴えることなく，現実的に
とらえる〔⑨〕の考えには，
ものごとをあるがままにと
らえるルネサンスの精神が
みられる。(→教 p.80)

**exercise** ▶ ルネサンス期の説明として適当でないものを，次の①〜④のうちから一つ選びなさい。

〈センター試験倫理 2015 年本試を改変〉

① ルネサンス期には，古代ギリシア・ローマの文芸を再生し，古典を学び直そうという運動が広く展開した。古典を模範とすることで，人間性を開放し，新たな人間像を探究する人間中心の文化が花開いた。

② ルネサンス期には，古典研究を通して，キリスト教世界の根源にある古代の異教的世界を再考しようという考えが現れた。自然を再発見することで古代の神々を中心とする神話的世界観が復活した。

③ ルネサンス期には，美術の世界でも遠近法が確立し，人体の写実的な描写が始まるなどの革新が見られた。「最後の審判」など，絵画や彫刻作品を数多く制作したミケランジェロは，建築の分野でも活躍した。

④ ルネサンス期には，人間の本性はあらかじめ定まってはいないという考えが現れた。ピコ・デラ・ミランドラは，人間は自由意志に基づいて自分の本性を形成する存在であるとし，そこに人間の尊厳の根拠を見た。

**Check! 資料読解** ▶ 教科書 p.80「自由意志」について，神が人間に自由な意志を与えたのはなぜかを説明する文章として最も適当なものを，次の①〜④のうちから一つ選びなさい。

① 神は人間を天上的でも地上的でもない存在とし，中間にある存在として創造した。その人間は自分の名誉や自分の理解のために，自由意志を持って自分を形成するのだと考えた。

② 人間は神を天上的でも地上的でもない存在とし，自分たちこそが地上の中心であるとした。その中心である人間が自由意志を持って神という存在を作って過ごしていく必要があるとした。

③ 神は人間を天上的でも地上的でもない存在とし，中間にある存在として創造した。人間は自由意志を持つため欲望に支配され，禽獣のようになることもあるが，神によって救われることもあると考えた。

④ 人間は神を天上的でも地上的でもない存在とし，自分たちこそが地上の中心であるとした。その時に重要だったのが自由意志の概念で，これによって中世の世界観から脱することが可能となった。

**TRY!** 自由な意志によって自分がどのような存在になりたいのか，考えてみよう。

## ② 宗教改革

教科書　p.81〜83

〉〉〉**ルネサンスと宗教改革**
最大の人文主義者とされるオランダの**エラスムス**(1466〜1536)は，聖書の研究のかたわら，『愚神礼讃』をあらわして教会の堕落を批判した。また，イギリスの**トマス＝モア**(1478〜1535)は，『ユートピア』のなかで金や富が人間よりも大切にされていた当時の社会を批判し，貨幣や私有財産のない理想の社会を描いた。(→教 p.81 ❶)

〉〉〉**免罪符**
購入すると罪が許され，魂が救われるとしたもの。(→教 p.81)

〉〉〉**〔②〕と自由意志**
神の恩寵や神への信仰を強調する〔②〕は，人間が自由な意志をもつという考えには否定的であり，人間の自由意志を主張するエラスムスと論争している。(→教 p.81 ❸)

〉〉〉**〔②〕と聖書**
〔②〕は，聖職者が聖書の知識を独占することを批判し，民衆が聖書を読むことができるように，聖書をドイツ語に翻訳した。〔②〕のドイツ語訳聖書は，活版印刷が発明されたこともあって，当時の人々に広く読まれた。(→教 p.82 ❶)

〉〉〉**〔⑦〕**
「召命」とは「神から使命をはたすようよばれること」である。この言葉は聖職に対して用いられていたが，〔②〕はそれを世俗の職業にも当てはめた。なお，ドイツ語の Beruf や英語の calling には，「召命」と「職業」の両方の意味がある。(→教 p.82 ❷)

〉〉〉**ピューリタニズム**
カルヴィニズムの影響を受けたイングランドの人々はピューリタン(Puritan, 清教徒)とよばれ，その思想はピューリタニズム(Puritanism)とよばれている。(→教 p.83 ❷)

・ルネサンスの人間観
　…キリスト教の信仰にも及び，教会のあり方を批判する動きをうみだす
　→〔① 　　　　　　　　〕によって，教会に対する批判が本格化

### 信仰のみ―ルター

・財政難のローマ＝カトリック教会→贖宥状(免罪符)を売りだすなど，しだいに腐敗

〔② 　　　　　　　〕…1517 年に「〔③ 　　　　　　　　　　　〕」を掲げ，教会のあり方を批判

→純粋な信仰の復活

・〔②〕の思想…人間を救うことができるのは神の恩寵(恵み)のみ
　→人間は，神を信仰することによってのみ救われる
　→信仰だけが人間を義(正しき者)とする

　神への**信仰のみ**によって，人間は神から義とされる＝〔④ 　　　　〕

・信仰によって神と結ばれるには〔⑤ 　　　　　〕のみをよりどころにすべき
　＝**聖書中心主義**

・神と人間を結ぶ祭司は不要
　→人間は教会から自立しており，神のもとでは平等，神を信じる者はすべて祭司＝〔⑥ 　　　　　　　〕

・職業に貴賤の区別はなく，すべての職業は神から与えられた使命
　＝〔⑦ 　　　　　　　〕

　〔②〕の思想は，人間の自立と平等を唱えるもの
　→教会に支配されてきた貴族や民衆に支持された

### 予定説―カルヴァン

**カルヴァン**…ルターの思想を発展，スイスで宗教改革の運動を推進

・〔⑧ 　　　　　　〕…神はどの人間を救うのかをはじめから決めている
　→人間は，神の決定を知ることができず，神による救済を信じるのみ

・**職業召命観**…すべての職業は神から与えられた使命
　→神の栄光を実現するために，人間は各自の仕事に励むべき
　　※得られた利益は神聖なもの
　　※人々は，自分の仕事に励み，成功することによって，自分の救済が予定されているという希望と確信を得ようとした

世俗の職業を神聖視するカルヴァンの思想＝〔⑨ 　　　　　　　　　〕
→新興の商工業者や独立自営の農民に受け入れられた

・宗教改革…キリスト教のうちに新しい立場をうみだす

　　カトリシズム(旧教)　⬅➡　[⑩　　　　　　　　　　　　　　　　　](新教)

　　　　　　　　　　　※信徒は**プロテスタント(新教徒)**

・宗教改革の職業召命観

　　→「職業人」という新たな人間像の創出

　　　…信仰に基づいて，自分の仕事に励み，使命をはたす人間

　　　　→自立の精神と新たな職業倫理(禁欲・勤勉・実直など)

### 対抗宗教改革

・宗教改革の運動→ローマ＝カトリック教会でも教皇至上権や教義の確認など

・対抗宗教改革(反宗教改革)…ローマ＝カトリック教会の自己改革運動

・[⑪　　　　　　　　　]…[⑫　　　　　　　　　　　　　　　　　　　　　]らが

　　結成→改革の推進と海外への布教活動

　　※日本に来たフランシスコ＝ザビエルも一員

>>>**プロテスタント**
プロテスト(抵抗)に由来する言葉。新教徒は自身の立場を福音主義とする。福音主義とは，聖書のイエスの教え(福音)を信仰の中心におき，救済を信仰のみに求める立場のことである。
(→教 p. 83 ❸)

>>>**職業召命観と近代**
職業を神から与えられた使命とする職業召命観は，近代ヨーロッパの形成に大きな影響を与えた。ドイツの社会学者マックス＝ウェーバー(1864〜1920)は，『プロテスタンティズムの倫理と資本主義の精神』で，カルヴィニズムの職業倫理が近代ヨーロッパの資本主義を成立させたと論じた。
(→教 p. 112 マルクスを批判)

**exercise** 宗教改革の頃から，信仰を批判的に反省する施策が新しく展開されるようになったが，この背景として最も適当なものを，次の①〜④のうちから一つ選びなさい。

〈センター試験倫理 2005 年追試を改変〉

①　宗教改革によって宗教全体の権威が失墜して，社会全体が価値の無秩序状態に陥った結果，規範の再構築が求められるようになった。

②　宗教改革によって宗教の権威が以前よりも強まった結果，強大化した宗教の専横に対する理性的な批判が必要になった。

③　宗教改革以後，新たな教義の宗教が確立されるにつれて，ヨーロッパで権威をもっていた旧教側も自分たちの教義の再確認を迫られた。

④　宗教改革以後，ヨーロッパからのプロテスタントの徹底した排除が進み，プロテスタントの哲学者たちが寛容を要求せざるを得なくなった。

**Check! 資料読解** 教科書 p. 82「キリスト者」について，ルターの考えるキリスト者の二つの原則に当てはまるものを，次の①〜④のうちから**すべて**選びなさい。

①　キリスト者は，すべてのものの上に立つ自由な主人であって，誰にも従属していない。従って，神と人間を取り結ぶ教会の権威によってではなく，聖書のみが信仰のよりどころである。

②　キリスト者は，すべてのものの上に立つ自由な主人であって，誰にも従属していない。各人が教会と祭司の教えに従って，神への奉仕として世俗の職業生活に励むことが，救いの確証になり得る。

③　キリスト者はすべてのものに奉仕する僕であって，だれにも従属している。聖書に説かれた信仰の真理と人間が従属する自然の光に基づく理性の真理とが互いに補足し合い調和する。

④　キリスト者はすべてのものに奉仕する僕であって，だれにも従属している。神の前ではすべてのキリスト者は平等であり，自己の信仰心によって直接神と向き合う。

# ③ モラリスト

教科書　p.84〜85

・人文主義者による人間性の探究→[① 　　　　　　　　　　]とよばれる人々に引き継がれた

・[①]…人間の生き方(モラル)を考察する思想家

## わたしは何を知るか－モンテーニュ

・新旧のキリスト教徒による宗教戦争

**モンテーニュ**

…両者の対立が自己への無反省や相手への非寛容からうまれると考察

…「無知の知」を唱えたソクラテスを師とする

・モンテーニュの標語(主著『エセー』)

…「[② 　　　　　　　　　　　　　　]」

＝自己の反省を求める問い

→反省により，人間は自らの無知を知り，独断や偏見，高慢などから免れ，謙虚に

→真の生き方を見出し，互いを認め，寛容になる

↓

モンテーニュは自己反省をすすめ，寛容を説いた

## 考える葦－パスカル

パスカル…人間を[③ 　　　　　　　]とよんだ

「人間は葦のように弱いが，広大な宇宙をとらえるほどの思考力をもっており，それゆえに尊い」

→人間の尊厳は考えること

→人間はよく考えるべきであり，よく考えることで，よく生きる

・人間は[④ 　　　　　　]

…惨めな存在だが，そのことを知っているから偉大である

…無限に比べれば虚無，虚無に比べれば無限

→悲惨と偉大，虚無と無限の間をさまよう中間的な存在

↓

・矛盾した存在である人間

…自分の悲惨さから目を背けるために，[⑤ 　　　　　　　]をおこなう

(例)娯楽，社交，競争，戦争

・そうした状況から脱することを可能にするもの

…「理性」ではなく「心情」である

→心情は神に通じている

↓

・人間の生き方の問題…最終的には，理性をこえたもの，信仰に属するもの

→人間は神の恩寵によってのみ救われる

---

〉〉〉**モンテーニュ**
近代フランスを代表するモラリスト。ボルドー市長などを務めたのち，引退して読書や執筆に専念した。主著『エセー』。(→教 p.84)

〉〉〉**パスカル**
フランスにうまれ，若くして数学や物理学(「パスカルの原理」など)で大きな功績を残した。信仰と俗世の間をゆれ動いたが，「決定的回心」をはたし，修道院に出入りしながら，キリスト教の擁護に努めた。主著『パンセ』。(→教 p.84)

〉〉〉[④]
パスカルは人間を，悲惨と偉大，虚無と無限の[④]として描いた。人間の弱さと強さの両面をとらえ，人間を矛盾した存在とするパスカルの考えは，現代の実存主義の人間観にも大きな影響を与えたとされる。(→教 p.85)

〉〉〉**恩寵**
参照(→教 p.46)

- パスカル

  …考えることのうちに人間の尊厳を見出す

  …同時に，理性の限界を明らかにし，その先に信仰をおく

  →信仰の世界を守り，キリスト教を擁護

## 幾何学の精神と繊細の精神

- パスカルによれば，人間には二種類の精神が存在

  [ ・[⑥        ]の精神…合理的な推理の能力
    ・[⑦        ]の精神…直観的な判断の能力 ]

- →人間が考えるためには，[⑥]の精神と[⑦]の精神の両方が必要

  ※理性のみを重視するデカルトとは異なる立場

>>>三つの秩序
パスカルによれば，事物には「身体」「精神」「愛」という三つの秩序がある。富者や王者は身体の秩序に，学者は精神の秩序に，聖者は愛の秩序に属する。身体と精神の間，精神と愛の間には，無限の距離がある。これら三つの秩序のうち，パスカルは愛の秩序を最上位においた。(→教 p. 85 ❶)

>>>デカルト
近代哲学の創始者といわれる哲学者で，理性を重んじ，理性を知識の源泉とみなした。(→教 p. 89 参照)

**exercise** モンテーニュの思想の説明として適当なものを，次の①〜④のうちから一つ選びなさい。

〈センター試験倫理 2011 年本試を改変〉

① 大きな宇宙は空間によって人間を包み，一つの点のように飲み込む。しかし，考えることによって人間は宇宙を包み込む。そこに人間の偉大さがある。

② 人間の理性は不完全であり，絶対的真理を認識することは出来ない。人間は常に独断を差し控え，謙虚な態度で真理の探究に務めるべきである。

③ 一切のことを疑った上でもなお疑いえないのはそのように疑っている自我が存在していることであり，この自我の存在が哲学の基本原理である。

④ 現にいかに生きているかと言うことと，いかに生きるべきかと言うこととはかけ離れているから，現実を顧みない者は身の破滅を招くことになる。

**Check! 資料読解** 教科書 p. 85「考える葦」について，パスカルの思想をまとめた次の文章中の空欄 ア 〜 ウ に当てはまる語句を記入しなさい。

ア は自然界における一茎の葦のような最も弱い存在である。 イ は空間によって ア を包み，一つの点のように飲み込むことが出来るし，そのために武装する必要もない。しかし， ウ ことによって ア は イ を包み込むことが出来る。そこに ア の偉大さがあり， ウ ことはまさに ア の尊厳である。

| ア | イ | ウ |
|---|---|---|
|   |   |   |

**TRY!** 現代でも，文化の異なる人々への非寛容が対立や戦争をうみだしている。そこで，寛容について，モンテーニュの主張をふまえ，自分の考えをまとめてみよう。

# 1 近代の自然観

教科書　p.86〜87

>>>【①】
アメリカの科学史家クーン(1922〜96)は，ある時代の科学者たちが共有している理論的な枠組みをパラダイム(paradigm)とよび，科学の歴史には，パラダイムの転換をともなう〔①〕が含まれていることを指摘した。(→教 p.86 ❶)

・近代の自然科学の誕生…〔①　　　　　　　　〕

　→古代や中世とは異なる新しい自然観をもたらした

## 宇宙観の転換

### 【中世ヨーロッパの考え方】

…天球の内側で地球を中心に天体が公転，その外側に神の国

…神を頂点とする階層的な秩序のなかに位置づけられる

…自然の運動が神の栄光の実現という目的をもつ

　＝〔②　　　　　　　　　　〕(教 p.32)　※キリスト教の教えとも一致

### 【近代科学の登場】

…宇宙観の転換，天文学の革新からはじまった

| 〔③　　　　　　　〕 | 天動説にかえて〔④　　　　　〕を提唱 |
|---|---|
| 〔⑤　　　　　〕 | 楕円軌道など惑星の運動法則の発見 |
| 〔⑥　　　　　〕 | 物体の落下の法則などを発見，物理学の基礎を確立 |

>>>宗教裁判
〔④〕は，聖書の教えに反するとして，教会から非難された。哲学者ブルーノは，〔④〕とともに，宇宙が無限であるという説を唱えたために，異端者として火刑に処された。〔⑥〕も，〔④〕を支持する『天文対話』を刊行したために，宗教裁判にかけられ，〔④〕を捨てることを誓わせられた。この出来事は，宗教と科学の対立として語られてきたが，その背景には，当時の宗教的・政治的な対立もあったとされる。(→教 p.87)

→神の否定のためではなく，神の偉大さを示すために，宇宙の法則を探究

## 自然という機械

・近代の自然科学者たち

　…「原因と結果」(因果)という観点から自然をとらえる

　…〔⑦　　　　〕や〔⑧　　　　　　〕によって自然を研究

　(例)望遠鏡で天体を〔⑦〕，ピサの斜塔で落体の〔⑧〕

>>>自然観の変化
(→教 p.93 参照，→教 p.190 参照)

・自然

　…一定の法則に従って運動する

　…自然は物質からなり，法則のもとで動く機械

　　＝〔⑨　　　　　　　　　　〕

・数学を用いて自然の運動を解明

　〔⑥〕:「宇宙という書物は数学の言葉で書かれている」

　〔⑩　　　　　　　　〕の物理学(万有引力の法則など)

　　→〔⑨〕の完成

>>>【⑩】
イギリスの物理学者・数学者。古典力学を確立した。主著『プリンキピア(自然哲学の数学的原理)』。(→教 p.87)

### 【自然科学者と自然】

初期：自然という機械の精巧さに驚く

　　　製作者である神をたたえ，神の意図を知るために，自然を研究

自然という機械のしくみを明らかにして，自然を加工，利用することをめざす

**1** 近代の理性に関する次の文章中の空欄【 X 】に入る説明として最も適当なものを，下の①～④のうちから一つ選びなさい。

〈センター試験倫理 2001 年追試を改変〉

　今日，生や死の意味が希薄化しているように見えるという深刻な事態は「合理化」を促した近代理性のうちにすでに準備されていたのではないか。というのも，確かに近代理性は人々が旧来の社会的な束縛から脱して自律性を確保することを可能にしたが，しかし他方で，【 X 】をもたらしたからである。この事態は，天動説から地動説への変化になぞらえることが出来るだろう。すなわち，人々は今まで世界や人生に意味を与えていた不動の大地を失い，無限に広がる虚無の空間に投げ出されたのであった。

① 文明の衝突と経済格差　　　　② 宇宙を新たに説明する科学理論の発展
③ 継承される文化と自然の操作　④ 共同体を支えていた世界観の崩壊

**2** 西洋の 17 世紀頃の科学革命に関係した人物の記述として最も適当なものを，次の①～④のうちから一つ選びなさい。

① コペルニクスは，古代ギリシア以来の宇宙観を批判し，地球を中心とする天文学説を唱えた。
② ガリレイは，望遠鏡による天体観測を行うとともに，振り子の実験などに基づいて物体運動の理論を展開し，近代科学の基礎を築いた。
③ ニュートンは，物質と精神の二元論の立場に立って，外界の事物を数量化可能なものとし，機械論的自然観を初めて唱えた。
④ ケプラーは惑星の楕円軌道や運動法則を発見し，その観測を用いて天動説を主張した。

**3** 次の文章は 17 世紀の科学革命に関係した人物が書いたものである。これを読み，下の問いに答えなさい。

　哲学は，目の前に絶えず開かれているこの最も巨大な書〔すなわち，宇宙〕の中に，書かれているのです。しかし，まずその言語を理解し，そこに書かれている文字を解読することを学ばない限り理解出来ません。その書は【 X 】の言語で書かれており，その文字は三角形，円その他の幾何学の図形であって，これらの手段がなければ，人間の力では，その言葉を理解出来ないのです。それなしには，暗い迷宮を虚しくさまようだけなのです。

(山田慶児他訳『世界の名著 21』中央公論社)

**問1**　文章中の空欄【 X 】に当てはまる語句を書きなさい。

**問2**　この文章を書いた人物を答えなさい。

**問3**　この人物の自然観として正しいものを，次の①～④のうちから一つ選びなさい。
① 宇宙は暗い迷宮であり，人間は虚しくさまよう以外に方法はない。
② 宇宙は中世に考えられていた神による創造物ではないため，人間にも理解可能である。
③ 宇宙は神が作った見事な被造物だからこそ，人間が実験等によって読み解くことが出来る。
④ 宇宙は地球が回ると考えてしまうことで，迷宮入りし，われわれをさまよわせることになる。

# ② 新しい学問の方法―経験論と合理論

〉〉〉ベーコン
イギリスにうまれ，ケンブリッジ大学を出て，法律家・政治家として活躍し，そのかたわら，哲学や科学の研究にも従事した。大法官も務めたが，収賄の罪で政界から退き，晩年は研究と執筆に専念した。主著『学問の進歩』『ノヴム・オルガヌム（新機関）』。（→教 p.88）

〉〉〉【①】
このベーコンの立場は，人間が自然を利用し，自由にかえることを認めるものであった。このような立場により，科学は技術と結びつけられ，科学技術が発展することになった。
比較 →教 p.32「目的論的自然観」
参照 →教 p.202～205「環境の倫理」

〉〉〉デカルト
フランスにうまれ，イエズス会の学院でスコラ学を，ポワティエ大学で法学を修め，「世間という大きな書物」から学ぶために各地を遍歴したのち，オランダに移り住んで，哲学や科学の研究に専心した。近代哲学の父ともよばれる。主著『方法序説』『省察』『哲学原理』『情念論』。（→教 p.89）

〉〉〉【⑧】
真理を得るための方法として用いられる懐疑。これにより，デカルトは「わたしは考える，それゆえにわたしはある」という真理を見出した。【⑧】は，真理の存在そのものを否定する立場（懐疑論）とは異なる。（→教 p.90）

〉〉〉考えるわたし
「考える」という働き（考えるもの）としてのわたし。すなわち，精神（理性）としての自己のことであり，肉体的・感覚的な自己のことではない。デカルトは，「考えるわたし」にとって明晰・判明なものだけが真理であると論じた。（→教 p.89）

## 知は力なり―ベーコン

ベーコン…新しい学問の目的は，自然を支配して，人類の生活を改善するための力となるような知識
＝[①　　　　　　　　]

・知識を得るためには，自然をありのままに観察する
　→人間のうちにある偏見や先入観（[②　　　　　　　]）を取り除く必要
・四つの[②]

| [③　　　　　]のイドラ | 人間という種族に共通する，人間の本性から生じる偏見 |
|---|---|
| 洞窟のイドラ | 個人の性格や環境から生じる偏見 |
| [④　　　　　]のイドラ | 言葉があいまいに使われることから生じる偏見 |
| 劇場のイドラ | 誤った学説や理論を信じることから生じる偏見 |

・新しい学問の方法
　…経験（観察や実験）によって個別的な事実を集め，それらを比較・考察して，一般的な法則や原理を導く[⑤　　　　　　　]を提唱
　→経験を知識の源泉とみなす考え方＝[⑥　　　　　　]

## 考えるわたし―デカルト

デカルト…感覚的な経験よりも理性を重んじる
→理性を知識の源泉とみなす考え方＝[⑦　　　　　　　]
・普遍的に妥当する，絶対に確実な真理を得るために
　…感覚や学問，身体の存在などすべてを疑う＝[⑧　　　　　　　　]

すべてを疑わしいと考えている間も，そう考えているわたしは存在する
　→「考えるわたし」…疑うことのできないもの

・絶対に確実な真理
　…「わたしは考える，それゆえにわたしはある」（コギト＝エルゴ＝スム）
・新しい学問の方法
　…明晰・判明な一般的な法則や原理から，[⑨　　　　　　]による推論を通じて，個別的な判断を引き出す[⑩　　　　　　]を提唱
・理性…[⑪　　　　　]（ボン・サンス）
　→[⑪]は万人に等しく与えられており，それをよく用いることが大切である

## 精神と物体

・精神と物体（身体）はそれぞれ独立した実体
　精神の本性…考えること（思惟）→考えるわたし＝精神
　物体の本性…延長（空間的な広がりをもつこと）

→精神と物体を独立した存在とする立場＝〔⑫　　　　　〕

→人間（精神）＝自由な「主体」／自然（物体）＝単なる機械

・精神と身体の関係…道徳的な実践の問題として考察

精神…理性的な意志によって身体から生じる〔⑬　　　　　　〕を支配し，自由と独立の実現の必要

→このような〔⑬〕を支配する気高い精神＝〔⑭　　　　　　　　〕

>>>**実体**
デカルトによれば，実体とは「それ自体で存在するもの」である。（→教 p. 91 ❸）

>>>〔⑫〕
デカルトの〔⑫〕は，主体としての自己（近代的自我）という考えを確立するとともに，機械論的自然観を基礎づけるものであった。（→教 p. 91）（→教 p. 93 Skill Up）

>>>〔⑭〕
デカルトによれば，〔⑭〕は「他のすべての徳の鍵であり，あらゆる情念の迷いに対する万能薬」である。（→教 p. 91 ❹）

## 経験論と合理論

・**イギリス経験論**…すべての観念は感覚的な経験からうまれる

| | |
|---|---|
| 〔⑮　　　　　　　〕 | 「存在するとは知覚されていること」であるとして，知覚する精神（心）のみが実在する＝唯心論 |
| 〔⑯　　　　　　〕 | 因果性（原因と結果のつながり）や実体（真に実在するもの）は観念にすぎず，人間の精神も「〔⑰　　　　　　　〕」にすぎない |

・**大陸合理論**…確実な知識は**生得観念**に基づく

| | |
|---|---|
| 〔⑱　　　〕 | 神と自然は同一（「〔⑲　　　　　　　　　　　〕」）のもの＝汎神論 |
| 〔⑳　　　　　　　〕 | 世界…分割不可能な精神的実体である「〔㉑　　　　　〕（単子）」からなる |

---

**Check! 資料読解** ▶ ①教科書 p. 89「知は力なり」について，人間が自然について知ろうとするのはなぜかを考えた次の文章中の空欄 ア ・ イ に当てはまる語句の組み合わせとして正しいものを，下の①〜④のうちから一つ選びなさい。

人間は一体なぜ自然を知ろうとするのか。ベーコンは ア するためだと考え，そのためには自然に イ する必要があると考えた。この発想は科学と技術を結びつけ，近代の科学技術の発展を促した。

① ア 発展　イ 感謝　　② ア 支配　イ 服従

③ ア 服従　イ 配慮　　④ ア 感謝　イ 配慮

---

②教科書 p. 90「考えるわたし」について，「わたしは考える，ゆえにわたしはある」が真理といえるのはなぜかを考えた次の文章中の空欄 ア ・ イ に当てはまる語句の組み合わせとして正しいものを，下の①〜④のうちから一つ選びなさい。

懐疑論者にならってすべてを疑ってみたとしても，すべては疑えると ア は イ 的になにものかでなければならない。つまり「わたしは考える，ゆえにわたしはある」と言うこの真理は，懐疑論者のどのような法外な想定によってもゆり動かしえぬほど，堅固で確実なものであり，哲学の第一原理として受け入れられる。

① ア 考えるわたし　イ 結果　　② ア 考える懐疑論者　イ 最終

③ ア 考えるわたし　イ 必然　　④ ア 考える懐疑論者　イ 絶対

# Skill Up 自然観の比較

教科書　p.93

## ☑️ 振り返りチェック

**次の文章は，世界観の変化について説明したものである。これを読んだうえで以下の問いに答えなさい。**

　教科書 p.86 の図は，　　ア　　の世界観と　　イ　　の世界観の違いを表している。左の図では古代ギリシャの天文学者プトレマイオスが提唱した　　ア　　の世界観が表されており，地球が宇宙の中心に静止している。それに対し，右の図では，コペルニクスが唱えた　　イ　　の世界観が表されており，【　X　】を重んじる近代になったことで，大きな世界観の変更が行われたということが見て取れる。

問1　文章中の空欄　ア　・　イ　に入る語句の組み合わせとして正しいものを，次の①～④のうちから一つ選びなさい。

①　ア　地動説　　　　イ　天動説　　　②　ア　近代　　　　イ　現代

③　ア　天動説　　　　イ　地動説　　　④　ア　現代　　　　イ　近代

問2　文章中の空欄【　X　】に入る言葉として最も適当なものを，次の①～④のうちから一つ選びなさい。

①　道徳的な思考　　　　②　倫理的な思考

③　宗教的な思考　　　　④　合理的な思考

---

1 人間は，ただ世界に埋没して生きるのではなく，自分の周りや自分自身についての真実を知ろうとする精神的な欲求をもっている。自分達を包む自然（ピュシス）を何とか理性によって秩序づけようと試みてきた人間の自然観は時代とともに変化してきた。そこで，自然に関する資料 A・B について述べたケンとミキの会話文を読み，以下の問いに答えなさい。

### 資料 A

　したがって，ツバメが巣を作り，クモが網を張り，また植物が果実のために葉を生やし，養分をえるために上ではなく下のほうに根を張るのが，自然によってのことであり，また何かのためのことであるとすれば，自然によって生じ，存在するものにおいては，そのような（（　①　）としての）原因が働いているのが明らかである。

　そして，自然には，質料としての自然と形態（形相）としての自然という二つの面があり，形態（形相）は終わり（（　①　））であって，その他のものはこの終わり（（　①　））のためにあるのだから，この形態（形相）としての自然が，「それのために」と言うときの「それ」にあたる原因（（　①　）因）であることになろう。

【　A　】『自然学』

### 資料 B

　人間の工夫が様々な自動機械を数多く作れるのを知る人々は……人体を，神の手によって作られたがゆえに，人間が作り出せるどの機械よりも，比べられないほど優れた秩序をもち，見事な運動を自らなしうる，一つの機械とみなすだろう。

【　B　】『方法序説』

　私は，物体的事物の質料としては，幾何学者が量と名づけ，論証の対象とするもの，すなわち，あらゆる仕方で分割され，形成され，運動させられることのできるものだけを認める。また，こうした質料について，その分割，形状，運動だけを考察する。……あらゆる自然現象はこのようにして説明できるがゆえに，自然学の原理として，ここに示したもの以外は，何ら容認も要請もすべきでもないと考える。

【　B　】『哲学原理』

ケン：**資料A**の【　A　】の考え方は，ツバメが巣を作ったり，クモが網を張ったりするのは自然によってであり，それにはすごく合理的な理由があるわけだから，自然にはそもそも（　①　）が備わっているという考え方だよね。

ミキ：【　A　】は自らの哲学の多くの場面で（　①　）を重視していたよね。例えば，教室で誰かに1本笛を渡せるとする。誰に渡すかという時は，まずその笛の（　①　）を考える。そして，その笛の（　①　）は素晴らしい音色を出して，周りの人に音を提供することとするならば，教室の中で一番笛を吹くのが上手い人に渡すべきだといっていたよね。（　①　）が最もよく達成されるのが大切だから。

ケン：それに対して，**資料B**の【　B　】の考え方は，自然とは物体的事物の質料であり，幾何学者が量と名づけるもの，そして，自然現象は（　①　）をもつのではなく，自然の法則として説明出来るものという考え方だよね。

ミキ：そうだね，【　B　】は自然を計測可能な機械として考えているよね。そして，**資料B**によれば，人間の身体も神によって与えられた身体であって，機械と同じと考えているよね。こうした自然を法則に従うもの，機械同様に人間が操作できるとする自然観を（　②　）というんだね。

ケン：【　B　】の哲学では自然観以外にも，身体を物体として考え，その本性を（　③　）として，空間的広がりをもつ自然と同じと考えたのも新しいね。こうして物体と（　④　）とを全く異なる実体であるとする近代以降の考え方を（　⑤　）というんだね。

問1　会話文中の空欄【　A　】，【　B　】に当てはまる哲学者はそれぞれ誰か答えなさい。

| A | B |
|---|---|
|   |   |

問2　会話文中の（　①　）～（　⑤　）に当てはまる語句を答えなさい。

| ① | ② | ③ | ④ | ⑤ |
|---|---|---|---|---|
|   |   |   |   |   |

2 ケンとミキは資料Aと資料Bを読み，考えたことを次のようにレポートにまとめた。レポートを読み，以下の問いに答えなさい。

【ケンとミキのレポート】
　近代以前は，自然は一定の【　A　】を持ち，その【　A　】の実現を目指して，動いているという考えが一般的で，その自然観は中世にも引き継がれた。中世の世界観とも相性がよかったのである。しかし，近代になると，人間の【　B　】によって自然を捉えることが可能だと考えられ，自然の変化は【　C　】に従うものだと考えられるようになった。そして，その【　C　】を解き明かすことが出来れば，人間が自然を操作することが可能であると考えられ，①「【　D　】」といった命題のように，人間の知識というものは自然を操作し，人間のために役立てるものだというような考えが普及した。

　現代の私たちもこの近代以降の自然観に染まっている部分が多くあるが，それによる環境破壊などの問題も見え始めている。今後，私たちと私たちを包む自然との向き合い方をどうしたらいいのかということは現代を生きる私たちの考えるべきことの一つなのだろう。

問1　文章中の空欄【　A　】～【　D　】に当てはまる語句を答えなさい。

| A | B | C | D |
|---|---|---|---|
|   |   |   |   |

問2　下線部①について，この命題を述べた17世紀の哲学者を答えなさい。

|  |
|---|

# ① 民主社会の形成―社会契約説

教科書　p.94〜98

〉〉〉**自然法思想**
社会契約説は**自然法**という考え方を前提にしている。自然法とは，人間が制定する実定法に対して，自然のうちに存在する法である。実定法が特定の時代や社会でしか通用しない相対的なものであるのに対して，自然法はあらゆる時代や地域で通用する絶対的なものである。オランダの法学者グロティウスは，「理性の法」を唱え，近代自然法の父とよばれる。(→教 p.95)
(比較→教 p.36 ストア派，p.47 トマス・アクィナス)

〉〉〉**ホッブズ**
イギリスにうまれ，大学を卒業して，貴族の家庭教師になった。社会契約説を唱え，近代政治哲学の父とよばれた。主著『リヴァイアサン』。(→教 p.95)

〉〉〉**ロック**
イギリスにうまれ，大学で哲学・医学を学び，貴族の家庭教師・侍医になった。国王の専制政治に反対して，オランダに亡命し，名誉革命後に帰国した。社会契約説から近代の民主主義を基礎づけ，アメリカ独立革命やフランス革命にも影響を与えた。主著『人間知性論』『統治二論』。(→教 p.96)

〉〉〉**王権神授説**
国王の支配権を神から授けられたものとし，絶対王政を正当化しようとする立場。(→教 p.96 ❶)

〉〉〉[④]
ロックは，ある物がある人のものであるのは，その人が自ら働いてその物を得たからだと考えて，[④]の根拠を個人の労働に求めた。(→教 p.96 ❷)

・**社会契約説**
　…社会(国家)は個人の契約にもとづくという考え方
　　社会の目的は，自由・平等のような，人間がうまれながらにもっている
　　[① 　　　　　]を守るためにある

## リヴァイアサン―ホッブズ

・**ホッブズの考え方**

| | |
|---|---|
| 自然状態 | 自分の生命を守ること(自己保存)を目的とし，生命を守るため，あらゆることをおこなう自由([①])をもつ<br>→自由を無制限に行使すると[② 　　　　　　　　　　　　]がおこる |
| 社会契約 | 平和を保ち，人々の生活を守るために，人々は[①]を放棄し，それを共通の権力者に<u>譲渡</u>することに合意して国家が設立される |
| 政治体制 | ・専制・絶対王政<br>・人々が契約を履行せず，生命を侵害する恐れがあるため，国家は強大な権力をもつ必要がある<br>※ホッブズは専制的な国家を聖書に登場する[③ 　　　　　]という怪物になぞらえた |
| 影響 | 人間が[①]をもち，平等であること，人間の生活を守るのが国家の目的であることを主張した点は時代を画するものだった |

## 市民政府―ロック

・**ロック**…王権神授説を批判，**市民政府**を唱える

| | |
|---|---|
| 自然状態 | ・自然法(理性)が支配する，<u>自由で平等で平和な状態</u><br>・自己の生命・自由・財産に対する[④ 　　　　　]をもつが，[④]を巡って争いがおきたとき，それを治める機関がなく不安定な状態 |
| 社会契約 | ・人々は立法権や執行権を政府に[⑤ 　　　　　]する<br>・政府が権力を濫用する場合に備え，[⑥ 　　　　　]や[⑦ 　　　　　]を保持する<br>・政府による権力の濫用を防ぐために，**権力分立**も主張した |
| 政治体制 | ・市民政府<br>・代議制(立憲君主制) |
| 影響 | 近代の人民主権と議会制民主主義への道をひらき，特にアメリカ独立戦争に影響を与えた |

## 人民主権—ルソー

・ルソーの考え方

| | |
|---|---|
| 自然状態 | 当初は<u>自由で平等で平和な状態</u><br>→土地の所有が認められ，財産がつくられるようになると<u>不平等</u>が発生する<br>→次第に人々の間に争いがおこり，支配と服従の関係がうまれ，自由でも平等でもない文明社会に堕落する |
| 社会契約 | ・各人は万人と結合して共同体をつくり，自分のすべての権利を共同体に譲渡する<br>・各人は共同体の[⑧　　　　　　　]に従う<br>・共同体の一員として，自ら法をつくり，自らそれに従う（＝真の自由） |
| 政治体制 | ・人民主権<br>・[⑨　　　　　　　]（直接民主主義） |
| 影響 | 人民主権の考え方は近代の民主主義の理念となり，フランス革命に影響を与える |

》》》ルソー
スイスにうまれ，パリで思想家として活躍した。主著『人間不平等起源論』『社会契約論』『エミール』。（→教 p. 97）

》》》ルソーの自然状態
ルソーによれば，自然状態では，人々は**自己愛**と**憐れみ**に基づいて生きていたが，文明社会では，自己愛が利己心にかわり，それが憐れみをおし殺してしまう。自然を理想とするルソーの考えをあらわすものとして，「自然に帰れ」という標語が使われることがある。（→教 p. 97 ❶❷）

》》》【⑧】
公共の利益をめざす意志（「共同の自我」）のことであり，個人の利益をめざす**特殊意志**や，その総和である**全体意志**とは区別される。ここにも，ホッブズやロックとの相違がみられる。（→教 p. 97 ❸）

**exercise**　ルソーの社会契約説を説明した次の文章を読み，空欄 a ～ c に入る語句の組み合わせとして正しいものを，下の①～⑥のうちから一つ選びなさい。

〈センター試験倫理 2011 年本試〉

　各個人は，人間としては a をもち，それは各個人が人民としてもっている b に反する，あるいは，それとは異なるものである。したがって，社会契約を空虚なルールとしないために，この契約は，次のような約束を暗黙のうちに含んでいる。すなわち， b への服従を拒む者は，共同体全体によってそれに服従するように強制されるという約束である。このことは， c であるように強制されることを意味する。

① a 特殊意志　b 全体意志　c 平　等　　② a 全体意志　b 一般意志　c 平　等
③ a 一般意志　b 全体意志　c 自　由　　④ a 特殊意志　b 一般意志　c 自　由
⑤ a 全体意志　b 特殊意志　c 平　等　　⑥ a 一般意志　b 特殊意志　c 自　由

**Check!** 資料読解　教科書 p. 98「自然状態」について，ホッブズ，ロック，ルソーの主張の違いはどこにあるのだろうか。自然状態について言及している思想家たちの著作の説明として最も適当なものを，次の①～③のうちから一つ選びなさい。

〈センター試験倫理 2010 年本試を改変〉

①　『リヴァイアサン』には，自然状態にある人間は一般意志に従い自由で平和に暮らしていたとある。
②　『統治論（市民政府論）』には，自然状態は自由や平等が実現されているとある。
③　『人間不平等起源論』には，自然状態における人間の一生は「きたならしく，残忍で，しかも短い」とある。

## ② 人格の尊厳―カント

教科書　p.99～102

>>> **カント**
旧ドイツ領ケーニヒスベルクにうまれ，ケーニヒスベルク大学で哲学を学び，のちに同校の哲学教授になった。批判哲学をうちたてるとともに，人格主義の道徳論を唱えた。学究生活を貫き，故郷を離れることはなかった。主著『純粋理性批判』『実践理性批判』『判断力批判』『永遠平和のために』。（→教 p. 99）

>>> **〔⑦〕**
たとえば「怒られたくない」という欲求から「嘘をつく」とすれば，欲求にとらわれているのであって，自由とはいえない。道徳法則に従い，欲求を抑えて「正直にいう」ことが自由である。そして，道徳法則に従うことが自由であるのは，法則を立てるのが自分自身だからである。（→教 p. 101 ❶）

>>> **〔⑧〕**
カントの立場は，〔⑧〕に最高の価値をおく〔⑧〕主義であり，ルネサンス以降のヒューマニズムの一つの到達点である。カントは，ルソーから「人間を尊敬すること」を学んだと語っている。カントがルソーの『エミール』を読みふけって日課の散歩を忘れたという話も残されている。（→教 p. 101）

>>> **ドイツ観念論**
近代のドイツでは，経験論と合理論を総合したカントの批判哲学がはじまりとなって，精神を世界の本質とし，精神が有する観念や理念（理想）を重んじる思想が形成された。これをドイツ観念論という。代表的な思想家として，フィヒテ（1762～1814），シェリング（1775～1854），ヘーゲルがいる。なお，観念論とは，物質と観念のうち，観念のほうが根源的であるとする立場のことである。（→教 p.102 ❸）

### 善意志と義務

・無条件に善いもの…〔①　　　　　　　　〕のみ
　〔①〕とは，**義務を義務としておこなう意志**
　→善い行為とは，単に「義務にかなう」行為ではなく，「義務に基づく」行為
・善さは行為の動機のうちにある＝〔②　　　　　　　　〕

### 道徳法則

【何が義務であるのか】

自分のおこないが普遍的なものになりうるかを考える

「あなたの意志の格率（行為の原則）が常に同時に普遍的立法の原理として妥当しうるように行為せよ」＝〔③　　　　　　　　〕

### 意志の自律

・人間は理性的存在であると同時に，自然法則に支配され，自分の感情や欲求にとらわれることもあるため，道徳法則を守れないこともある
　→道徳法則は命令という形で示される。
　　×条件つきの命令（〔④　　　　　　　　〕）
　　　例：「幸福になりたいのなら，正直であれ」
　　○無条件の命令（〔⑤　　　　　　　　〕）　例：「正直であれ」
・理性的な存在としての人間…〔⑥　　　　　　　　　　〕がある
・真の自由…理性によって，自ら法を立て，それに従う
　＝理性による自己立法・自己服従を〔⑦　　　　　　　　　〕とよぶ

### 人格としての人間

・自律的な存在としての人間＝〔⑧　　　　　　　　〕
　〔⑧〕は，もの（物件）とは違い，「価格」では測れない「価値」をもっており，何かの単なる手段でなく「目的そのもの」として扱われるべき

### 目的の国と永遠平和

・人々が〔⑧〕として尊重しあう理想社会＝〔⑨　　　　　　　　〕
・諸国家が〔⑧〕として尊重しあうことで，〔⑩　　　　　　　　〕が実現

### 批判哲学

・カントは認識の仕方を解明し，人間の認識能力の範囲・可能性・限界を明らかにしようとした
　→このような試みを，「批判」とよび，自らの哲学を〔⑪　　　　　　　　〕と名づけた　※カントの立場は**批判主義**といわれる

【人間の認識能力】

・感性（感覚）…時間・空間という形式に従って，認識の素材を外界から受け取る＝ 直観
・悟性（知性）…量・質・関係・様相という形式（カテゴリー）に従って，素材を整理し，概念をつくる＝ 思考
　→直観と思考によって認識が成立する

【従来の考え方】

　認識…対象を心のうちに受容すること

↕

【カントの考え方】

　認識…感性と悟性が認識の素材に働きかけ，対象を構成すること

　→「認識が対象に従う」のではなく，「対象が認識に従う」

　　＝［⑫　　　　　　　　　　　　　　　］

・人間が認識するもの＝［⑬　　　　　　　　］

　［⑬］の背後にある［⑭　　　　　　　　　］は知りえない

　→認識できないものについては知りえないとして，理性が経験によらずに推
　　理することを戒める

・神や霊魂，自由など，認識できないもの

　→認識にかかわる能力としての理性（［⑮　　　　　　　　　　］）ではなく，実践
　　にかかわる能力としての理性（［⑯　　　　　　　　　　］）によって探究される
　　べき

〉〉〉認識の成立
カントによれば，感性や悟性の形式が人間のうちに先天的（ア・プリオリ）に備わっていなければ，認識の素材は秩序づけられず，認識そのものが成立しない。（→教 p. 102 ❹）

〉〉〉理性
カントのいう理性は，狭い意味では，推論の能力であるが，広い意味では，感性や悟性の形式をふくむ，認識の能力である。（→教 p. 102 ❺）

**Check! 資料読解**　教科書 p. 99「善意志」について，カントは「無制限に善とみなすことができるものは，善意志のほかには考えられない」と主張する。この主張をふまえ，カントが考える「善い行為」に関する文章として最も適当なものを，次の①〜④のうちから一つ選びなさい。

①　幸福も善意志がともなわなければ，常に善いとはいえない。

②　「義務に基づく行為」はもちろんのこと，「義務にかなう行為」も善い行為といえる。

③　ある定められた目的の達成のために役立つ行為が，善い行為である。

④　他者を目的として扱った結果相手が不幸になるのなら，善い行為とはいえない。

**TRY!**　ピコ，パスカル，カントは人間の尊厳をどこに見出したのか，それぞれの考え方をまとめてみよう。

| | 人間の尊厳の在りか | 補足・根拠 |
|---|---|---|
| ピコ | ［ア　　　　　］ | 人間は自分の生き方を自由に選ぶ能力をもっており，この［ア］によって神のような存在にも動物のような存在にもなることができる |
| パスカル | ［イ　　　　　］こと | 人間は葦のように（身体としては）弱い存在であるが，広大な宇宙をとらえるほどの思考力をもっている |
| カント | ［ウ　　　　　］ | 人間は，理性によって自ら法を立て，それに従うのであり，この［ウ］が真の自由である |

# ③ 人倫―ヘーゲル

教科書　p.103〜105

〉〉〉ヘーゲル
ドイツにうまれ，テュービンゲン大学で哲学や神学を学び，のちにベルリン大学の哲学教授になった。その壮大な哲学は，同時代の熱狂的な支持を受け，近代哲学の完成とみなされた。主著『精神現象学』『法の哲学』。(→教 p.103)

〉〉〉理性の狡知
[①]は，人間の精神を介して，自由を実現する。そのさい，自己の理念と一致する人間を繁栄させ，そうでない人間を没落させるというやり方で，歴史をおし進める。たとえば，フランス革命が起こり，それに続いて，ナポレオンがあらわれたのも，[①]によるものである。ヘーゲルはこのことを「理性の狡知」とよんだ。(→教 p.104 ❶)

〉〉〉[③]
東洋では専制君主だけが自由であり，古代のギリシア・ローマではポリスの市民が自由であり，近代のヨーロッパでは万人が自由である，というように，世界史は，人間が自由を意識し，それを実現していく過程である。(→教 p.104 ❷)

〉〉〉[⑧]
否定と保存という二つの意味をもつ言葉であり，ヘーゲルの弁証法では，対立・矛盾する二つのものを，ともに生かしながら，より高い次元で総合することである。(→教 p.104 ❸)

## 精神と歴史

・精神…世界を成り立たせ，歴史を動かすもの

　　　…カントの理性のような個人的なものではなく，個人を貫いている普遍的なもの＝[①　　　　　　　]

・精神は，自己の抱く理念(理想)を現実の世界のうちに表現し，実現する
＝[②　　　　　　]

・精神…自由を本質とする

　→精神が自己の理想を実現することこそ，真の自由である(自己実現としての自由)

・歴史…精神が自己の理念を実現する過程

　精神の理念は現実のものとして実現され，また，現実のものは精神の理念が実現されたもの

　歴史とは，自由が実現される過程でもある(世界史は[③　　　　　　])

## 弁証法

・ヘーゲルは，歴史の法則として[④　　　　　]という考え方を提唱

　(ⅰ)正([⑤　　　　　])

　(ⅱ)反([⑥　　　　　　])

　(ⅲ)合([⑦　　　　　　])

(ⅰ)あるもの(正)には，自身を否定するものが含まれている

(ⅲ)対立・矛盾を克服するために，両者を総合([⑧　　　])した，より高次のもの(合)があらわれる

合(正)

[⑧](総合)

正 ⟷ 反

矛盾・対立

(ⅱ)やがて，それが自身と対立・矛盾するもの(反)としてあらわれる

## 人倫の体系

①精神について
正：主観的精神(人間の意志など)
反：客観的精神(人間の意志が外化したもの)
合：絶対精神

②人倫について(客観的精神の3段階)
正：[⑨　　　　](人間を外側から規定する)
反：[⑩　　　　](人間を内側から規定する)
合：[⑪　　　　](人間を全体として規定する)

③[⑪]の三段階
正：[⑫　　　　](人間が自然な愛情で結ばれた共同体)
反：[⑬　　　　　　](独立した人間からなる共同体)
合：[⑭　　　　]([⑫]と[⑬]を総合した共同体)

**【カントとの比較】**

| カント | ヘーゲル |
|---|---|
| ・個人の道徳を問題にする | ・共同体の倫理を問題にする |
| ・道徳的な自由が真の自由 | ・真の自由は人倫において実現する |

**【ヘーゲルの国家観】**

| 社会契約説 | ヘーゲル |
|---|---|
| 個人が自己の利益のために結合して国家を設立する | ・個人が国家のもとで結合することそのものが目的となる<br>・市民社会の上に国家があり，国家によって市民社会を統制する |

→国家の一員として，普遍的な法則や原則に基づいて生きることが，個人の最高の義務である

**exercise** ヘーゲルの人倫についての説明として最も適当なものを，次の①〜④のうちから一つ選びなさい。

〈センター試験倫理 2018 年本試〉

① 欲望の体系である市民社会のもとで，自立した個人が自己の利益を自由に追求する経済活動が営まれるなかで，内面的な道徳も育まれるために，人倫の完成がもたらされる。

② 人間にとって客観的で外面的な規範である法と，主観的で内面的な規範である道徳は，対立する段階を経て，最終的には法と道徳をともに活かす人倫のうちに総合される。

③ 国家によって定められる法は，人間の内面的な道徳と対立し，自立した個人を妨げるものなので，国家のもとで人々が法の秩序に従うときには，人倫の喪失態が生じる。

④ 夫婦や親子など，自然の愛情によって結びついた関係である家族のもとでは，国家や法の秩序のもとで失われた個人の自由と道徳が回復され，人倫の完成がもたらされる。

**Check! 資料読解** 教科書 p. 105「国家と個人」に関して，ヘーゲルは国家と個人の関係について，どのように考えたのだろうか。原典資料の内容をふまえ，次の文章中の空欄 ア ・ イ に入る記述の組み合わせとして正しいものを，下の①〜④のうちから一つ選びなさい。

個人が ア こそが国家である。ゆえに個人の最高の義務は， イ となる。

① ア 自己利益のために結合して設立したもの　　イ 国家の一員として生きること

② ア 結合することそれ自体を目的とするもの　　イ 国家の一員として生きること

③ ア 自己利益のために結合して設立したもの　　イ 国家を乗りこえること

④ ア 結合することそれ自体を目的とするもの　　イ 国家を乗りこえること

# ① 個人と社会との調和—功利主義

教科書　p.106〜109

>>>アダム＝スミス
イギリスの経済学者・哲学者。市場のメカニズムを解明して，「経済学の父」とよばれた。主著『道徳感情論』『諸国民の富（国富論）』。（→教 p. 107 ❶）

>>>【②】
スミスによれば，［②］とは，他人の立場に立つことで，他人と同様の感情をもつという心の働きである。スミスは人間の道徳感情（是認や否認）を［②］によって説明した。（→教 p. 107 ❷）

>>>ベンサム
イギリスにうまれ，オックスフォード大学で法学や哲学を学び，立法家となる。［④］を道徳と立法の原理として提唱し，功利主義を創始するとともに，議会改革など，さまざまな社会改革を手がけた。主著『道徳および立法の諸原理序説』。（→教 p. 107）

>>>【⑦】
［⑦］では，強度・持続性・確実性・遠近性・多産性・純粋性・範囲という七つの基準が用いられる。（→教 p. 108 ❶）

>>>ミル
イギリスにうまれ，父から英才教育を受けた。ベンサムに傾倒して「功利主義協会」を設立したが，20歳の「精神の危機」を経て，独自の功利主義を展開した。社会改革にも深くかかわった。主著『経済学原理』『自由論』『功利主義』。（→教 p. 108）

## 見えざる手—アダム＝スミス

アダム＝スミス…個人の経済的な自由を主張
・個人が自分の利益を追求すれば，意図しない結果として，社会の利益は増大する…［① 　　　　　　　　　　　］
・個人は法の範囲内で自分の利益を追求すべき
　→人間は第三者（公平な観察者）からの［② 　　　　　　　　　］を求めて，自己を規制するようになる
・19世紀のイギリス…経済的な不平等が広がり，貧困や失業などの社会問題が深刻に
　→社会の改良をめざす［③ 　　　　　　　　　　］の思想があらわれる

## 最大多数の最大幸福—ベンサム

ベンサム…個人の利益と社会の利益の調和を可能にする原理として，［④ 　　　　　　　　　　　］を提唱
・［④］…人々の幸福を増やす行為を正しい行為，人々の幸福を減らす行為を不正な行為とする原理
　→この原理に従うと［⑤ 　　　　　　　　　　　］をもたらす行為が最も正しい行為である
・「幸福」とは「快楽」／「不幸」とは「苦痛」のこと
　→あらゆる人間は快楽を求め，苦痛を避ける
・［⑥ 　　　　　　　　　］…快楽や苦痛を量的なものとして計算し，［⑤］を導く
・［⑦ 　　　　　　　　］において，万人は等しく一人として数えられるべきである
・［⑧ 　　　　　　］（サンクション，Sanction）
　…人間の利己的な行為を規制する
　…快楽や苦痛をうみだす源泉であり，それゆえに，行為を規制する源泉
　→物理的・政治的・道徳的・宗教的の四つの外的な［⑧］がある

## 功利主義の修正—ミル

ミル…快楽の間に質の違いを認め，人間を進歩する存在ととらえる
→量では計算できない質的快楽を重視＝［⑨ 　　　　　　　　　　　　］
・人間…質の低い快楽と質の高い快楽の両方を経験したときは，後者を選ぶはずである
　言葉：「満足した豚であるよりも，不満足な人間であるほうがよく，満足した愚か者であるよりも，不満足なソクラテスであるほうがよい。」
・人間は成長すると，社会的な感情を身につけ，社会の利益も配慮するように
　→社会的な感情に反して行動したときは，良心による責めを感じる
　→ベンサムの四つの外的な［⑧］＋良心による内的な［⑧］

・〔③〕…「おのれの欲することを人に施し，おのれのごとく隣人を愛せよ」とい
うイエスの黄金律の精神を受け継ぐもの
→ミルによって，〔③〕はより利他的で理想的なものに

## 自由と個性

・ミルの時代：民主主義における「多数者の専制」が問題に
→個人の自由を守る原則の必要性
〔⑩　　　　　　　　〕…人々がある人の自由に干渉できるのは自分たち
を守る場合だけである／人々がある人に対して権力を行使できるのは，その
人が別の人に危害を加えるのを防ぐ場合だけである

**exercise** ミルの「他者危害原則」の考え方に即したとき，強制や禁止することを正当化することがで
きる意見として最も適当なものを，次の①～④のうちから一つ選びなさい。

〈センター試験倫理 2010 年本試を改変〉

① 自動車のシートベルトの着用は，事故が起きたときに本人を守ることになるから，強制してよい。

② 健康な若者がお年寄りに席を譲ることは，誰もが認める正しい行為だから，強制してよい。

③ 飛行機の離着陸時に携帯電話を使うことは，電子機器に影響を与える可能性があるから，禁止すべ
きだ。

④ クローン人間をつくることは，国際的にも国内的にも世論の強い反対があるから，禁止すべきだ。

**Check! 資料読解** 教科書 p. 108 の原典資料「快楽と苦痛」を読んだ生徒 2 人が会話をしている。資料
の内容をふまえ，次の会話文中の空欄 ［ ア ］ ～ ［ ウ ］ に入る語句の組み合わせとして正しいものを，
下の①～④のうちから一つ選びなさい。

生徒Ａ：「教科書を学習した後でこの文章を読むと，ベンサムの思想と色々と関連していて面白いね。」

生徒Ｂ：「最後の文章で“一方で，正と不正の基準が，他方で，原因と結果の連鎖が，その王座に結び
つけられている”と書かれているけど，学習した内容としては，前半は ［ ア ］，後半は
［ イ ］ の内容が，それぞれ関連しているね。」

生徒Ａ：「“自然は人類を苦痛と快楽という二人の主権者の支配のもとにおいてきた”は強い表現だね。
ただ快楽と苦痛だけで人間を語るベンサムの人間観に，僕は少し寂しさを覚えるな。」

生徒Ｂ：「でもシンプルだからこそ，社会の価値観を変える力があるというところが功利主義の魅力な
のではないかな。現代の思想家でも，「苦痛と快楽を感じる」という点に着目して，［ ウ ］ に取
り組んだ哲学者も功利主義の立場から出発しているみたいだよ。」

① ア 功利性の原理　　イ 制裁　　　　　ウ AI が引き起こす事故の倫理的問題

② ア 功利性の原理　　イ 制裁　　　　　ウ 動物実験における倫理的問題

③ ア 制裁　　　　　イ 功利性の原理　　ウ AI が引き起こす事故の倫理的問題

④ ア 制裁　　　　　イ 功利性の原理　　ウ 動物実験における倫理的問題

# Skill Up 帰結主義と義務論の比較

教科書 p.110

**Check! 資料読解** ①教科書 p.110「行為の動機と結果」「義務にもとづく行為」をそれぞれ読み，ベンサムやミル，カントについて述べた次の文章 A〜C の内容の正誤の組み合わせとして最も適当なものを，下の①〜⑧のうちから一つ選びなさい。

A 「動機が善や悪であるとすれば，それはただ，その結果のためである」と書かれているように，ベンサムは，相手の快楽を結果的に増やそうという動機に基づいていれば，実際に結果がともなわなかったとしても，その行為は善い行為であると考えていた。

B 「溺れている仲間を助ける者は，その動機が義務であっても，努力に対する期待であっても，道徳的に正しいことをしているのである」と書かれているように，ミルは，どのような理由で行為をしたかどうかが問題なのではなく，結果的に何をしたかどうかが重要であると考えていた。

C 「……こうした行為は，どれほど義務にかなっており，愛すべきだとしても，真の道徳的な価値をもたずに，他の性向と同類のものであると，わたしは主張する」と述べているように，カントは，同情する心を重視し，それ以外の動機でおこなわれる行為は道徳的な価値がないと考えていた。

|   | A | B | C |
|---|---|---|---|
| ① | 正 | 正 | 正 |
| ② | 正 | 正 | 誤 |
| ③ | 正 | 誤 | 正 |
| ④ | 正 | 誤 | 誤 |
| ⑤ | 誤 | 正 | 正 |
| ⑥ | 誤 | 正 | 誤 |
| ⑦ | 誤 | 誤 | 正 |
| ⑧ | 誤 | 誤 | 誤 |

②教科書 p.110 をふまえ，次の文章はある哲学者があげたたとえ話である。これを読んだうえで，生徒が会話をしている。それぞれの生徒の発言から，生徒 A〜C の立場を分類するとき，その組み合わせとして最も適当なものを，右ページの①〜⑥のうちから一つ選びなさい。

**無人島で交わされた友人との約束**

　わたしと友人が遭難して無人島にたどり着いた。友人は，わたしに自分の全財産を競馬クラブに寄付してほしいと言い残して死んでしまった。私はそうすると約束した。その後，わたしは運良く助けられた。だが，友人との約束を守って競馬クラブに寄付するよりも，病院に寄付した方がより多くの善が生み出せるのではないかと考え，どうするべきか悩んでいる。　　　　（児玉聡『功利主義入門』より）

生徒A：私だったら，約束を破って病院に寄付するだろうな。医者は沢山の人を救うことができるから，病院に寄付すれば競馬クラブに寄付するよりも結果として多くの人をより幸福にすることができると思う。

生徒B：確かに一理あるけれども，私は約束を破ることはよくないことだと考えているので，約束を果たして，競馬クラブに寄付するかもしれないな。

生徒C：競馬クラブに寄付することで誰かに迷惑がかかるわけではないのだから，良かれと思って約束を反故にすることは間違いだと思う。だから私も，この友人の意思を最大限に尊重して，競馬クラブに寄付したいと思います。

|  | 最大多数の最大幸福 | 他者危害原則 | 義務論 |
|---|---|---|---|
| ① | 生徒A | 生徒B | 生徒C |
| ② | 生徒A | 生徒C | 生徒B |
| ③ | 生徒B | 生徒A | 生徒C |
| ④ | 生徒B | 生徒C | 生徒A |
| ⑤ | 生徒C | 生徒A | 生徒B |
| ⑥ | 生徒C | 生徒B | 生徒A |

**TRY!** **1** 次のA～Cのうち，帰結主義と義務論が対立するような倫理的ジレンマにおかれている事例には○を，そうでない事例には×をつけなさい。

A　事故で10人の重傷患者が出たが，とくにそのうち一人は重傷で，治る見込みはきわめて少ない。この一人の治療を後回しにして，残りの9人を治療すれば，この9人が助かる可能性が高まる。
（　　　）

B　患者に病名を正確に伝えることは，医師としての義務である。しかし，病気のことを知らずに過ごす方が，患者の幸せにつながることを考えると伝えない方が適切な判断かもしれない。　（　　　）

C　人気の商品を偶然手に入れることが出来た。普段お世話になっている人に渡したい。いつも面倒をみてくれる先輩か，仲のいい友達か，どちらにあげるべきか悩んでいる。　（　　　）

**2** その他，帰結主義と義務論が対立するような具体例について，考えてみよう。

# ② 社会の進歩と変革

>>>コント
実証主義と社会学の創始者。ミルやスペンサーにも影響を与えた。主著『実証哲学講義』。(→教 p.111 ❶)

## 実証主義―コント

コント…[① 　　　　　　　　]を提唱

＝観察や実験によって検証できる現象だけを知識の対象とする立場

・[② 　　　　　　　　]

【知識の発展】
①神によって現象を説明する神学的段階→②現象をその本質から説明する形而上学的段階→③経験に基づいて現象の法則を探究する実証的段階

【社会の進歩】
①人間による人間の征服を基礎とする軍事的段階→②法による人間の支配を基礎とする法律的段階→③人間による自然の征服を基礎とする産業的段階

>>>スペンサー
あらゆる現象を進化の原理によって説明する「総合哲学体系」を構想した。主著『社会学原理』。(→教 p.111 ❷)

## 社会進化論―スペンサー

スペンサー…[③ 　　　　　　　　]を提唱⇔ダーウィンの進化論

＝自然選択(適者生存)という進化の原理から社会の進歩を説明する立場

【社会の進歩】
人々が強制的に協同させられる軍事型社会→人々が自発的に協同する産業型社会

>>>ダーウィン
イギリスの生物学者。生物の種を固定的なものとする従来の考えを否定し、生物は、環境の変化に伴い、自然に選択されることで、進化するという生物進化論を唱えた。主著『種の起源』。(→教 p.111 ❸)

>>>社会有機体説
コントやスペンサーは、社会を、個人の総和には還元できない一つの有機体ととらえ、社会と人間の関係を有機体における全体と部分の関係として考えた。このような立場を社会有機体説という。それは、社会を個人の総和と考える社会契約説(→教 p.94)や功利主義(→教 p.107)とは対照的な考え方である。(→教 p.111)

## 開いた社会―ベルクソン

ベルクソン…生命の進化について考察

・[④ 　　　　　　　　](生命の飛躍)

　…生命を進化させる根源的な衝動

　→生命はさまざまな方向にわかれて進化

・[⑤ 　　　　　　　　](愛の飛躍)

　…[④]の最高形態

　→排他的な閉じた社会から人類全体を包む[⑥ 　　　　　　]へ

>>>ベルクソン
20世紀前半のフランスの哲学者。主著『創造的進化』『道徳と宗教の二源泉』。(→教 p.112)

## 社会主義

| 【資本主義】<br>財産の私有と自由競争に基づく | ⬌ | 【[⑦ 　　　　　]】<br>財産の共有と協同生産に基づく |
| --- | --- | --- |

・初期の[⑦]…人道的な立場から理想の社会を構想

| [⑧ 　　　　　] | アメリカに協同体(ニューハーモニー村)を設立、労働組合の運動を推進 |
| --- | --- |
| [⑨ 　　　　　] | 身分制度を批判、平等な産業社会を構想 |
| [⑩ 　　　　　] | 商業社会否定、農業協同体(ファランジュ)の建設を提唱 |

→マルクスは、これらを学問的ではないとして[⑪ 　　　　　　]とよんだ

## 労働の疎外−マルクスの労働論

マルクス…自身の理論を[⑫            ]とよぶ

＝資本主義の科学的な分析に基づくものであり，**マルクス主義**といわれる

・資本主義の社会

  労働の生産物・労働力…資本家のもの

→

| 生産物…労働者にとって疎遠な存在 |
|---|
| 労働者…自分の労働の生産物から[⑬      ]される |

  [⑬]…人間が自分の生み出したものによって支配され，人間らしさを失うこと

| **【本来の労働】** |
|---|
| 自然に働きかけて物をつくり，そこに自己の働きを見出す<br>＝[⑭        ]である人間の本来のあり方 |
| **【資本主義での労働】** |
| 生産物・労働からの[⑬]→人間性からの[⑬]→人間同士の対立→他の人間からの[⑬]<br>※こうした状況をマルクスは**労働の[⑬]**（[⑬]**された労働**）とよんだ |

## 唯物史観−マルクスの歴史論

・マルクスの歴史論…[⑮           ]

| [⑯       ] | 法律・政治・学問・芸術・宗教など，人間の精神的な活動 |
|---|---|
| [⑰       ] | 物質的な生産活動 |

  →[⑰]が[⑯]を決定する

・生産活動…社会のもつ[⑱      ]＋それに応じて決まる[⑲      ]

  [⑱]…技術の改良などでしだいに増大

  [⑲]…いったん確立すると変更されにくい

  →[⑲]が[⑱]の増大を妨げ，両者が矛盾する

    →生産にかかわる階級間の対立（[⑳      ]）の激化

      →[⑲]の変革（**社会革命**）に至る

・労働者階級（プロレタリアート）が団結して革命をおこし，資本家階級（ブルジョワジー）に勝利

  →資本主義から[⑦]へ移行→支配や抑圧のない**共産主義へ移行**

>>>**マルクス**
ドイツにうまれ，ボン大学で法学・哲学・歴史を学び，ジャーナリスト・思想家として，体制批判をおこなった。イギリスに亡命し，エンゲルスとともに，独自の共産主義思想を確立した。主著『共産党宣言』『資本論』『経済学・哲学草稿』。（→教 p. 113）

>>>**【⑭】**
単なる特殊な存在でない普遍的な存在。とくに，労働を通じて，他人と連帯するあり方をさす。（→教 p. 113 ❶）

>>>**労働の【⑬】**
具体的には，生産物からの疎外，労働からの疎外，[⑭]からの疎外，人間の人間からの疎外を意味する（このうち，労働からの疎外だけをさす場合もある）。（→教 p. 113 ❷）

>>>**唯物論**
物質だけが実在し，精神は物質の運動によって生じたものにすぎないとする考え方。精神だけを実在とする唯心論や，物質よりも精神を根源的なものとする観念論の対極にある立場。
マルクスは，ヘーゲルの弁証法を取り入れながらも，現実的なものを精神的なもののあらわれとする考え（観念論的弁証法）を退け，現実的なものを物質的なもののあらわれとする考え（唯物論的弁証法）を唱えた。（→教 p. 113 ❸，p. 114 ❶）

>>>**【⑲】**
生産手段（土地や工場）をめぐる階級の関係（領主と農奴，資本家と労働者など）。（→教 p. 114 ❷）

**革命と改良**

| | |
|---|---|
| [㉑            ] | ・帝国主義のしくみを解明<br>・ロシア革命を指導して社会主義国家を実現 |
| ・ウェッブ夫妻<br>・バーナード＝ショウ | ・[㉒              ]の設立<br>・立法活動・啓蒙活動によって，社会的不平等の是正に努めた |
| [㉓              ] | マルクス主義を修正して，議会制民主主義を通じて社会主義の実現をめざす<br>＝[㉔            ] |

**exercise** 次のア〜ウは，コント，スペンサー，ベルクソンの思想を説明した文章である。それぞれ誰についての説明か，人物名を答えなさい。

〈センター試験倫理 2013 年追試を改変〉

ア　創造的な生命の流れは，自己防衛の本能に基づく閉鎖的な社会から普遍的な人類愛に基づく社会へと人間を向かわせる。その転換は，人類愛をそなえた人物の創造的行為によって成し遂げられる。

イ　個人は適者生存のメカニズムと自由競争によってふるいにかけられ，社会は共同性のより高い状態へと変容していく。そして，最終的に社会は，個人の権利が尊重され，個人の自由が実現される産業型社会へと発展する。

ウ　人間精神は，科学の精神を最高段階として，三段階の進歩を遂げる。科学の精神をそなえた科学者は，事実の観察を通して発見した社会の発展法則に基づき，社会を設計する必要がある。

| ア | イ | ウ |
|---|---|---|
| | | |

**Check! 資料読解** 教科書 p. 114「労働の疎外」について，次の文章は，労働の疎外とはどのような状況かを説明したものである。この文章中の空欄 ア ～ ウ に当てはまる語句の組み合わせとして最も適当なものを，下の①〜④のうちから一つ選びなさい。

マルクスにいわせれば，本来働くことは ア である。しかし労働力の イ が進展することによって，ウ 営みとなってしまい，働くことに意義が見出せなくなってしまった。

① ア 賃金獲得のための手段　イ 自由化　ウ 個性を発揮しなければ評価されない
② ア 賃金獲得のための手段　イ 商品化　ウ 個性を発揮しなければ評価されない
③ ア 自己実現の営み　イ 自由化　ウ 賃金を手に入れるための強いられた
④ ア 自己実現の営み　イ 商品化　ウ 賃金を手に入れるための強いられた

**TRY!** 社会主義は，貧困や失業などの社会問題を克服するためにうまれた。では，現代において，社会主義にはどのような意義があるのか，考えてみよう。

|  |
|---|
|  |

# ③ 真理と行為─プラグマティズム

教科書　p.115

## プラグマティズム

・[① 　　　　　　　　　　　　]

　…19世紀のアメリカで誕生した新しい真理観を唱える思想

　[背景] 経験論や進化論，フロンティア・スピリット(開拓者精神)

[② 　　　　　　　]…真理のもととなる「観念」を問題にした

・観念の意味…思考によって得られるのではなく，行為を通して明らかになる

　(例)貨幣の観念は，貨幣を使ってみて，その意味がわかる

[③ 　　　　　　　]

　…[①]を一つの真理観として示した

・ある考えが真理であるのは，それに従うことで有益な結果が得られる場合

　(例)神の存在を信じることが幸福に役立つ→神の存在は真理

　　※役に立つこと(有用性)が真理であるための条件

・[③]の[①]＝[④ 　　　　　　　　　　　　　]

　→真理は状況によって決まる相対的なもの

## 道具主義─デューイ

[⑤ 　　　　　　　]…[①]を実践的な思想として展開

・知性…真理の探究にかかわるだけでなく，日常生活の問題を解決し，環境に

　適応するための道具＝[⑥ 　　　　　　　　]

　→問題解決のための仮説をたて，仮説を実行・検証して，状況にふさわしい

　　行為を導く

・[⑤]の[①]＝[⑦ 　　　　　　　]

　→この立場から，[⑤]は民主主義を守ろうとした

　※重要なのは，[⑥]によって，多様な思想や価値を認める民主主義を実現す

　　ること

〉〉〉【②】
[①]の創始者。主要論文
「観念を明晰にする方法」。
(→教 p.115 ❶)

〉〉〉【③】
[①]を世に広めた哲学者。
主著『プラグマティズム』
『根本的経験論』。(→教
p.115 ❷)

〉〉〉その他の[①]の思想家
アメリカのローティ(1931
～2007)は，[①]を復権さ
せ，自己実現をめざす人々
が連帯する新たな民主主義
を唱えている。主著『偶然
性・アイロニー・連帯』。
(→教 p.115 ❸)

---

**exercise** プラグマティズムの説明として最も適当なものを，次の①～④のうちから一つ選びなさい。

〈センター試験倫理 2004年追試〉

① プラグマティズムとは，経験論の伝統を受け継ぎ，知恵や観念をそれが引き起こす結果によってたえず検証しようとする思想である。

② プラグマティズムとは，大陸合理論を基盤として生まれ，後にキリスト教精神によって育まれたアメリカ固有の思想である。

③ プラグマティズムとは，行為や行動を意味するギリシア語を語源としているが，その方法は思弁的であり，実生活とは隔絶した思想である。

④ プラグマティズムとは，科学的認識よりも実用性を優先し，日常生活の知恵を基盤とする思想である。

# ① 主体性の再定義―実存主義（1）

教科書　p.116～119

・実存主義

　…個々の「私」こそが人間の生のよりどころであるとよびかける思想

### 主体的真理―キルケゴール

キルケゴール…人々が自分の生き方を世間の考えに委ね，自分で考えることを
放棄することを自己喪失と批判

・自己喪失…絶望をもたらし，その絶望が[① 　　　　　　　 ]になる

　　※苦しみは，死によってさえ癒やされない

・私にとっての真理＝[② 　　　　　　　 ]

　　…「私がそのために生き，死ぬことができる理念」

　→いま，ここに生きる私の現実存在（[③ 　　　　　 ]）のなかにある

　　　×主観によって異なる真理がある

　　　○個々の「自己」の奥底に永遠の真理が見出される

・実存の三段階

> 【（④ 　　　　　 ）実存】
> …芸術や恋愛のなかに真理を求める段階
> →審美的なもののなかに「私にとっての真理」を見出すが，それは儚く過ぎ
> 　去り，やがて絶望に襲われる

> 【（⑤ 　　　　　 ）実存】
> …「あれか，これか」と二者択一で美的快楽を捨て去る
> →めざすべき自分を目標に歩むが，目標をはたしきれない無力さに絶望す
> る

> 【（⑥ 　　　　　 ）実存】
> …絶望する自分を照らす神を見出し，神の前に[⑦ 　　　　　 ]として立
> つ
> →神の前に自分自身を取り戻す

### 力への意志―ニーチェ

ニーチェ…自己を失い，生きる意味を見失った状況を[⑧ 　　　　　　　 ]
（虚無主義）と表現

　　→キリスト教との対決のなかに解決を見出そうとする

・キリスト教批判

　キリスト教…救済の約束のもとで人々を[⑨ 　　　　　　 ]でしばる

　　※根にあるのは，強者に対する弱者の怨念＝[⑩ 　　　　　　　 ]

　　　→自らの生を強く肯定できないことに対するねじれた恨みが，人々を互い
　　　　に同情でしばる

---

〉〉〉キルケゴール
デンマークにうまれる。父親の罪のため34歳までに死ぬと考え，生涯愛を貫いたレギーネとの婚約を一方的に破棄し，宗教的実存を生きた。主著『あれか，これか』『死に至る病』。（→教 p. 117）

〉〉〉〔⑥〕実存
「私にとっての真理」を見失い，自分自身から隔てられ絶望する者は，根源的な不安を抱く。恐怖であればその対象は知ることができるが，不安は対象が不明なまま人を苛む。しかし，その不安こそ，〔⑦〕として人を〔⑥〕実存へ跳躍させる。（→教 p. 117）

〉〉〉〔③〕
いまここにいる「現実存在」をさす言葉。必ずしも「かけがえのない私」を肯定するための言葉ではなく，むしろ常に，何の根拠もなくあることの不安とともに語られる。しかし，その不安こそがしばしば問題解決の突破口とみなされる。（→教 p. 118）

〉〉〉ニーチェ
ドイツにうまれる。25歳という異例の若さでバーゼル大学の教授となり，古典文献学の講座を教えて『悲劇の誕生』を上梓した。しかし，過度に哲学的な議論が文献学界には受け入れられず，やがて健康を害して大学を辞することになる。以降，鋭い感性と時代批評の精神をもって，精力的に著作を発表していった。晩年は孤立し，精神錯乱のはてに死去。その後，実存思想および現代思想の先駆者として高く評価された。主著『善悪の彼岸』『ツァラトゥストラはこう語った』。（→教 p. 118）

・人が真に救済されるためには…神を頼りにせず「[⑪　　　　　　　　　]」と
みなして，[⑨]が示す善悪の区別の外側（[⑫　　　　　　　　　]）に立ち，
自らの生を絶対的に肯定する

・人生でなしてきたすべてのことがそっくりそのまま繰り返される[⑬
　　　　　　　]のなかにおいてなお，自分の意志でそれらを肯定するところに
救いがある

・超人…自らに与えられた運命を愛し（[⑭　　　　　　　　]），自らの生を絶対的
に肯定する[⑮　　　　　　　]をもつ存在

### 現象学の成立

・現象学…哲学の新しい潮流。創始者：[⑯　　　　　　　　　]
　→文献の再解釈ではなく「**事象そのものへ**」目を向ける

・目の前にある「りんご」を「りんご」と意味づけるのは，我々の意識の[⑰
　　　　　　　]である
　→ものを意味づけて考える自然的態度を一旦括弧に入れ（[⑱
　　　　　　　]），対象と意識の関係を精査する[⑲　　　　　　　　]とよばれ
る方法＝現象学の中核

>>> **超人**

ニーチェは超人へと至る道を，ラクダ，ライオン，幼児という三つの過程を経るものとして描いた。ラクダは既存の秩序に服従するが，砂漠のはてでラクダはライオンになり，ふるい立って秩序を壊す。それでもライオンは，その秩序を壊すことしかできず，新たな価値を創造できない。最終的にライオンは幼児になり，外からの押しつけなしに，自ら新しい世界をつくっていくと考えられた。（→教 p. 119 ❶）

>>> **現象学の展開**

人間によって生きられる生活世界の分析は，やがてフランスの哲学者メルロ＝ポンティへと受け継がれ，自己の身体が成立する過程を問う身体の現象学として展開された。（→教 p. 119）

**exercise**　倫理的であろうとすると絶望せざるを得ない人間の現実に関して，キルケゴールはどのように考えたか。その説明として最も適当なものを，次の①～④のうちから一つ選びなさい。

〈センター試験倫理 2009 年本試を改変〉

①　本来の自己を見失って絶望する人間は，理性によっては根拠づけられることのない信仰への決断によって，本来の自己を回復できる。

②　現世の悪に絶望するキリスト者は，神から与えられた現世の務めに専心することによって，人間としての本来のあり方を獲得できる。

③　超越的な神がもはや存在しない現実に絶望する人間は，自ら覚悟をもって価値創造に挑むことで，本来の力を獲得することができる。

④　肉体を支配する悪の原理に絶望するキリスト者は，信仰による決断を通して，魂を肉体から解放し，本来の故郷に帰ることができる。

**Check! 資料読解**　教科書 p. 119「超人」について，「人間」と「超人」の違いについて述べた次の文章ア・イの正誤の組み合わせとして正しいものを，下の①～④のうちから一つ選びなさい。

ア　「人間」は今を耐え忍び，将来に不安を抱えて生きているが，「超人」は将来の救済が約束されており，今を否定することを恐れない。

イ　「人間」は永劫回帰のなかで苦しみを思い出し「終わってくれ」と願うが，「超人」は「これが人生か，ならばもう一度」と永劫回帰を受け入れる。

①　ア　正　イ　正　　②　ア　正　イ　誤
③　ア　誤　イ　正　　④　ア　誤　イ　誤

# ① 主体性の再定義―実存主義(2)

〉〉〉**ヤスパース**
現象学の影響のもと理性と愛に基づく実存哲学を展開。主著『哲学』『理性と実存』。(→教 p.120)

〉〉〉**〔②〕**
ヤスパースのいう〔②〕(神)は,必ずしもキリスト教を前提にしたものではなく,フッサールの現象学的な探究の結果見出されたものだった。(→教 p.120 ❶)

〉〉〉**ハイデガー**
ドイツにうまれる。フッサール現象学に学びつつ,新しい存在論の可能性をひらいた。ナチスへの関与によって一時的に公職を追放されたが,復帰して戦後も精力的な活動を展開した。主著『存在と時間』。(→教 p.120)

〉〉〉**ハイデガーの存在論**
さまざまな存在の成り立ちを考える哲学は**存在論**とよばれる。ハイデガーは,フッサール現象学における志向性の働きを**意味連関**の作用と読みかえ,「私」という存在も意味のかかわりのなかに位置づけることで新しい存在論を示した。(→教 p.121)

〉〉〉**サルトル**
フランスにうまれ,高等師範学校でメルロ＝ポンティやボーヴォワール,レヴィ＝ストロースらとともに学んだ後,ドイツに留学,ハイデガーに影響を受ける。第二次世界大戦に従軍して捕虜になるが,脱走してレジスタンス運動を指導し,戦後世界の言論界のリーダーの一人となった。主著『存在と無』『弁証法的理性批判』『嘔吐』(小説)。(→教 p.122)

## 実存的交わり―ヤスパース

ヤスパース…人間が自らの根源的な問題に向きあい,本来の意味での哲学をはじめる出発点を〔①　　　　　　　　〕に求めた

> 〔①〕
> ＝死,苦,闘い,罪など人間にとって,どうしようもない壁

> 自身の有限性を思い知らされる
> ＝有限な自己を支える〔②　　　　　　　　　　　〕との出会いがある

> ・〔②〕によって本当の意味での実存を知り,同じく実存を追求する他者との間で〔③　　　　　　　　　〕を得られる
> ・ほかの実存と互いに高めあおうとする〔④　　　　　　　　　　〕
>   →本来的な自己へと至る

## 死への存在―ハイデガー

ハイデガー…存在の意味を自ら問う新しい実存のあり方を示した

・〔⑤　　　　　　　　　　　　　〕＝「いま,ここにある存在」

※〔⑤〕…存在することを了解し,存在の意味について問う人間のこと

・世界のさまざまな事物…〔⑤〕とのかかわりのなかで意味づけられている

　〔⑤〕も,世界のなかに投げ出されている＝〔⑥　　　　　　　〕

　→〔⑤〕も,世界のうちで世界にかかわる〔⑦　　　　　　　　　〕

> 【非本来的なあり方】
> 日常の生活における〔⑤〕…没個性的な人生を生きている
> ＝本来的な自己を喪失した〔⑧　　　　　　　　　　〕
>
> 【本来的なあり方】
> 〔⑨　　　　　　　　　〕…それまでの歴史を引き受け,自分の固有の可能性としての死を積極的に引き受ける
> →自らの本来的なあり方へとひらかれることができる

・ハイデガーの現代文明批判

　〔⑧〕による本来的な自己喪失…〔⑩　　　　　　　　〕

　→存在を忘却した社会を批判的に問い直した

## 実存は本質に先立つ―サルトル

> 【人間以外の物(道具など)】
> …何かの目的のための手段として存在する
> …本質が決められている(本質が存在に先立つ)
> (例)ペーパーナイフは切るためのもの

【人間】

…外から何かの本質を当てはめられるものではなく、まずもっていまここに生きる実存としてある
＝〔⑪　　　　　　　　　　　　　　　　　〕

…人間は自らの存在を未来に向けて自分で切りひらく自由をもっている(投企)

・人間…何をなすかが自由に委ねられている＝その結果に大きな責任をもつ
→人間は「〔⑫　　　　　　　　　　　　　　　　　〕」

・〔⑬　　　　　　　　　　　　　　　〕
…社会形成に積極的に参加すること
→全人類に対する責任を自覚し，社会状況の制約のなかでよりよい社会をつくろうとすることが，実存主義のめざすべきもの

【女性解放(フェミニズム)運動】

・〔⑭　　　　　　　　　　　　　　〕…「ひとは女に生まれない，女になるのだ」と述べ，戦後の女性解放(フェミニズム)運動の源流に

>>>サルトルの実存主義

人間は，まずもっていまここに生きる「実存」としてあるという主張は，キルケゴール以来の実存主義に共通したものだった。しかし，サルトルはそれを無神論的な実存主義として引き継ぎ，超越者に救済を求める思想を離れて，神なき時代の人間の自由を示すものとして説いた。(→教 p. 122)

**Check! 資料読解** 教科書 p. 121「死への存在」について，次の文章は，この原典資料を読んだ生徒と先生の会話文である。会話文中の空欄　Ａ　〜　Ｃ　に当てはまる語句の組み合わせとして適当なものを，下の①〜④のうちから一つ選びなさい。

生　徒：「全人生を賭けた決意が，世人として失われている状態を解消する」とは具体的にどういうことでしょうか。

先　生：キャリアを捨ててアフリカに渡ったシュヴァイツァーなどはその例にあがると思います。　Ａ　に逆らってでも，　Ｂ　に基づいて行動するような人のことでしょう。

生　徒：なるほど。ちなみに，どうしてハイデガーは，「　Ｃ　」ということをテーマにしているのでしょうか。

先　生：色々な解釈がありますが，「　Ｃ　」というものは，誰かに代わってもらうことはできず，自分で自分の　Ｃ　というものを引き受けなければなりません。私たちは日常のなかで，人の迷惑にならないよう「他者」に配慮して生きています。けれどもそうではなく，ハイデガーは，他ならぬ自分自身へ向き合う生き方に求め，　Ｃ　に着目したのだと思います。

|  | ① | ② | ③ | ④ |
|---|---|---|---|---|
| A | 自分の信念 | 自分の信念 | 世の中の流れ | 世の中の流れ |
| B | 世の中の流れ | 世の中の流れ | 自分の信念 | 自分の信念 |
| C | 死 | 世界 | 死 | 世界 |

**TRY!** 「私」のなかにある「私」をこえたものとは何か，実存主義の思想をふまえ，まとめてみよう。

## 2・3　近代的な「私」の問い直し―無意識の発見／思考は言語にしばられる―言語論的転回　　教科書　p.123～126

教科書　p.123～126

>>>**フロイト**
オーストリアの精神科医。主著『夢解釈』『トーテムとタブー』『精神分析入門』。（→教 p.123）

>>>**[①]**
「心」とよばれるものを，一つの機械装置のように考える精神分析の理論は，近代の理性中心の人間観に根本からの見直しを迫り，現代思想に大きな影響を与えた。（→教 p.124）

>>>**[⑧]**
ユングは[⑧]として理想の異性像であるアニマ(anima，女性)やアニムス(animus，男性)，すべてを受容するグレート・マザー(太母)などをあげている。（→教 p.124 ❶）

>>>**ソシュール**
スイスの言語学者。構造主義的言語学を創始し，20世紀の思想に大きな影響を与えた。主著『一般言語学講義』。（→教 p.125）

>>>**異なる言語体系による世界の意味づけ方**
日本語で「湯」と「水」は別の言葉だが，英語で「湯」は「hot water」，つまり「熱い」という形容詞をつけられた「water」である。「水」は「湯」との違いによって，「water」とは全く異なる意味の領域を示している。（→教 p.125 ❶）

>>>**パロール**
認識が言語構造によって条件づけられているとしても，話し言葉(パロール)や詩的表現のなかで，言葉に新しい意味が与えられる可能性は残されている。（→教 p.125）

### 無意識の発見―フロイト

フロイト…精神分析を創始。脳の構造に着目し，意識とは無関係に記憶が蓄積される構造を探究した

→自分では意識できない[①　　　　　　]の領域があることを示した

・[②　　　　　]…「私」には意識されないままに記憶の背後で働く

　→[③　　　　　]が意識の下に制御できるのは[②]の一部にすぎず，多くの部分が「それ([④　　　　　　])」としかいえないような[①]にとどまる

> [⑤　　　　　　　　]…生きようとする[②]
> →単に人を欲望のまま行動させるのではなく，無意識的な経験の蓄積のなかで社会的規範も形成＝[⑥　　　　　]
> 　[⑥]…罪責感などを通じて自我の行動を制御し，「私」として意識される存在の社会的な地位を保持する
> →無意識に働く[⑤]が，生きるために必要な主体の構造をつくる
>
> [⑦　　　　　　]…死の[②]で，[⑤]がつくりあげた構造を破壊する力
> →[⑤]がつくりあげた「私」を解体し，新しい構造をつくる原動力に

### 集合的無意識―ユング

ユング…スイスの心理学者

・異なる文化の[①]の構造が，同じ類型([⑧　　　　　])を共有している
・人類に共通する[⑨　　　　　　]が存在
　→共通の[⑧]が個々人の人格形成や行動のもとになる
　　⇔フロイト：[①]はあくまで個々人の経験

### 構造主義的言語学―ソシュール

ソシュール…個々の言語をそれぞれ研究することから離れ，言語一般に共通する構造を探究

・言葉と意味の間には本質的な関係がない
　＝[⑩　　　　　　　]
・言語が世界を分節する
　→英語や日本語など異なる言語体系([⑪　　　　　　])では言葉の切り分け方が違うので，世界の諸存在の意味づけ方がそもそも違う
　→人間の認識は，(言語)構造によって無意識のうちに条件づけられている
　　＝[⑫　　　　　　]…人間の言語活動や思考は自由で主体的と考える近代の人間観を問い直す

### 言語批判―ウィトゲンシュタイン

ウィトゲンシュタイン…[⑬　　　　　　]を通じて，哲学が伝統的に問題にしてきた事柄に対して最終的な解決を与えようとした

【前期ウィトゲンシュタイン】

・哲学の諸問題…明確な意味をもって判断しうることとそうでないことを区別すれば解決する

　「およそ語りうるものは明晰に語りうる。そして[⑭　　　　　　　　　　　]」

　→厳密に科学的に語れるものとそうでないものを区別し，倫理や宗教の問題は言語使用の外におかれるべき

【後期ウィトゲンシュタイン】

・ルールに従って言語が使われることで言葉に意味が与えられる
　＝[⑮　　　　　　　　　]

・私的言語批判…言語を私的に使うことはできない

　→言葉の意味がルールに従うことで見出されるのであれば，言語は本質的に公共的なもの

・世界や「私」のあり方を検討するため，言語の働きを考えるという[⑯　　　　　　　]が，新しい哲学の潮流（分析哲学）をうむ

### 分析哲学の展開

・アメリカの哲学者[⑰　　　　　　　]…科学的知識は個別に検証可能なものではなく，共有される知の体系全体の整合性の問題として考えられなければならない＝[⑱　　　　　　　　　　]

》》ウィトゲンシュタイン
オーストリアの哲学者。論理実証主義や分析哲学など以後の哲学に大きな影響を与えた。主著『論理哲学論考』『哲学探究』。（→教p. 125）

》》私的言語
感覚，感情，意志，思考といった内的な体験をまったく自分だけのために記録する言語のこと。

---

**exercise** ▶ 次の文章は，言語をめぐるウィトゲンシュタインの思想を説明したものである。【a】～【c】のなかから適切な語句を選んで○をつけ，文章を完成させなさい。

〈センター試験倫理 2013 年本試を改変〉

　ウィトゲンシュタインは最初，「語りえぬものについては，沈黙せねばならない」という立場を取っていた。（【a】　自然科学　・　形而上学　・　日常生活　）においては命題が真か偽かを確定し得るが，神や道徳などの問題に関する哲学や宗教の言語は，現実の事象との対応関係をもっておらず，語りえぬものを語ろうとすることになってしまう。そして，これまでの哲学的問題の多くは，語りえぬものを語ろうとしたために生じてきた，というのである。しかし，後に彼は，（【b】　自然科学　・　形而上学　・　日常生活　）における言語の使用や規則の習得について省察を深めていき，新たに（【c】　言語ゲーム　・　パラダイム　）という概念を導入して，言語の問題をとらえ直していった。

---

**Check! 資料読解** ▶ 教科書 p. 124「無意識の記憶」について，「明確に意識されずに蓄積される記憶」に関連する次の文章ア・イの正誤の組み合わせとして正しいものを，下の①～④のうちから一つ選びなさい。

ア　「戦争の経験など普段は抑圧されているがフラッシュバックによって蘇る極限状態の記憶」は，ここで述べられている「明確に意識されずに蓄積される記憶」に該当する。

イ　「明確に意識されずに蓄積される記憶」は無意識にあるため通常意識することはできないが，その内容が夢としてあらわれることがあるとフロイトは考えた。

①　ア　正　イ　正　　　②　ア　正　イ　誤
③　ア　誤　イ　正　　　④　ア　誤　イ　誤

# ④ 社会関係のなかでの「私」の成立―構造主義

教科書　p.126〜128

>>> **レヴィ＝ストロース**
フランスの人類学者。構造主義的人類学を確立した。「未開」とされた社会に固有の論理を明らかにし、西洋近代が想定する「合理性」の限界を示した。主著『親族の基本構造』『野生の思考』。（→教 p.127）

>>> **構造**
何かを認識するときには必ず何かとの「違い」が意識されているが、どこに「差異」をみるかは言語や文化によって異なる。こうした人間の思考や認識の基礎になる差異の体系が構造とよばれた。それは、個人の枠組みをこえて社会の成員に共有されるが、自分たちにも意識されないまま、思考や行為、文化を決定している。（→教 p.127 ❶）

>>> **フーコー**
フランスの哲学者。[②]とよばれる手法で、西洋近代の社会が非理性的なものを排除することで成立したことを明らかにした。主著『言葉と物』『監獄の誕生』『狂気の歴史』。（→教 p.127）

>>> **[⑥]**
積み重なる歴史の重さから自由に構造をつくる可能性を探究した。主著『差異と反復』『アンチ・オイディプス』（[⑦]との共著）。（→教 p.128）

## 野生の思考―レヴィ＝ストロース

レヴィ＝ストロース…ソシュールの構造主義的言語学の影響を受け、その方法を未開社会の構造の分析に応用

・未開社会の人々の振る舞い

　…西洋的な理性を前提にすると、非合理的にみえる

　…しかし実は、厳格な論理（[①　　　　　　　]）によって統制

　→動植物の象徴など具体的なものを介した「合理性」が機能している

　⇔効率を重視する西洋の「栽培の思考」

　　※「合理的な主体」は、うまれ落ちた社会の構造によって異なる

・「私」は社会的な構造のなかで成立する

　⇔「人間は自らの存在を未来へ向けて自分で切りひらく自由をもっている」という考え方（サルトル）に鋭く対立

　→西洋の近代的な人間観の問い直しを求める

## 理性と反理性―フーコー

フーコー

…構造主義を受け継ぎ、西洋近代の「理性的人間」の成立を批判的に検討

・[②　　　　　　　　　]…西洋近代の歴史的な言説を分析し、人間中心主義の限界と問題点を明らかにした

| 【(例)狂気】 |
| --- |
| …中世までは社会に受け入れられていた |
| …近代以降「人間」の枠組みから逸脱するものとして社会から排除 |
| →「理性的であること」を自分に、また互いに強制する監視社会が誕生 |
| →その構造は[③　　　　　]によって利用され、工場・軍隊など、人々の身体を規格化する力として作用 |
| →一度出来上がった構造を「当たり前」と考える人々によって再生産 |

## 構造をかえるには―ポスト構造主義

・[④　　　　　　　　　]

　…構造主義を乗り越え、構造の変化を考える思想家たち

| [⑤　　　　　] | フロイトの精神分析に構造主義的言語学を応用し、社会の無意識的な構造の変化の可能性を示した |
| --- | --- |
| [⑥　　　　　] | ・精神分析家の[⑦　　　　　]とともに、社会の無意識の構造が**生成変化**する道筋を示した<br>・私たちが無意識の領域で引き受ける構造<br>　…決して不変のものではなく、私たちの欲望によってかえていくことができるもの |

| | |
|---|---|
| [⑧          ] | ・硬直した思考様式を解体するために[⑨　　　　]とよばれる手法を提示<br>・真理／虚偽，善／悪など，さまざまな形で私たちの思考を規定する<u>二項対立図式</u>を変化させていくためには，言葉の意味を成り立たせている次元を議論する必要がある |

〉〉〉[⑧]<br>「[⑨]」という概念で構造変化の可能性を示した。主著『声と現象』『エクリチュールと差異』。(→教 p. 128)

**exercise** 人間理性のあり方を批判的に検討した現代の思想家フーコーについての記述として最も適当なものを，次の①〜④のうちから一つ選びなさい。　〈センター試験倫理 2009 年本試を改変〉

① 西洋哲学を成り立たせてきた主体などの概念が覆い隠してきた問題を，歴史のなかで新たに問うために脱構築を主張し，理性の概念をとらえ直した。

② 理性と狂気とが区別されるようになってきた西洋の歴史を分析し，確固とした理性という考えが歴史の過程の産物であることを明らかにした。

③ 非西洋の未開社会の実地調査を通して，西洋社会とは異なる独自の思考体系を見出し，西洋の理性的思考を特権化するような考えを斥けた。

④ 自己意識のなかに取りこめない他者性が現れる場を「顔」という言葉で表現し，そのような他者に向きあえない理性の暴力性に照明をあてた。

**TRY!** 1 「自己」を中心とする考え方と，言語構造の上に「私」が成立する考え方を比較した次の文章を読み，空欄 ア ～ ウ に当てはまる語句の組み合わせとして正しいものを，下の①〜④のうちから一つ選びなさい。

　近代社会は個人の自由を尊重し，社会の幸福を個人の幸福の合計とする ア や「私」のなかの真理を手がかりに社会変革をめざす イ を生んだ。それに対して構造主義は，「私」は社会関係のなかで成立すると考える。構造主義の立場では，物の見方自体が構造に依存し，「自由な私」という考え方は ウ と考えられた。

| | ア | イ | ウ |
|---|---|---|---|
| ① | 功利主義 | 実存主義 | 西洋近代の特殊な構造の上に成り立つ |
| ② | 功利主義 | 実存主義 | 全人類に共通する普遍的なもの |
| ③ | 実存主義 | 功利主義 | 西洋近代の特殊な構造の上に成り立つ |
| ④ | 実存主義 | 功利主義 | 全人類に共通する普遍的なもの |

2 構造主義やポスト構造主義の主張をふまえ，いまある社会をよりよいものへとかえていくにはどうすればよいか，考えてみよう。

# Skill Up 真理観の比較

教科書　p.129

## ☑振り返りチェック

**次の文章は，カントについて説明したものである。これを読んだうえで以下の問いに答えなさい。**

　教科書 p.100 の写真は，カントの記念碑です。道徳的な意志能力を吟味した『　ア　』のなかに書かれている言葉が引用されており，「くりかえし，じっと反省すればするほど常に新たにそして高まりくる感嘆と崇敬の念をもって心を満たすものが二つある。わが上なる星の輝く空とわが内なる　イ　とである」と書かれています。

　この言葉を読むと，天体が一定の法則性のもとで動いているのと同じく人間のなかにある道徳にも　ウ　が存在するとカントが考えていたことがわかります。彼は，人間の内面にある法則性を発見することこそが，人間の知性の営みであるととらえていたのです。

**問1**　文章中の空欄　ア　・　イ　に入る語句の組み合わせとして正しいものを，次の①〜④のうちから一つ選びなさい。

① ア 『法の哲学』　イ 道徳法則　② ア 『法の哲学』　イ 弁証法

③ ア 『実践理性批判』イ 道徳法則　④ ア 『実践理性批判』イ 弁証法

**問2**　文章中の空欄　ウ　に入る言葉として最も適当なものを，次の①〜④のうちから一つ選びなさい。

① 日々変化する法則性　　② 厳密な法則性

③ とらえることのできない法則性　　④ 感性によって確認される法則性

### Check! 資料読解　①「どんなときでも嘘をついてはいけない」ということは，すべての人々に対する義務なのだろうか。この問いに関連して，次の文章中の空欄　A　〜　C　に入る文と語句の組み合わせとして正しいものを，右ページの①〜⑥のうちから一つ選びなさい。

　カントの授業のなかで，道徳法則を説明する際に　A　，という言葉を教えました。これをもう少し踏み込んで考えてみましょう。行為者は「自分が嘘をつくことを意欲することはできても，嘘をつくべきであるという普遍的法則を意欲することはできない」と考えます。なぜなら，もし嘘をつくことが普遍的法則となりすべての人がその法則に従えば，誰も約束を信じなくなるからです。

　またカントは，道徳法則とは一切の特殊な状況を認めない　B　だ，とも述べていました。人命を救うためならば，嘘をついても構わないという考え方は　C　にあたるから，これは認められません。

　結論として，カントは「どんなときでも嘘をついてはいけない」ということは，すべての人々にいつでも適用されるべき義務であると考えていました。

| | A | B | C |
|---|---|---|---|
| ① | 「汝の意志の格率が常に同時に普遍的立法の原則に妥当するように行為せよ」 | 定言命法 | 仮言命法 |
| ② | 「汝の意志の格率が常に同時に普遍的立法の原則に妥当するように行為せよ」 | 仮言命法 | 定言命法 |
| ③ | 「義務にかなう行為ではなく，義務に基づくように行為せよ」 | 定言命法 | 仮言命法 |
| ④ | 「義務にかなう行為ではなく，義務に基づくように行為せよ」 | 仮言命法 | 定言命法 |
| ⑤ | 「他者を単に手段としてのみ扱うのではなく，常に同時に目的として扱うように行為せよ」 | 定言命法 | 仮言命法 |
| ⑥ | 「他者を単に手段としてのみ扱うのではなく，常に同時に目的として扱うように行為せよ」 | 仮言命法 | 定言命法 |

[2]「『人それぞれ』で真理に対する考え方が異なる」とあるが，カントとデリダは嘘をつくことに対してどのような考え方の違いをもっているか，教科書 p. 129 の二つの原典資料の内容として最も適当なものを，次の①～④のうちから一つ選びなさい。

① カントは嘘をつくことはどんな状況でも悪いと考えていたが，デリダはどんな状況でも嘘をつくことは正義であると述べている。

② カントは嘘をつくべきか否かという点を問題としているが，デリダはやむを得ない事情でついた嘘については寛容であるべきであると主張している。

③ カントはいついかなる場合であっても嘘はいけないと主張しているが，デリダはそもそも歴史のなかで後から見解が撤回された場合，それ以前の主張を「嘘」と見なす考え方を疑問視している。

④ カントは嘘はいけないことであると確信しているが，デリダは嘘については個々人が考えるべき問題であり，哲学者が嘘について語ることを疑問視している。

**TRY!** 自分としては間違っていると思う考え方をする人がいたとき，相手の将来を考えて注意してあげることは，「自分の考えの押しつけ」なのだろうか，自分の考え方をまとめてみよう。

# 1・2　生命への畏敬と非暴力の思想／暴力のあとで―理性，人間，他者の見直し　教科書　p.130〜132

》》》シュヴァイツァー
フランスの哲学者・神学者・音楽家。主著『水と原生林のあいだに』。(→教 p.130 ❶)

## 生命への畏敬―シュヴァイツァー

シュヴァイツァー…若くして就いた大学講師の立場を投げうち，アフリカでの医療活動に従事

・〔①　　　　　　　　　　　〕…「生きようとする生命に囲まれた，生きようとする生命であること」の自覚

→戦争や貧困などの問題が顕在化する近代社会のなかで，〔①〕に基づいた新しい倫理の確立が必要だと訴えた

→人間の責任は，すべての生物の生命を尊ぶこと

## 非暴力の思想―ガンディー

》》》ガンディー
植民地主義に立ち向かい，イギリスによる経済支配からの脱却をめざして国産品愛用運動を進めるなど，インド独立に貢献し，「マハトマ(偉大な魂)」とよばれ敬愛された。(→教 p.131)

・ガンディーがイギリスに対する抵抗運動の核とした理念

＝〔②　　　　　　　　　　〕(真理の堅持)

…各人の内面における絶対的真理をまげず，実際の政治でも堅持すること

・「敵へ暴力が振るわれた場合には，あなたの敵を守りなさい」という徹底した

〔③　　　　　　　　　　　　　　　〕が貫かれた→〔④

　　　　　　　　〕によるアメリカ公民権運動などに強い影響

## ナチズムの反省―フランクフルト学派，アーレント

【フランクフルト学派】

》》》ホルクハイマー
ドイツのフランクフルト大学に設立された「社会研究所」の所長だったホルクハイマーは，ナチスの迫害を受けてアメリカへ亡命，同じくユダヤ系の思想家アドルノとともに『啓蒙の弁証法』をあらわした。(→教 p.131)

・ホルクハイマーとアドルノ…『啓蒙の弁証法』をあらわす

問い　社会を迷信から解放するはずの啓蒙が，なぜ野蛮な暴力へと転じたのか

〔⑤　　　　　　　　〕

…自然を支配し，道具として利用する理性

　近代化のなかで理性は人間を管理する道具に→人間の内面の空洞化

　ナチズムの暴力…その空洞を共同体幻想により埋めようとした結果

　→啓蒙が「反ユダヤ主義」などの迷信を再び招く理性の逆説を示した

解決策　理性を道具としてではなく批判的に用いる(批判的理性の使用)

・フロム…『自由からの逃走』をあらわす

　ナチズムがうまれる原因…孤立した自由に無力を感じる人々が権力者に自由を預け，一体化して異質な人間を排除する〔⑥

　　　　　　　　〕をもつこと

【アーレント】

》》》アーレント
ドイツにうまれたが，ナチスの迫害を逃れアメリカに亡命した政治哲学者。学生のときハイデガーと恋仲だった。主著『全体主義の起源』『人間の条件』。(→教 p.132)

アーレント

…全体主義の起源の解明に取り組み，理想の政治形態を構想

・人間の生活の3分類

| 〔⑦　　　　　〕 | 生活に必要な糧をうみだす行為 |
|---|---|
| 〔⑧　　　　　〕 | 道具や作品などをつくりだす行為 |
| 〔⑨　　　　　〕 | 言葉を介した他者との相互行為 |

→〔⑨〕を通じて他者と公共的な場を構築することが最も重要

・全体主義の一つの要因…人間が「個々人」に分断されること

　　→[⑨]による公共性の創出が，個人の孤立化を防ぎ，全体主義を抑制

## ■ 他者の倫理－レヴィナス

レヴィナス…ナチスに父母兄弟を虐殺され自身も捕虜収容所にとらわれた

・ナチズム…近代の個人主義社会を批判し，共同体の絆を求める思想に支えら
　　れて展開

　　→レヴィナスは，個々人を共同体へ統合する全体性という考え方を批判し，
　　　<u>個人の主観性</u>を擁護

　　　※個人の主観性…常に[⑩　　　　　]に問いただされるべき

・[⑩]…「私」とはまったく非対称な[⑪　　　　　]がもつ特性

　　→[⑩]は同類の人々との共感のなかではなく，[⑪]のまなざしのなかに，
　　　「[⑫　　　　　]」としてあらわれる

・個人の主観性…[⑪]の[⑫]に応答することによって成り立ち，その限りで
　　[⑪]への責任を負わされている

〉〉〉レヴィナス
リトアニアのユダヤ人哲学
者。自己を重視する近代の
倫理にかえて，[⑪]を重視
する倫理を唱えた。主著
『全体性と無限』『存在する
とは別の仕方で』。(→教
p. 132)

**exercise** ホルクハイマーとアドルノは近代的な理性をどのように考えたか。その説明として最も適当なものを，次の①～④のうちから一つ選びなさい。

〈センター試験倫理 2008 年本試を改変〉

①　理性は自然を客体化し，技術的に支配することを可能にする能力として，手段的・道具的なものである。

②　理性は，物事を正しく判断し，真と偽を見分ける良識として，すべての人に等しく与えられている。

③　理性は，真の実存をとらえることができる人間の魂の一部分として，気概と欲望という他の二部分を統御する。

④　理性は，人と人とが対等の立場で自由に話し合い，合意を形成することができる能力として，対話的なものである。

**Check! 資料読解** 教科書 p. 132「他者の『顔』の表出」について，他者の発話が理論の真偽を条件づけていることをよく理解している発言として最も適当なものを，次の①～④のうちから一つ選びなさい。

①　「さっきピザを注文した女性の声が震えていた。彼女はピザを注文したかったのではなく，何かトラブルに巻き込まれたことを伝えるために電話をかけたのかもしれない。」

②　「昨晩友人と喧嘩をした。私の伝え方がいけなかったのだろう。明日，私が考えていることをもう一度根気よく説明しよう。彼がわかってくれるまで諦めない。」

③　「言葉の不適切な使用は，正しい認識を歪めるときがある。だから私たちは，日常のなかで言葉が正しく使われているか注意して過ごさなければならない。」

④　「自分が明日死んでしまうならと考えたら，思わず，『このままじゃだめだ』と声が漏れた。自分がどう生きるべきか，しっかりと考えて生きていきたい。」

# 3　暴力のなかで―公共性，正義，共通善の実現

教科書　p.133〜135

**》》》ハーバーマス**
フランクフルト学派の第二世代を担うドイツの社会学者。対話による公共性の実現をめざした。主著『公共性の構造転換』『コミュニケーション的行為の理論』。(→教 p.133)

**》》》官僚制**
マックス＝ウェーバーは官僚制を，ルールが規則化され支配者の恣意によらない統治を可能にすると同時に，専門分化による責任の不明確化をもたらすものとした。(→教 p.133)

**》》》ロールズ**
アメリカの政治哲学者。公民権運動を背景にした世論の盛り上がりのなかで平等な正義の実現を求めた。主著『正義論』。(→教 p.134)

**》》》ロールズへの批判**
アメリカの哲学者ノージック(1938〜2002)は，平等の実現のための財の再分配は自由を制限するとロールズを批判し，自由こそ最も尊重すべきと，リバタリアニズム(自由至上主義)の立場をとった。(→教 p.134 ❶)

**》》》セン**
インドうまれの経済学者。貧困と不平等の克服をめざした厚生経済学によって，ノーベル経済学賞を受賞した。主著『貧困と飢餓』『不平等の再検討』。(→教 p.134)

## 公共性の再構築―ハーバーマス

ハーバーマス…ホルクハイマーとアドルノにおける「道具的理性」を批判的に受け継ぎ，新たな社会理論として発展させた

・近代社会の公共性
　…コーヒーハウスや新聞などを通じて，市民が意見を交えることで成立
　→労働と消費という経済関係を基盤としたものへと転換
　　＝[①　　　　　　　　]
・形式的な手続きだけで物事の正当性が判断される官僚制
　＋貨幣を媒介にした取引で人間関係が規定される経済主義
　→人々の生活世界を支配＝[②　　　　　　　　]

・上記の状況の改善のために…[③　　　　　　　](コミュニケーション的合理性)によって合意を形成するための[④　　　　　　　]の場を再設定する必要がある
・対等な立場での自由な討議
　→近代の最初の理念であった公共性を再構築することができる

## 公正としての正義―ロールズ

ロールズ
…[⑤　　　　　　　　　　　]の実現を社会契約論に求めた
・[⑥　　　　　　]の想定
　…自分の境遇や能力を知らない状態でルールをつくろうとする([⑦　　　　　])
　→人はすべての人に普遍的に妥当するルールを選択するはず
　　＝[⑧　　　　　　]

・人はみな平等に自由である
・不平等があるにしても，それは公正な機会の均等が保証されたうえで(機会均等原理)，最も不遇な人々の生活を改善するものでなければならない(格差原理)

→社会的基本財が公平に分配され，実質的な平等が保証される社会を実現できる

## 機能と潜在能力―セン

セン…基本財の公平な分配では真の意味での平等は実現できないとロールズを批判
・健常者と障がい者では，同量の財が割り与えられても実現できる福祉の度合いが異なる
　→福祉は，「衣食住の確保」「健康」「社会参加」などの状態や行動などのさまざまな[⑨　　　　]から構成される
　→実現可能な[⑨]の集合＝[⑩　　　　　　　　]
・人々の平等の実現…[⑩]が平等になるように考えるべき

## 共同体主義

・ロールズやセンの立場…[⑪                    ]

※社会から孤立した「私」が想定されている

→しかし「私」は実際には所属する社会の価値観を内面化して生きている

| テイラー | 構造主義とアメリカ思想を接続し，[⑫                    ]の源流となる |
|---|---|
| サンデル | ・[⑪]は，みな同じ条件で社会を契約するような「自己」を想定するが，そのような共同体の歴史や文化に切り離された「[⑬                    ]」を考えることはできない<br>・自らが属する共同体全体に通用するような善（[⑭                    ]）を実現すべき |

## 社会参加と奉仕

・人間…本来，社会関係のなかにはじめて自分を見出す

→自らが属する社会をよりよいものにしていくためには[⑮                    ]などを通じた社会参加が重要

〉〉〉【⑭】
個人や一部の集団にではなく，人々に共通する善。[⑭]が何に基づくかについては，人間の自然本性に求める考え方（アリストテレス）にはじまり，多数性（功利主義），理性（カント），共同体（サンデル）など，さまざまなものに求められる。（→教 p. 135）

〉〉〉【⑮】
「自主性（主体性）」「社会性（福祉性）」「無償性（無給性）」という三つの性格があげられる。（→教 p. 135 ❶）

〉〉〉社会参加
不治の病者の最後を看取るマザー＝テレサの「死を待つ人々の家」には，世界から多くのボランティアが参加するが，そこでの限界状況の直視は参加者に鮮烈な経験を刻むという。（→教 p. 135 ❷）

---

**exercise** ロールズの思想についての説明として正しいものを，次の①〜④のうちから一つ選びなさい。

〈センター試験倫理 2011 年追試〉

① 格差が許されるのは，それが公正な競争によって生じ，かつ，最も恵まれない人々の生活の改善につながる場合に限られると主張した。

② 資本主義においては大きな格差が生じることは避けられないと考え，能力に応じて働き，必要に応じて富を受け取る社会を目指すべきだと考えた。

③ 格差の是正には，生きる環境や能力が異なる人々に同じ財を配分するのではなく，基本的な潜在能力の平等を保障することが必要だと考えた。

④ 人々の間に大きな経済的格差が生じたのは，文明社会で財産の私有が始まり，人間が堕落した結果だと考え，「自然に帰れ」と唱えた。

**TRY!** 現代におけるさまざまな社会の問題はどのように解決できるか，第6節で取り上げた思想家の主張をふまえて，考えてみよう。

✓振り返りチェック

アリストテレスの「調整的正義（矯正的正義）」の説明として最も適当なものを，次の①〜④のうちから一つ選びなさい。

① 各人の業績を精査し，それぞれの成果に応じて報酬を配分すること

② 加害者を裁いて罰を与え，被害者に補償を与えて公平にすること

③ 知性的徳を備えた人が習性的徳を備え，完全に正しい人になること

④ 法的秩序を保ち，人間として正しい行為をする状態に市民を導くこと

〈センター試験倫理 2009 年本試〉

1 構造主義に関する次の文章を読んで，以下の問いに答えなさい。

ヤコブソンからヒントを得て，　A　は親族構造を音韻論の理論モデルで解析するという大胆な方法を着想しました。このアイディアを膨らませた『親族の基本構造』や『悲しき熱帯』といった人類学のフィールドワークを通じてアカデミックなキャリアを積み上げた　A　は，『野生の思考』で　B　の『弁証法的理性批判』を　C　し，それによって戦後十五年間フランスの思想界に君臨していた　D　主義に実質的な　E　を下すことになりました。……

言語学を理論モデルとし，未開社会のフィールドワークを資料とする文化人類学というまったく非情緒的な学術が，マルクス主義とハイデガー存在論で完全武装した　B　の　D　主義を粉砕してしまったことに，同時代の人々は驚愕しました。しかしこのときをさかいにして，フランスの知識人は　あ　について語るのを止め，　い　について語るようになります。「　F　主義の時代」が名実ともに始まったのです。

(内田樹『寝ながら学べる構造主義』より)

問1 文章中の空欄　A　〜　F　に当てはまる語句の組み合わせとして最も適当なものを，次の①〜⑧のうちから一つ選びなさい。

|   | ① | ② | ③ | ④ | ⑤ | ⑥ | ⑦ | ⑧ |
|---|---|---|---|---|---|---|---|---|
| A | サルトル | サルトル | サルトル | サルトル | レヴィ＝ストロース | レヴィ＝ストロース | レヴィ＝ストロース | レヴィ＝ストロース |
| B | レヴィ＝ストロース | レヴィ＝ストロース | レヴィ＝ストロース | レヴィ＝ストロース | サルトル | サルトル | サルトル | サルトル |
| C | 批判 | 絶賛 | 批判 | 絶賛 | 批判 | 絶賛 | 批判 | 絶賛 |
| D | 構造 | 構造 | 実存 | 実存 | 構造 | 構造 | 実存 | 実存 |
| E | 死亡宣告 | 勝利宣言 | 死亡宣告 | 勝利宣言 | 死亡宣告 | 勝利宣言 | 死亡宣告 | 勝利宣言 |
| F | 実存 | 実存 | 構造 | 構造 | 実存 | 実存 | 構造 | 構造 |

**問2** 文章中の空欄 あ ・ い に当てはまる語句の組み合わせとして最も適当なものを，次の①〜⑥のうちから一つ選びなさい。

| | あ | い |
|---|---|---|
| ① | 意識と構造 | 主体と規則 |
| ② | 意識と主体 | 規則と構造 |
| ③ | 主体と規則 | 意識と構造 |
| ④ | 主体と構造 | 意識と規則 |
| ⑤ | 規則と構造 | 意識と主体 |
| ⑥ | 意識と規則 | 主体と構造 |

2 教科書 p. 138「価値観を宙吊りにしたうえでの対話の必要性」について，生徒たちが会話をしている。会話文中の空欄 A ・ B に当てはまる言葉と文の組み合わせとして最も適当なものを，下の①〜④のうちから一つ選びなさい。

生徒A：教科書には，「価値観を宙吊りにしたうえでの対話が必要」と書いてあるけれど，どういうことなのかな。

生徒B：「自分の A を外して真摯に対話をすることが重要」，ということなのではないかな。

生徒A：なるほどね。けれど， A を外すことって，そんな簡単にできるものなのかな。

生徒B：そういったときも哲学が役に立つのではないかな。ポスト構造主義者の一人にデリダがいるけれども，彼の考え方がヒントになる気がするんだ。たとえばデリダの脱構築とよばれる考え方をふまえると，男女の問題について， B と主張できる。このような視点に立つと，私たちは A というものに迫って考えることができるのではないかな。

生徒A：なるほどね。そのように考えると，哲学を学ぶことは役に立つね。

| | A | B |
|---|---|---|
| ① | 無意識のバイアス | 「男女の区別なんか関係ない」と主張するだけでは，二項対立でものを考える思考様式自体に何の変化ももたらさない。二項対立図式を変化させていくためには，言葉の意味を成り立たせている次元を議論する必要がある |
| ② | 無意識のバイアス | 「男女の区別なんか関係ない」と主張するだけでは，女性を真に救うことはできない。社会的に弱者の立場に置かれている女性を積極的に救済することで，実質的な男女平等が実現する |
| ③ | 意図的な偏見 | 「男女の区別なんか関係ない」と主張するだけでは，二項対立でものを考える思考様式自体に何の変化ももたらさない。二項対立図式を変化させていくためには，言葉の意味を成り立たせている次元を議論する必要がある |
| ④ | 意図的な偏見 | 「男女の区別なんか関係ない」と主張するだけでは，女性を真に救うことはできない。社会的に弱者の立場に置かれている女性を積極的に救済することで，実質的な男女平等が実現する |

3 生徒が，「幸福は快楽か？」というテーマについて，レポートを作成した。これを読んだうえで，以下の問いに答えなさい。

---

**「幸福」を巡る考察**

　私は，　X　と　Y　の思想の違いについて，両者が使用する「幸福」という言葉の語が違うことに着目して探究しました。

　「最大多数の最大幸福」という言葉で有名な　X　が使用する幸福は happiness です。「happ」（機会）が語源であり，「happen」（起きる，偶然）と語源を同じにしています。この語源のなかには，偶然に起きたことのなかに幸せを見出すような視座があります。

　一方で，「最高善とは幸福である」と主張する　Y　が使用する「幸福」は，ギリシア語で（　あ　）になります。（　あ　）の語源は，ダイモン（神霊）の恵みがあることを意味することが分かりました。この考え方が転じて，（　あ　）は「人生全体での実質的幸福」を意味する言葉になります。happiness が出来事に着目しているのに対して，（　あ　）は人生をもっとも長い「一生涯」で捉えたときの，トータルな幸福を問題にしました。

　この幸せに対する言葉の差は，　X　と　Y　の思想の違いにもよくあらわれています。　X　が問いたかったことは（　い　）であるのに対して，　Y　が問題にしていたのは（　う　）です。「幸福」という語がもつ意味のニュアンスの違いは，二人の哲学者たちの違いにも通じていると考えました。「幸福は快楽か？」が問われていますが，私は幸福に関わるこの二つの語の違いをよく考えることが重要であると思います。

---

**問1** 文章中の空欄　X　・　Y　に当てはまる哲学者を，次の語群のなかから選び，それぞれ答えなさい。

語群
　アリストテレス　　ベンサム　　カント　　ロールズ

| X | Y |
|---|---|
|   |   |

**問2** 文章中の空欄（　あ　）に当てはまるギリシア語をカタカナで答えなさい。

**問3** 下線部に関する説明として正しいものを，次の①〜④のうちから一つ選びなさい。
① 宇宙を貫く理法（ロゴス）に従って生きることで得られる精神的快楽が幸福であり，この幸福が最高善である。
② 最高の真実在である最高善そのものを万物の尺度とみなし，それを認識した哲学者が国家を支配すべきである。
③ 理性を人間に固有の能力とみなし，人間にとっては理性に基づく魂の優れた活動こそが最高善である。
④ 個人は社会的な存在であるため，個人の善ではなく，自らが属する共同体全体の善である最高善を実現することが求められる。

〈センター試験倫理 2012 年本試を改変〉

問4　文章中の空欄（　い　）と（　う　）に入る問いの文章として最も適当なものを，次の①〜⑥のうちから一つ選びなさい。

| | （　い　） | （　う　） |
|---|---|---|
| ① | どのような行為が善い行為なのだろうか | どのような動機に基づけば，善いと見なされるだろうか |
| ② | どのような行為が善い行為なのだろうか | 善い生き方をするためには，どのような資質を身に付けるべきなのだろうか |
| ③ | どのような動機に基づけば，善いと見なされるだろうか | どのような行為が善い行為なのだろうか |
| ④ | どのような動機に基づけば，善いと見なされるだろうか | 善い生き方をするためには，どのような資質を身に付けるべきなのだろうか |
| ⑤ | 善い生き方をするためには，どのような資質を身に付けるべきなのだろうか | どのような行為が善い行為なのだろうか |
| ⑥ | 善い生き方をするためには，どのような資質を身に付けるべきなのだろうか | どのような動機に基づけば，善いと見なされるだろうか |

4　次の文章は，アマルティア＝センが幸福について言及した文章と，その文章に関するメモである。メモ中の空欄　A　・　B　に当てはまる語や文の組み合わせとして適当なものを，下の①〜④のうちから一つ選びなさい。

　　全く機会に恵まれず，ほとんど希望もない不運な人生を送っていた人は，もっと幸運で豊かな環境の中で育った人よりも簡単に自分の損失を諦めるだろう。したがって，幸福という測定法は，独特の偏った仕方で損失の程度を歪めてしまうだろう。希望のない物乞い，土地を持たない不安定な労働者，抑圧された家庭の主婦，恒常的な失業者や疲れ切った日雇い労働者は，わずかな恵みにも喜び，生きるために厳しい苦難を何とか耐え忍ぶだろうが，この生き残り戦略のゆえに，彼らの幸福（Well-being）の損失にそれに応じて小さな価値しか与えないというのは，倫理的に深い誤りだろう。

『経済学と倫理学』

メモ
　　この著者は，生活への満足という　A　幸福を重視することは，　B　ため，注意が必要であると警告している。

| | A | B |
|---|---|---|
| ① | 主観的な | ゆがんだ満足感を是認してしまうことに繋がる恐れがある |
| ② | 主観的な | 彼らの欲求の実現の妨げになる可能性がある |
| ③ | 客観的な | ゆがんだ満足感を是認してしまうことに繋がる恐れがある |
| ④ | 客観的な | 彼らの欲求の実現の妨げになる可能性がある |

# ① 日本人の自然観と気質

>>> 里山

水田が広がり，周囲を山や海に囲まれた生活圏に村落共同体が形成された。村落共同体は，農作業と連動した四季折々の年中行事に基づいて営まれた。多くの場合，人は，うまれ育った村落共同体で生涯を送り，そこで死んでゆく。村落共同体を取り囲む山や海には，死後の霊魂のおもむくところ（他界）があると考えられた。比較→教 p.142「常世国」

>>> 〔⑥〕

和辻は〔⑥〕を人の具体的なあり方を形成する重要な要素ととらえた。モンスーン型でもとくに四季の移りかわりの激しい日本では，激情的でありつつ，しめやかな情緒をもち，淡泊であきらめのいい性質が形づくられたとされる。（→教 p.141）

・自然環境

　…そこに暮らす人々の**生活**や**文化**に大きな影響を与える

### 日本の風土と日本人の気質

・日本の風土

　日本

　…南北に長くつらなる大小の島々からなり，大部分は

　　〔①　　　　　　　　　　　　〕気候に属している

　ゆたかな降水量と夏の高温や日照…稲作に適した気候

　水田のひろがる里山は，多くの日本人になつかしさを感じさせる原郷的な景観を形成

| 類型 | 風土 |
|---|---|
| モンスーン | ・自然は豊かで生に満ちているが，暴威も振るう<br>・受容的，〔②　　　　　　〕<br>・農耕 |
| 砂漠 | ・自然は厳しく死に満ちている<br>・対抗的，〔③　　　　　　〕<br>・遊牧 |
| ④ | ・自然は恵みも暴威もなく，穏やかで従順<br>・自発的，〔⑤　　　　　　〕<br>・農耕と牧畜 |

和辻哲郎の『〔⑥　　　　　〕』

高温で湿潤なモンスーン地域

…恵みと暴威が同じ自然の生命力によりもたらされる

人々はそれを受容し〔②〕に

乾燥した砂漠地域

…自然は死の脅威として襲いかかる

人々はそれに対抗し〔③〕に

・和辻哲郎の『〔⑥〕』

　日本の気候の変化のはげしさ（台風や大雪など）

　＝モンスーン地域のなかでもとくに日本の風土の特徴

　日本人

　…感情の高ぶりを重んじつつ，それがしつこく引き延ばされるのを嫌う気質

## 花鳥風月としての自然

・日本の自然…恩恵と暴威の両側面をあわせもつ

  ⇔四季折々の<u>美しい景観</u>として自然を味わう文化が形成

      └「[⑦           ]」「雪月花」などとよばれる

『[⑧         ]』…7世紀後半の天智天皇の時代に，すでに春と秋のどちらが美しいかという論議がなされたとの記述

『[⑨         ]』（10世紀初頭に成立）…鶯や蛙など，生きとし生けるものすべてが歌を歌うのだと記されている

四季の循環にあわせて繰り返し咲く花や，永続的に満ち欠けする月

→古代の人々に，美しい永遠の世界をイメージさせる

→仏教の説く[⑩         ]と重ねあわされる側面

・[⑦]としての自然観…のちに成立した華道や茶道，俳句など，広く日本の文化全般に影響を与え，現代にも受け継がれている

>>>【⑦】
比較→教 p.87「機械論的自然観」…自然は，物質からなり，法則のもとで動く「機械」である。

>>>【⑩】
参照→教 p.150 浄土…仏が住む清浄な国土のこと。煩悩で穢れた凡夫（→教 p.146）の住むこの世界（穢土）と対比される。このうち，阿弥陀仏の浄土を[⑩]や西方浄土という。

---

**exercise** 　和辻哲郎は代表的著作『風土』のなかで，自然環境と深い関わりをもつ人間の存在やあり方を「風土」ととらえ，三つに分類しているが，その分類として最も適当なものを，次の①〜④のうちから一つ選びなさい。

〈センター試験倫理 2007年本試を改変〉

① 大陸型・半島型・島嶼型　　　　　② 熱帯型・温帯型・寒帯型

③ アジア型・ヨーロッパ型・アフリカ型　④ モンスーン型・砂漠型・牧場型

---

**Check! 資料読解** 　教科書 p.141「万葉集の四季の歌」について，当時の人々は四季をどのように味わっていただろうか。次の文章中の空欄に当てはまる語句として最も適当なものを，下の①〜④のうちから一つ選びなさい。

春の野にすみれ摘みにと来し我そ野をなつかしみ一夜寝にける　　　　　山部赤人

春の野に，すみれの花を摘もうとやってきた私は，[　　　]ここでつい一夜を明かしてしまった

① 野辺の美しさに心引かれて

② 故郷の美しさに心引かれて

③ 野辺の美しさをなつかしんで

④ 故郷の美しさをなつかしんで

---

**TRY!** 　現代にも受け継がれている伝統行事では，どのように花鳥風月を味わうことができるだろうか，次の文章中の空欄に当てはまる語句を記入し，まとめてみよう。

　短く咲き誇って散る[ア        ]を愛でる花見や永続的に[イ        ]する月を祀り観賞する月見などの年中行事で花鳥風月を味わうことができる。

# ２ 神との関わりと道徳観

教科書　p.142～145

・古代の日本人…神についての独自の理解

## 神と祭祀

・自然…恵みを与えてくれると同時に災厄をもたらすもの
　→自然を，畏敬の念をもって崇拝
　→自然の事物のうちに不可思議な力を認め(〔①　　　　　　　〕)，
　　そこに神のあらわれを見いだす…〔②　　　　　　　〕
・疫病や飢饉，水害といった災厄の形(祟り)をとった神のあらわれ
　→〔③　　　　　〕…神の力をなだめるために，おこなわれた
　〔③〕を繰り返すことで，神は豊穣と安穏をもたらす存在として理解された
　→〔④　　　　　〕の成立

## 「まれびと」

・民俗学者の〔⑤　　　　　　　　〕が提唱
　↓
　ときに災厄として，ときに恵みとしてあらわれる神
　…「〔⑥　　　　　　　　〕」という性質をもつ

| 海の彼方の不老不死の世界である「常世国」からおとずれ，人々に富や長寿をもたらし去ってゆく | ⇔ | 「常世」はもともとは死と災厄に満ちた暗闇の世界である「常夜」として，人々に怖れられていた |
|---|---|---|

↓
　神や神の住む世界は，豊かさと災厄の両側面から複合的に理解

## 神理解の特徴

| 【日本】 | ⇔ | 【キリスト教】 |
|---|---|---|
| 八百万の神というとらえ方<br>(究極的な神が存在しない) | | 唯一絶対の神というとらえ方 |

・『〔⑦　　　　　　〕』(712年)
　この国をうんだのはイザナキの命とイザナミの命の二神
　※より上位の「天つ神」の命令によっておこなわれた
・『〔⑦〕』におけるアマテラス
　…祀られる神であるとともに，〔⑧　　　　　　〕として描かれる
　→究極の神を問うのでなく，疫病などの災厄としてあらわれたそれぞれの神
　　に，その都度対応して祭祀をおこなう＝日本神話における神祀りの特徴
・日本文化…日本古来の文化と外来の多様な文化とを〔⑨　　　　　　〕に共存
　させることで形成
　→究極的なものを探究するより，眼前のことがらに対応しようとする姿勢

〔⑩　　　　　　　〕(丸山眞男による)
…日本神話における神は，おのずから次々と〔⑩〕として描かれる
→未来の目的よりも，今の「なりゆき」が重視される

〉〉〉〔①〕
自然のなかに霊魂の存在を認める考え方。(→教 p. 143 ❶)

〉〉〉〔②〕
比較→教 p. 38「唯一神ヤハウェ」

〉〉〉〔④〕
〔④〕は，もともとこうした神を祀る儀礼として成立した。のちに仏教や儒教と習合するなかで，しだいに理論的な教義をもつようになっていった。
比較→教 p. 149「本地垂迹説」「反本地垂迹説」

〉〉〉〔⑥〕
折口によれば，日本の神は，人々の饗応を受ける「〔⑥〕」(客人)として「常世国」からおとずれる。
比較→教 p. 184「柳田の祖霊論」

〉〉〉〔⑧〕
和辻は，イザナキ，イザナミ，アマテラスなどを「祀るとともに祀られる神」と規定し，それらの神が，単に祀られるだけの自然神(山の神など)より尊貴だとされているところに，日本神話の神の特徴があるとしている。(→教 p. 143 ❸)

〉〉〉〔⑩〕
神が世界を「つくる」とするキリスト教では，未来に向けた目的意識が強くあらわれるが，日本においては，未来の目的よりも今の「なりゆき」が重視されると丸山は論じている。(→教 p. 143)

## 禊と清き明き心

- 穢れと禊…祭祀において，身体についた穢れを水で洗い清める〔⑪　　　　　〕が求められた
- 「〔⑫　　　　　　　　　　　　　〕」…嘘いつわりなく純粋ですみきった心

↓

「〔⑬　　　　　　　〕」の徳として受けつがれる

## 罪と祓え

- 〔⑭　　　　　〕…農耕や祭祀を妨害し，共同体をおびやかすこと

↓　〔⑭〕を解き除くためには

〔⑮　　　　　　　　　〕…〔⑭〕を清める儀式（古くは〔⑭〕に応じた物品を献じること）

- 国家的な宗教行事として，国中の〔⑭〕を祓い清める「大祓」などがおこなわれるようになった
- 「〔⑯　　　　　　　〕」…農耕や祭祀を妨害する行為
- 「〔⑰　　　　　　　〕」…その他の犯罪や病気，自然災害

〉〉〉【⑫】
奈良時代には，朝廷に仕える者の心構えとして「清明心」が重視され，平安時代にはそれが「正直の心」とよびかえられた。中世に展開された伊勢神道で，神や道理に対する純粋さとして正直の徳が説かれるようになり，石田梅岩をはじめ，近世の思想家にも大きな影響を与えた。
比較 →教 p.166「石田梅岩」

〉〉〉【⑮】
〔⑮〕は本来，禊とはべつのものであったが，平安時代以降，混同されるようになった。（→教 p.145 ❷）

**exercise** 祭祀において重んじられた清明心について，次の文が正しい場合は○，誤っている場合は×を（　）に記入しなさい。

1. のちの時代の正直や存心持敬などに受け継がれており，日本人の伝統的な倫理観の源流となっている。　　　　　　　　　　　　　　　　　　　　　　　　　　　（　　　）

2. 人間関係において，純粋な心情で他者に向かうとき，自他の心情的融和が実現すると考えられていた。　　　　　　　　　　　　　　　　　　　　　　　　　　　　　　（　　　）

**Check! 資料読解** 教科書 p.142「本居宣長による神の定義」について，威力ある存在をすべて神とするとらえ方とキリスト教のように唯一絶対の究極の存在を神とするとらえ方とでは，世界観や人生観にどのような違いがあるだろうか。『古事記』に描かれる神と世界の関係についての説明として最も適当なものを，次の①〜④のうちから一つ選びなさい。

〈センター試験倫政 2013 年本試を改変〉

① 世界は，唯一絶対の神が混沌から作り出したものであり，この神が世界に存在するすべてのもののあり方を定めている。

② 世界には多数の神々が存在し，その背後には唯一絶対の神が控えている。この神を祀ることで，世界は安定を保っている。

③ 世界の中心には高天原があり，そこに暮らす神々が世界に存在するすべてのもののあり方を定めている。

④ 世界は，唯一絶対の神を根拠とするのではなく，おのずから成った世界であり，そこに多数の神々が存在している。

　　　　　　　

**TRY!** 現代でも，相手の罪をとがめずに許すことを「水に流す」といいあらわすことがある。罪に対する日本人の対処の仕方について，次の文章中の空欄に当てはまる語句を記入し，まとめてみよう。

穢れを洗い清める禊と同じ発想で，その罪を〔ア　　　　　　　〕によって解き除きさえすれば，

〔イ　　　　　　　　　　　　　　　〕ことができるとされた。

# ① 仏教の受容

教科書　p.146〜149

>>>三経義疏
『法華経』『維摩経』『勝鬘経』の注釈書。太子の真作かは疑問視されている。(→教 p.147 ❶)

>>>戒壇
僧侶になるための戒を授ける場所。戒を授かることで正式な僧侶としての資格を得る。(→教 p.147 ❷)

>>>〔⑨〕
奈良時代に中国から伝えられた三論・成実・法相・倶舎・華厳・律の六学派。(→教 p.147 ❸)

>>>大乗菩薩戒
最澄は、鑑真が伝えた東大寺の具足戒(部派仏教の戒)を小乗戒として否定し、大乗仏教独自の戒を授ける必要性を唱えた。これにより、大乗仏教の戒のみで受戒し、比叡山での 12 年間の学問・修行によって官僧になるという新たな制度が確立された。(→教 p.148 ❶)

>>>日本の新しい仏教
鎌倉時代の法然・親鸞・道元・日蓮らはすべて比叡山で学んだ。天台宗は、『法華経』の教え(円教)を中心として、戒律・坐禅・密教の修行法を融合させた、総合的な仏教をめざした。(→教 p.148 ❷)

>>>〔⑱〕
後期インド仏教でヒンドゥー教などの影響のもとで成立した仏教の教え。ブッダが人々の能力に応じて言葉で明瞭に示した教え(顕教)に対して、言葉によらず、師から弟子へ特殊な儀礼を通して秘密に伝えられることを特徴とする。(→教 p.148 ❸)

>>>〔㉑〕
「加持」はもともと、仏や菩薩が不可思議な力で衆生を守護することを意味する。密教では仏から修行者への働きかけを「加」、修行者がそれを受けとることを「持」とする。(→教 p.149 ❷)

・仏教…6 世紀ごろ大陸から伝来
→仏は外国(あだしくに)から来た神(〔①　　　　〕)といわれた

## 聖徳太子

〔②　　　　　　　〕…『三経義疏』を作成し、在家主義にたつ大乗仏教の理解を示した

・〔③　　　　　　　　　〕…〔②〕の作とされる
　第一条:「和をもって貴しとなし、忤ふる(逆らう)ことなきを宗とせよ」
　　→これは対立よりも調和を重んじる〔④　　　　〕の精神を強調するもの
　　　〔④〕の精神を支えるのは仏教の教え→だからこそ仏・法(仏の教え)・僧(仏の教えを学び伝える人)の〔⑤　　　　　〕を篤く敬わなければならない
・〔②〕の遺言…「〔⑥　　　　　　　〕(世間はむなしく、ただ仏のみが真実である)」

## 奈良仏教の展開

・〔⑦　　　　　　　　〕(仏法によって国の安泰をはかること)を目的とする国家仏教→聖武天皇によって全国に国分寺・国分尼寺が建立
・〔⑧　　　　　〕…唐の高僧、来日して東大寺に戒壇を設ける
　　　　　　　　　　官僧(国家公認の僧)となるための授戒制度が確立
・〔⑨　　　　　　　　〕の形成…官寺(国家が造営・維持する寺院)を中心に 6 つの学派がうまれ、仏教教理の研究が進められた
・私度僧(聖ともよばれる)の出現→人々から慕われる存在に
　〔⑩　　　　　〕…民衆への布教活動や、慈悲の精神に基づく社会活動

## 平安仏教─最澄と空海

・平安時代の仏教…〔⑦〕を掲げながらも、山岳における修行と学問を重んじた
　(〔⑪　　　　　　　　〕)

| 〔⑫　　　　　〕…比叡山延暦寺を拠点に〔⑬　　　　　　〕を広めた。 | 〔⑭　　　　　　　〕…高野山金剛峯寺を拠点に〔⑮　　　　　　〕を広めた。 |
|---|---|
| ・〔⑯　　　　　　　〕…仏教のさまざまな教えは、すべての人が平等に悟りを得ることができると説く『法華経』の真実に帰着<br>・〔⑰　　　　　　　　〕…生きとし生けるものには等しく仏になる可能性(仏性)がある<br>・大乗仏教の戒(大乗菩薩戒)を授ける戒壇の樹立に努める<br>　→天台宗は日本の新しい仏教をうみだす母胎に | ・〔⑱　　　　　〕…絶対者である〔⑲　　　　　　〕の真実の姿(法身)こそこの宇宙の永遠の本体、万物の本体であると教える<br>・曼荼羅…〔⑲〕の慈悲と智慧との世界を象徴的に図像化<br>・真言密教…この身このままで仏になることができる、という〔⑳　　　　　　〕の教え<br>　→雨乞い・疫病除けなどの〔㉑　　　　　〕=現世利益を重視 |

## 神仏習合

- [㉒　　　　　　　]…日本固有の神への信仰と仏教とが融合
  - →迷える神を解脱させるため神前で経が読まれた
    各地の神社に寺(神宮寺)が建立された ⬅➡ 神は仏法を守護するもの
- 平安時代：仏が本地(真理の本体)で，神は垂迹(本体が形となってあらわれたもの)であるとする[㉓　　　　　　　]
- 鎌倉時代：蒙古襲来をきっかけとした神国思想の出現
  - →仏と神の地位を逆転させた(神が本地で仏を垂迹とする)反本地垂迹説も登場

〉〉〉神道は，日本古来の神々に対する信仰が，仏教・儒教などの影響を受けつつ理論化されたもの。鎌倉時代にうまれた伊勢神道は，神主仏従の反本地垂迹説を唱え，正直の徳を説いた。(→教 p.149 ❸)

**exercise** ①次の文章は最澄についてまとめたものである。文章中の空欄 a ・ b に当てはまる語句の組み合わせとして正しいものを，下の①～④のうちから一つ選びなさい。

伝教大師。近江(滋賀県)にうまれ，12歳で出家。19歳のとき東大寺で受戒した。38歳で入唐し，天台の教えを学ぶ。帰国後，延暦寺を建立し，日本 a をひらいた。主著『 b 』『山家学生式』。

① a 真言宗 b 顕戒論　　② a 真言宗 b 三教指帰
③ a 天台宗 b 顕戒論　　④ a 天台宗 b 三教指帰

②本地垂迹説に関する説明として最も適当なものを，次の①～④のうちから一つ選びなさい。

〈センター試験倫理 2008 年本試を改変〉

① 仏が仮に人となって日本の国土に現れるとする考え方
② 神が仮に仏となって日本の国土に現れるとする考え方
③ 仏が仮に神となって日本の国土に現れるとする考え方
④ 神が仮に人となって日本の国土に現れるとする考え方

**Check! 資料読解** 教科書 p.147「十七条憲法」について，この条文には仏教のどのような人間観があらわれているだろうか。その説明として最も適当なものを，次の①～④のうちから一つ選びなさい。

① 仏からみれば，人はみな心に執着をもつ凡夫にすぎないのだから，そのことを自覚して生きることが大切である
② 仏からみれば，人はみな心に執着をもつ凡夫にすぎないのだから，自分が正しいと考えることをすることが大切である。
③ 自分も他人も聖人でも愚者でもないので，自分の行動を振り返ることなく，多くの人の考えに従って生きることが大切である。
④ 自分が聖人なのか愚者なのかはっきりさせるために，自分の過失を反省し，多くの人の考えに従って生きることが大切である。

# ② 仏教の日本的展開―鎌倉仏教

教科書　p.150〜155

>>>**浄土**
仏が住む清浄な国土のこと。煩悩で穢れた凡夫の住むこの世界（穢土）と対比される。このうち、阿弥陀仏の浄土を極楽浄土や西方浄土という。（→教 p. 150 ❶）

>>>**［⑨］思想**
仏滅後、ブッダの教えは、正法、像法、［⑨］という三つの時期を経て衰退に向かうという歴史観。正法は、教・行・証（教え・修行・悟り）の三つがととのった時代、像法は、教えと修行はあっても悟りはない時代、そして［⑨］は、仏の教えだけが残り、正しい修行も悟りも見失われて災いが広がる時代とされ、日本では 1052（永承7）年に［⑨］にはいったと信じられた。（→教 p. 150 ❷）

>>>**旧来の仏教の改革**
一方、叡尊や忍性などは、戒律の復興を通して旧来の仏教を改革し、社会的弱者の救済活動や慈善活動に従事した。彼らの教団は、南都六宗の律宗と区別して、真言律宗とよばれる。（→教 p. 151 ❶）

>>>**歎異抄**
親鸞の死後、親鸞の考えとは異なる教えが広まることを歎き、それを正すために書かれた。（→教 p. 153 ❶）

>>>**［⑱］**
目に見えぬ真実としての阿弥陀仏の働きにより、すべてはおのずからそうなるように定められていること。自力のはからいを捨てた［⑯］の境地を示した言葉。（→教 p. 153 ❷）

## 浄土教の展開と末法思想

・［①　　　　　　　］…平安中期の僧、「阿弥陀聖」「市聖」

　→［②　　　　　　　　　　　］と称える口称（称名）念仏を広めた

・［③　　　　　　　］…天台宗の僧、『［④　　　　　　　　　　］』をあらわす

　→［⑤　　　　　　　］の教えを説く…「この世を穢れた世だと厭わしく思い（［⑥　　　　　　　　　　　］）、極楽浄土へ往って生をうけること（往生）を願い求めよ（［⑦　　　　　　　　　　］）」

　→阿弥陀仏とその極楽浄土の情景を心に思い浮かべる［⑧　　　　　　　　　］の実践

　　※それができない者には口称念仏もすすめられている

・［⑨　　　　　　　］の時代の到来…仏法が衰退するとされた時代

　貴族の支配が崩れはじめ、戦乱や混乱があいつぐ

　→人々は人間の無力と世の［⑩　　　　　　　　］を痛感→浄土信仰が広く浸透

## 鎌倉新仏教の登場

・武家政権が成立した鎌倉時代…比叡山に学びながらもそこから離脱した法然、親鸞、道元、日蓮などの僧たちは、人々に新しい仏教の実践を説く

## 専修念仏の教え―法然

法然…［⑪　　　　　　　］をひらく

・「あらゆる衆生を必ず救って浄土に往生させる」という阿弥陀仏の本願を信じ、ひたすら「南無阿弥陀仏」と称える［⑫　　　　　　　　　］の道

・末法の時代、難行である聖道門は困難。極楽往生のための行は、**易行**

・念仏により誰もが平等に阿弥陀仏の力（［⑬　　　　　　　］）で往生

　→広く人々の心をとらえる⇔［⑭　　　　　　　］は菩提心を否定すると批判

## 絶対他力の教え―親鸞

親鸞…法然の専修念仏の教えを継承、［⑮　　　　　　　　　］の祖

・［⑯　　　　　　　　　］の信仰…一切の自力を捨て、すべてを阿弥陀仏のはからいに委ねるという究極的な信仰

・親鸞のことば：「善人なをもて往生をとぐ、いはんや悪人をや」（弟子の唯円があらわした『歎異抄』）

【善人】＝自力で善行を積み往生できると思っている人

【悪人】＝煩悩から離れることのできない罪深い人間であることを深く自覚し、阿弥陀仏の慈悲にすがるしかない人

　→「悪人」こそが阿弥陀仏の本願で約束された救いの正機（本当の対象）（［⑰　　　　　　　　　］の教え）

・親鸞の教え：阿弥陀仏より賜りたる信心→死後に極楽往生が定まる

　念仏を称えること→広大な仏の慈悲に対する感謝の意味で称えるもの（仏恩報謝の念仏）

・自力のはからいを否定して他力を強調する親鸞の思想…［⑱　　　　　　　　　］の考え

## 踊り念仏

・一遍…[⑲          ]の開祖（遊行上人，捨聖ともよばれる）

→念仏を唱えて踊る「[⑳          ]」を考案

## 禅と自力修行―道元

・鎌倉時代には，坐禅を通じて悟りに至ろうとする禅宗系の仏教もあらわれる

・栄西…宋から臨済禅を学んで帰国し，「[㉑          ]」の祖となる

→禅とともに戒律を重んじ，天台・真言を兼ね学ぶことで，国家が鎮護されると唱えた

道元…宋に渡り，如浄から曹洞禅を学んで帰国し，[㉒          ]をひらいた

・仏道修行は，ただひたすら坐禅に打ち込むこと（[㉓          ]）

・坐禅するこのいま，自己と他者との区別が消え，身体や心に対する執着から解きはなたれた自在の境地（[㉔          ]）に至る

・修行（修）するそのままが悟り（証）と一体であること（[㉕          ]）を説く　※悟りの手段としての修行という考えを否定

## 他力・自力と末法思想

・法然や親鸞の思想：阿弥陀仏の力（[⑬          ]）によってのみ浄土で救済される

→末法思想と関係

・道元：修行し，悟りを得ることが真実→末法などの区別を否定

## 『法華経』への信仰―日蓮

日蓮…大乗経典の『法華経（妙法蓮華経）』こそブッダの教えを正しく述べた最高のものであるとして，[㉖          ]をひらいた

・「[㉗          ]」という７字の題目を唱える[㉘          ]こそが救いに至る道であり，同時に「天下太平・国土安穏」への道だと考え，自らを[㉙          ]と位置づけた

・日蓮がめざしたもの…この世を仏国土とし，現に生きている人々を救う

→当時の疫病や飢饉の流行が，『法華経』に従わないためにおこったもの

・他宗派の教えを激しく非難→流罪にされるなどの迫害＝「[㉚          ]」

→その苦難のなかに法華経の行者としての自覚を深めていった

・他の鎌倉新仏教の開祖：主として個人の救済や自覚を軸に教えを広めた

⇔『法華経』の教えに従う政治を現実の社会に実現することを主張

## 鎌倉新仏教の特色

・鎌倉新仏教…仏教の信仰を広く民衆にまで普及させるきっかけ

仏教…個々人の精神の支え，生活の指針として受けとめられる

→これらの教えが広く民衆に普及したのは，室町時代

・浄土真宗では，[㉛          ]の布教により，本願寺教団が発展

---

>>> **禅と禅宗**
禅とは，心をしずめ精神を統一させること。この修行は両足を組んで座っておこなうので坐禅とよばれる。禅宗は，インド僧達磨が中国に禅を伝えたことからはじまるとされる。坐禅を中心においた修行によって心の本性が明らかにされ，悟りが得られると説く。（→教 p. 153 ❸）

>>> **栄西**
備中（岡山県）にうまれ，比叡山で天台宗を学ぶ。主著『興禅護国論』で，禅宗が鎮護国家に有用であることを説いた。また，京都に建仁寺をひらき，禅宗の拡大に努めた。（→教 p. 153 ❹）

>>> **道元の自然観**
道元の思想では，山河大地などの自然の万物は仏性のあらわれであり，仏の悟りを知らせる存在であった。この考えは，自然のなかに宗教性をみる日本人の自然観にも通じる。（→教 p. 153 ❺）

>>> **四箇格言**
「念仏無間，禅天魔，真言亡国，律国賊（浄土宗は無間地獄へ落ちる，禅宗は天の悪魔の教え，真言宗は国を亡ぼし，律宗は国賊である）」と，主張した。天台宗を非難していない点が注目される。日蓮は，自らを最澄の精神を継ぐ者と信じていたのである。（→教 p. 155 ❶）

〈センター試験倫理 2011 年本試を改変〉

① 「善人」とは，阿弥陀仏とは無関係に自力の善のみによって往生が可能な人のことであり，「悪人」とは，根深い煩悩によって悪を行ってしまいがちな自己を自覚し，阿弥陀仏をたのんで，善に努めようとする人のことである。

② 「善人」とは，阿弥陀仏とは無関係に自力の善のみによって往生が可能な人のことであり，「悪人」とは，根深い煩悩を自覚し，どんなに善をなそうと努めても不可能であると思い，阿弥陀仏の救いをたのむ人のことである。

③ 「善人」とは，自力で善を行うことができると思っている人のことであり，「悪人」とは，根深い煩悩を自覚し，どんなに善をなそうと努めても，それが不可能であると思っている人のことである。

④ 「善人」とは，自力で善を行うことができると思っている人のことであり，「悪人」とは，根深い煩悩によって悪を行ってしまいがちな自己を自覚し，できるだけ善に努めようとする人のことである。

②教科書 p. 154「心身脱落」について，「自己を忘れる」という言葉の意味について書かれた次の文章中の空欄 a ～ c に入る語句の組み合わせとして正しいものを，下の①～④のうちから一つ選びなさい。

仏道修行は真実の自己に目覚める自己形成の道である。自分を中心（ a ）として世界（ b ）に向きあう日常的な自己理解を離れて，逆に万象によって，自己が「 c 」なる在り方（仏性）を自覚させられることである。

① a―主体　b―客体　c―無我　　② a―客体　b―主体　c―無我
③ a―主体　b―客体　c―我　　　④ a―客体　b―主体　c―我

③教科書 p. 155「この世の仏国土」について，日蓮が，この世界を仏国土にすることを強く求めたのはなぜだろうか。その説明として最も適当なものを，次の①～④のうちから一つ選びなさい。

① 「法華経」に帰依することにより，現実の国土が仏国土そのものになり，そこに社会ぐるみの救済があるから。

② 念仏を唱えることにより，現実の国土が仏国土そのものになり，そこに社会ぐるみの救済があるから。

③ 「法華経」に帰依することにより，現実の国土が仏国土そのものになり，そこに個々人の救済があるから。

④ 念仏を唱えることにより，現実の国土が仏国土そのものになり，そこに個々人の救済があるから。

# ③ 仏教と日本文化

教科書　p.156～157

## 西行の歌にみる自然観

・〔① 　　　　　〕…平安時代末期の歌人，『山家集』

「闇晴れて　心の空に　すむ月は　西の山辺や　近くなるらん」

→歌には西方の極楽浄土を暗示するところがある

→自然をうたいながら，美的なものと宗教的なものが心情的に融合

## 無常観と文学

・仏教思想…文学にみられる〔② 　　　　　　〕の背景をなす

すべてのものは移りかわり，また，滅びるという無常

…仏教のこの世に対する冷徹な認識

・吉田兼好『徒然草』

…世の無常を積極的にとらえ，ものごとがあるがままに移りゆくことのうち

に美を認めようとする態度

## 宗教の生活化・風俗化

・坐禅の方法→武家のふるまいや作法の形成に結びつく

宋から抹茶法を伝えた〔③ 　　　　　〕→茶の普及

・禅宗寺院の住職の住まい(方丈)→書院造りの成立に影響

書院…畳，床の間(生け花)，絵画や書，石庭→和風建築の原型

・宗教的なものが生活化・風俗化＝日本文化の特色の一つ

## 日本文化のなかの美意識

・室町時代から安土桃山時代…社交の場で連歌や茶の湯，能や狂言

・〔④ 　　　　　　〕…「わび茶」という〔⑤ 　　　　　〕を大成

「〔⑥ 　　　　　〕」…簡素で落ち着いた風趣，閑寂な風情

⇔華美を好む世俗の価値

・〔⑦ 　　　　　　〕…能楽の大成者，〔⑧ 　　　　　　〕の美を追求

〔⑧〕…柔和で優雅なたたずまいの美しさ，言葉にすることのできない余情

・〔⑨ 　　　　　　　〕…日本的な美の情趣を受け継ぎながら，〔⑥〕や

「〔⑩ 　　　　〕」の境地を俳諧で追求

・日本の伝統文化…さびれたものや移ろいゆくもの，欠如や余白のなかに特別

な価値を認める→人生のはかなさを説く仏教の無常観とつながる

## 「いき」

・「〔⑪ 　　　　〕」…江戸時代の町人たちの間で共有された美意識

→身なりや立ち居振る舞いがさっぱりとして洗練されていること

・〔⑫ 　　　　　　〕…「〔⑪〕」には「媚態」「意気地」「あきらめ」という特徴

※背景には武士道や仏教などの精神的な伝統がある

>>>**龍安寺の石庭**
白砂の平地に石をたてた庭。水を用いず，石の組み合わせや地形の高低によって山水の趣をあらわす庭園様式を枯山水とよぶ。(→教 p. 156)

>>>〔⑧〕
〔⑧〕は「幽」かすか・ほのか，「玄」は深遠の意で，艶を去った静寂で枯淡な美しさや，また神秘的な優艶さをいう。(→教 p. 157 ❶)

>>>〔⑩〕
「〔⑩〕」は寂しさのなかの枯淡な情趣である。これを俳諧のめざす風雅の理念としたのは，芭蕉の門人たちである。(→教 p. 157 ❷)

# 1・2 儒教の受容と朱子学／日本陽明学

教科書 p.158〜161

>>>【②】
京都相国寺の僧侶であったが，仏教を現実の生を軽視するものと批判し，現世的な人倫の教えを説く儒教を重んじるようになった。還俗して儒者となり，近世儒学の祖となった。(→教 p. 158 ❶)

>>>【⑤】
中国の朱子学では【⑤】とともに窮理の実践が求められたが，日本の朱子学では，倫理を客観的な理法として追究する窮理の姿勢は次第に後退し，私欲をつつしむ【⑤】がより強調された。一方，窮理を重んじた朱子学者として，福岡藩に仕えた医者貝原益軒や，6代家宣・7代家継の二代の将軍に仕えた新井白石がいる。益軒は実証的な博物学の書『大和本草』や『養生訓』をあらわし，合理性・実証性を重んじた白石は，『古史通』で日本神話の合理的解釈を試みた。(→教 p. 160)

>>>【⑥】
本来の心を失わないように保持し，欲望や感情をつつしむ(【⑤】)こと。(→教 p. 159 ❶)

>>>【⑧】
朱子学の窮理・居敬説によって，君臣関係を基本とした社会秩序(義)の維持を重視し，絶対尊王の立場を説くもの。この絶対尊王の主張は，幕末の尊王論にも影響を与えた。(→教 p. 160 ❶)

>>>日本の陽明学者
日本の陽明学者には，【⑨】のほかに熊沢蕃山(1619〜91)らがいる。【⑨】の教えも受けた蕃山は，「治国平天下」という儒学の理念を，現実とのかかわりで「治山治水」の主張として展開し，山々の樹木を切りつくすと保水力が乏しくなるとして，環境問題を論じている。(→教 p. 160 ❸)

・儒教…5〜6世紀ごろ，中国・朝鮮半島から伝来，政治道徳として受容
　→聖徳太子の十七条憲法に影響がみられる
　→大化の改新や律令体制では，〔①　　　　　　〕の実現が政治の理想
　→中世には，貴族や僧侶の一部が，仏教の周辺的教養として儒学を学ぶ
・江戸時代…徳川家康が〔②　　　　　　　〕を招こうとするなど，新たに形成された秩序を基礎づける原理が儒学に求められた

### 敬の重視―林羅山・山崎闇斎

〔③　　　　　　　〕…幕府の儒者として外交文書や諸法度の起草
・天地自然と人間社会には，すべてに上下の秩序があるとした
　＝〔④　　　　　　〕
　→礼(礼儀法度)の厳格な遵守に基づく個人の道徳的完成において実現
・〔⑤　　　　〕…「つつしむ」こと
　→私利私欲を厳しく戒めて，常に心を理と一体とする(〔⑥
　　　　　〕)とともに，〔④〕のあらわれである「礼儀法度」に則って行動することを求める
〔⑦　　　　　　　〕…会津藩に仕える
…理(心ばかりでなく体にもゆきわたっている)と〔⑤〕(一つひとつのおこないを厳格につつしむこと)の実践に個人の道徳的完成を求めた
…臣下の絶対的忠誠を求めるとともに，朱子学と神道の一致を説く〔⑧
　　　　　〕を唱えた

・朱子学派は大きな勢力となったが，批判する者もあらわれた

### 孝の徳―中江藤樹

〔⑨　　　　　　　〕…朱子学から出発し，陽明学を取り入れた
・外面的な礼儀をただすことを強調する朱子学…心の自発的な働きを妨げるもの

・武士だけでなく万人に共通する道徳の原理を〔⑩　　　〕に求めた
　〔⑩〕…親を愛しうやまう心(愛敬)
　　　　あらゆる人間関係に及ぼすことで〔⑪　　　　　〕を成立させる原理
　　　　宇宙万物を存在させる根本原理→万物を生み出す生命の原理
・道徳の実現
　…礼を単に形式的に遵守することを否定し，時・処(場所)・位(身分)を考慮して，自らの心に基づいて実践する
・晩年…陽明学の考えを取り入れた
　→道徳の実践＝人間の心にうまれつき備わる〔⑫　　　　　〕(善悪を判断する能力)の働きによるものととらえていった

**Work** 次の図中の空欄 ア ～ ウ に当てはまる語句をそれぞれ書きなさい。

●朱子学
●藤原惺窩(京学)
　ア ━ 昌平坂学問所 林鵞峰 ━ 林鳳岡 ┅ 柴野栗山
　貝原益軒 ┏ 新井白石 尾藤二洲
　松永尺五 ━ 木下順庵 ┣ 室鳩巣 古賀精里
　　　　　　 ┗ 雨森芳洲 懐徳堂 中井竹山・中井履軒
●南村梅軒(南学) ━ 谷時中 ━ イ ━ 浅見絅斎・佐藤直方・三宅尚斎
●陽明学 中江藤樹 ━ ウ ┅ 大塩平八郎
●古学
　　　　●古文辞学 荻生徂徠 ┏ 太宰春台
　　　　　　　　　　　　　　┗ 服部南郭
　　　　●古義学 伊藤仁斎 ━ 伊藤東涯
　　　●古学 山鹿素行

| ア | イ | ウ |
|---|---|---|
|   |   |   |

---

**exercise** ①次のア・イは江戸時代の思想家についての説明であるが，それぞれ誰のことか。その組み合わせとして正しいものを，下の①～⑥のうちから一つ選びなさい。

ア　福岡藩に仕え，実証的な博物学の書『大和本草』や『養生訓』などをあらわし，養生の秘訣は内欲を抑え，外邪を防ぐことだと述べた。

イ　近江(滋賀県)の農家にうまれた。その学識と人柄から「近江聖人」とよばれ，広く人々から尊敬された。孝の原理を述べた『翁問答』をあらわした。

① ア　貝原益軒　　イ　中江藤樹　　② ア　貝原益軒　　イ　林羅山
③ ア　中江藤樹　　イ　貝原益軒　　④ ア　中江藤樹　　イ　林羅山
⑤ ア　林羅山　　　イ　貝原益軒　　⑥ ア　林羅山　　　イ　中江藤樹

---

②次の文章は林羅山の著作である『春鑑抄』からの抜粋である。この文章で述べられている考え方の説明として最も適当なものを，下の①～④のうちから一つ選びなさい。

「天は尊く地は卑し，天は高く地は低し，上下差別あるごとく，人にも又君は尊く，臣は卑しきぞ」

① 　羅山は，天地自然の秩序になぞらえて上下尊卑の身分秩序をとらえた。また，そうした秩序が，礼の厳格な遵守に基づく個人の道徳的完成において実現されると考えた。

② 　羅山は，天地自然の秩序になぞらえて上下尊卑の身分秩序をとらえた。また，そうした秩序が，孝の厳格な遵守に基づく個人の道徳的完成において実現されると考えた。

③ 　羅山は，天地自然の秩序と上下尊卑の身分秩序を切り離してとらえた。そのため，身分秩序は，礼の厳格な遵守に基づく個人の道徳的完成において実現されると考えた。

④ 　羅山は，天地自然の秩序と上下尊卑の身分秩序を切り離してとらえた。そのため，身分秩序は，孝の厳格な遵守に基づく個人の道徳的完成において実現されると考えた。

# ③ 日本的儒学の形成―古学

教科書　p.161〜163

- 江戸時代中期以降…日本独自の儒学思想が登場
- 古学…宋代の朱子学や明代の陽明学などの註釈に頼らず，五経や『論語』『孟子』などの儒学の古典を直接読みとり，その本来の教えを明らかにしようとするもの

### 士道―山鹿素行

〉〉〉〔①〕
〔①〕は『中朝事実』で日本神話の儒教的解釈を試み，中国崇拝を排して日本主義を説いた。
また，武家政治への推移を歴史の発展とみて，王政復古の主張をも退けた。（→教 p.161 ❶）

[①　　　　　　　]…朱子学の居敬窮理が抽象的なものであることを批判
→日常の実用的な道理を明らかにすることをめざして，「周公孔子の道」の真意を直接学びとる古学を提唱
- 〔②　　　　　〕の提唱…武士道を儒学によって理論化
  武士…天下の政治を担う者
  武士の職分…農工商の師となって人倫の道を実現し，三民を導くこと
  →武士は道徳的指導者としての役割を自覚し，修養に励むべき

### 武士道

- 武士道…鎌倉武士が公家に対して自覚した生き方
  →江戸時代中期…おのれを捨て，恋（「忍恋」）にも似た思いで主君に献身すること（山本常朝「武士道といふは死ぬ事と見付けたり」『葉隠』）

### 仁愛と忠信―伊藤仁斎

[③　　　　　　　　]…朱子学の窮理が日常を離れた抽象的な議論に陥り，また厳格な敬の修養が，人々の融和を妨げることを批判
→『論語』『孟子』のもともとの意味（〔④　　　　　〕）を究明しようとする〔④〕学を提唱
- 世界…生き生きと活動し続ける「活物」
  人の生…人々の生き生きとした日常的な交わりのなかにある
  →日常生活において，人間どうしが互いに親しみあい愛しあう関係に，仁の道をみた＝「仁は愛のみ」
- 人のうまれつきの能力…かすかで弱く，他者の痛みや苦しみを真に察することができない
  →他者に対して偽りなく，ひたすらに自己をつくす「〔⑤　　　　　〕」や，相手の心を察する「〔⑥　　　　〕」の実践を求める
  →ひたすら〔⑤〕・〔⑥〕に生きつつ，『論語』『孟子』に仁や義の正しいあり方を学ぶ
  →仁は，真実で偽りのない「〔⑦　　　　　〕」（真実無偽）として成立する

### 経世済民の儒学―荻生徂徠

[⑧　　　　　　　　]…中国古代の聖人があらわした古典や古文辞（文章と言語）を，当時の言葉の意味を通じて理解しようとする〔⑨　　　　　　　　〕を提唱

・道…朱子学が説くように，はじめから天地自然に備わっていたものではない

　＝聖王が国を統治するためにつくった「天下を安んずるの道（[⑩　　　　　　　　]）」（中国古代の聖王が定めた[⑪　　　　　　　　　　]）

　　　具体的には，「[⑫　　　　　　　　]」（儀礼・音楽・刑罰・政治）の制度

　　　…安定した社会秩序を実現するための政治の方法

・人には天から多様な資質や能力が与えられるとともに，互いに助けあい親しみあいながらくらす能力が共通して備わっている

　[⑩]…人々の多様な能力や資質を育て，それを十分に発揮させながら，世界全体を調和させ発展させていくもの

・儒学の目的＝[⑬　　　　　　　　]…世をおさめ民を救うこと

**exercise** 次のア～ウの人物たちの説明として最も適当なものを，下の A～C から選び，その組み合わせとして正しいものを，下の①～⑥のうちから一つ選びなさい。

ア　山鹿素行　　　イ　伊藤仁斎　　　ウ　荻生徂徠

A　聖人の言葉に直接触れるために古代中国の言語を研究する必要を訴え，古文辞学を提唱した。

B　実践を重んじる立場から朱子学を批判し，直接孔子に学ぶことを説き，古学を提唱した。

C　『論語』『孟子』の原典に立ち返ることを訴え，古義学を提唱した。

① アーA　イーB　ウーC　　　② アーA　イーC　ウーB

③ アーB　イーA　ウーC　　　④ アーB　イーC　ウーA

⑤ アーC　イーA　ウーB　　　⑥ アーC　イーB　ウーA

**Check! 資料読解** 教科書 p.162「誠」について，仁斎は，「誠」がどのような実践によって成立すると考えていたのだろうか。その説明として最も適当なものを，次の①～④のうちから一つ選びなさい。

① 誠は道理にかなうかどうかをかえりみることなく，かたくそれを守ることによって成立する。

② 誠は道理にかなうかどうかをかえりみることなく，ひたすら他者に対して己の心を尽くし，飾りけなく実直に行うことによって成立する。

③ 誠は道理にかなうかどうかを選択し，かたくそれを守ることによって成立する。

④ 誠は道理にかなうかどうかを選択し，愛しうやまう心をあらゆる人間関係に及ぼすことによって成立する。

**TRY!** 朱子学と，伊藤仁斎・荻生徂徠の人間に対する理解の違いを，自己と他者，あるいは個人と共同体という観点からまとめてみよう。

# ④ 国学の形成

教科書　p.164〜165

・江戸時代中期…外来思想を受け入れる以前の古代日本に理想的な日本固有の道があったとする国学がおこった

### 契沖と賀茂真淵

・〔①　　　　　　　〕…『万葉集』のなかに「古の人の心」をたずね，注釈書『万葉代匠記』をあらわして，〔②　　　　　　〕の基礎を築いた

・〔③　　　　　　　　　〕…『日本書紀』神代巻の研究を通じて，古代の神の教えを明らかにしようとした

・〔④　　　　　　　　　〕…『万葉集』の歌風を男性的でおおらかな「〔⑤　　　　　　〕」ととらえ，そこに，天地自然にかなった，質朴で力強い「〔⑥　　　　　　　　　〕」という理想的精神を見出す

→儒教道徳を不自然なものであると批判

### 国学の大成―本居宣長

〔⑦　　　　　　　　　　〕…契沖や真淵の後継者として国学を大成

→真淵とは異なり，女性的で優しい歌風である「たをやめぶり」を古代の精神ととらえた

・「〔⑧　　　　　　　　　　　〕」…歌や物語の本質

「〔⑧〕」を知る人は…悲しむべきことを悲しみ，喜ぶべきことを喜ぶ人

→他者の悲しみや苦しみに共感し，同情することができる＝人の本来の姿

⇔儒教や仏教…感情を抑制し，ものに動じないことをよしとする

→うわべを飾る偽りであるとして厳しく批判

・『古事記』研究（『古事記伝』）

…『古事記』に描かれた神々の振る舞いや事跡に日本固有の道を見出す

⇔儒教や仏教のような言葉による教説

・古の道に私心無く従うこと（〔⑨　　　　　　〕）を求める

＝これみよがしに賢げさを誇り，理屈でものごとを考えてことさらに善悪を議論する「漢意」（儒教や仏教に感化された心）を捨て，うまれたままの「〔⑩　　　　　　〕」に従い，ものごとを素直に感受する生き方

### その後の国学

〔⑪　　　　　　　　　〕…宣長の「没後の門人（弟子）」を自称

・独自の神代史解釈（『古史伝』）に基づいて，〔⑫　　　　　　　　　〕を唱えた

…人の魂は死後もこの世にとどまり，人々を見守り続けるという霊魂観を展開（『霊能真柱』）

→この世は人の善悪をみる仮の世であり，死後の「魂の安定」こそが求められるもの

〉〉〉〔①〕
〔①〕は，古代の歴史的仮名遣いを発見するなどの功績も残した。（→教 p.164❶）

〉〉〉〔④〕
〔④〕の主著は『国意考』。〔④〕の古代賛美は，武家政治の批判にはつながらず，公儀（幕府）の制度は日本古来の伝統につながるものとされた。（→教 p.164❷）

**1** 近世の国学者である賀茂真淵が『万葉集』の歌風に見出した理想的な精神についての説明として正しいものを，次の①〜④のうちから一つ選びなさい。

〈センター試験倫理 2012 年追試〉

① 素朴で力強く，ありのままを重んじる精神

② 仏教や儒教を採り入れ融合させる，寛容な精神

③ 対立を避け，調和と秩序を重んじる「和」の精神

④ 優しさを重んじる「たをやめぶり」の精神

**2** 次の文章は「もののあはれ」についての説明である。文章中の空欄 **ア** ・ **イ** に当てはまる語句の組み合わせとして正しいものを，下の①〜④のうちから一つ選びなさい。

「あはれ」とは，ともに **ア** をあらわす感動詞「あ」，「はれ」に由来する。宣長は，『源氏物語』を「もののあはれ」の文学としてとらえ，人がさまざまな出来事や自然などの「もののあはれ」にふれたときにわきおこる， **イ** の感情（「あはれ」）こそが文学の，また人間性の本質であると主張した。

① **ア**—感嘆・驚き　**イ**—無常　② **ア**—感嘆・驚き　**イ**—喜怒哀楽

③ **ア**—呼びかけ・応答　**イ**—無常　④ **ア**—呼びかけ・応答　**イ**—喜怒哀楽

**3** 平田篤胤に関する説明として最も適当なものを，次の①〜④のうちから一つ選びなさい。

〈センター試験倫理 2004 年追試〉

① 古道の研究を，特に歌論の中に展開し，「ますらをぶり」に日本的心情の典型を見出して，そこにおける「高く直き心」を理想とした。

② 仏教・儒教・神道の教えをそのまま受け取るのではなく，教えの成立過程から，それぞれの思想史上の意義を相対的に見ることを説いた。

③ 功名や利欲を離れた純粋な心情に徹して，己の誠を尽くせば天道と一体になると説き，幕末の志士たちに勤皇の精神を強調した。

④ 古来の神道の姿を求めて，復古神道を提唱し，現実の生の背後にある死後の霊魂の行方を論じて，その教えは民間にも広まった。

**Check! 資料読解** ▶ 教科書 p. 165「もののあはれを知る」について，宣長と朱子学とでは，人間の本性に対する理解にどのような違いがあるだろうか。資料の内容をふまえ，次の文章中の空欄 **ア** 〜 **ウ** に当てはまる語句の組み合わせとして正しいものを，下の①〜④のうちから一つ選びなさい。

宣長は，人間の本性は，美しい花やくまなく照りわたる月を見て「 **ア** 」と情が動くこと，それが「ものの **ア** を知る」ことであり，また他者の **イ** することができることにあるとした。一方，朱子学では，本来の心を失わないように保持し欲望や感情をつつしむ， **ウ** にあるとした。

① **ア**—あはれ　　**イ**—苦しみに共感し，同情　**ウ**—存心持敬

② **ア**—あはれ　　**イ**—苦しみを解放，克服　**ウ**—存心持敬

③ **ア**—存心持敬　**イ**—苦しみに共感し，同情　**ウ**—あはれ

④ **ア**—存心持敬　**イ**—苦しみを解放，克服　**ウ**—あはれ

# 5・6　民衆の思想／幕末の思想

教科書　p.165〜169

〉〉〉〔①〕
〔①〕は，民衆のために，主著『万民徳用』などをかな書きで著述した。（→教 p.166 ❶）

### 仏教の新たな展開―鈴木正三

・〔①　　　　　　　　　〕…徳川方の武士として軍功をたて，のちに出家

　→禅と念仏をあわせておこなう独自の修行を実践

### 町人文化の隆盛

・経済力を蓄えた町人→町人としての生き方の自覚があらわれた

| 〔②　　　　　　　〕 | 町人の生き方を積極的に肯定 |
|---|---|
| 〔③　　　　　　　〕 | 町人の姿を浮世草子に描き出した |
| 〔④　　　　　　　　　〕 | 世話浄瑠璃を創始，義理と人情の葛藤に人の心の美しさを見出していった |

### 心学―石田梅岩

〉〉〉手島堵庵
石田梅岩に師事した手島堵庵(1718〜86)は，自己批判を軸とする精神修養の教えに心学を変換し，京都の明倫舎を中心に厳格な統制をしきながら，心学の布教に努めた。（→教 p.166 ❷）

・石田梅岩…京都の商家に奉公，のちに〔⑤　　　　　　　　　　〕をひらく

　→商業行為の正当性を主張（「商人の買利は士の禄に同じ」）

　→〔⑥　　　　　　〕と倹約をすすめ，武士・農民・町人という身分秩序を職業
　　の別による社会的分業ととらえ，〔⑦　　　　　　　　〕を説いた

### 農民の思想―安藤昌益と二宮尊徳

〔⑧　　　　　　　　〕…東北の八戸の医者

〉〉〉〔⑧〕
〔⑧〕の思想は，1899年に著書『自然真営道』が発見されるまで，一般には知られておらず，第二次世界大戦後，カナダの外交官ハーバート＝ノーマンの著書『忘れられた思想家―安藤昌益のこと―』で紹介され，広く知られるようになった。〔⑧〕はまた，鉱山の開発によって河川が汚染され，土砂で埋まるとし，自然界の連鎖（現代的に表現すればエコロジー）の問題も論じていた。（→教 p.167 ❶）

・農耕…天地自然の本道と考え，人間生活の基本

　→武士などを，自分で直接に農耕に従事せず，耕作する農民に寄食している
　　「不耕貪食の徒」として非難

・武士の支配する世の中を〔⑨　　　　　　〕（差別と搾取の世界）だと批判

　→すべての人が農耕に従事し（〔⑩　　　　　　　　〕），あらゆる差別がない
　　〔⑪　　　　　　〕への復帰を説いた

　　→儒学・仏教・神道などを，〔⑨〕をもたらしたものとして批判

〔⑫　　　　　　　　　〕…「農は万業の大本」と唱え，農民の自己変革を通じて疲
弊した農村の復興に努めた

| 農業 | 〔⑬　　　　　〕 | 稲と雑草の別を問わず万物を成長させる |
|---|---|---|
| | 〔⑭　　　　　〕 | 日々雑草を抜き穀物を得ようと努力する |
| | | 天地・君・父母・先祖の徳(働き)によって与えられた恩恵を自覚しながら，自らの徳によってそれに報いていく報徳の思想 |

| 報徳の実践 | 〔⑮　　　　　〕 | 収入に応じて支出に限度を設けて生活 |
|---|---|---|
| | 〔⑯　　　　　〕 | 倹約によってうまれた余剰を将来の備えとして蓄え，さらには社会に還元すること |

## 学問的精神の展開

| [⑰　　　　　] | 懐徳堂に学ぶ。加上説を提唱 |
|---|---|
| [⑱　　　　　] | 無鬼論など，合理主義思想を展開 |
| [⑲　　　　　] | 自然の「条理」（構成原理）を探究 |

【幕末の思想】
- 西洋文明との接触…ザビエルが来日しキリスト教を布教した室町時代後半
  → キリスト教は弾圧され日本と西洋世界との交流は限定
- 江戸時代後半…洋学（[⑳　　　　　]）も盛んに

### 洋学の普及
- 『[㉑　　　　　　　]』…オランダ語の解剖学書『ターヘル＝アナトミア』を，
  前野良沢や[㉒　　　　　　　]らが翻訳・出版
- 緒方洪庵の適塾など
  → 蘭学は，医学から天文学，化学，地理学にも及び，社会批判にまで展開

### 洋学の展開
- [㉓　　　　　　　]…長崎で医師シーボルトに医学・洋学を学ぶ
- [㉔　　　　　　　]…[㉓]らとともに，尚歯会（蛮社）をつくる
  [㉔]は『慎機論』，[㉓]は『戊戌夢物語』を書いて，幕府の政策を批判
  → 幕府による処罰（蛮社の獄）
- 佐久間象山…「東洋道徳，西洋芸術」
  ＝「[㉕　　　　　　　]の立場」

### 幕末の思想
19世紀…皇国意識と海防意識を背景に[㉖　　　　　　　]が台頭
- 会沢正志斎…「大義名分」論を提唱
  → [㉗　　　　　　　]
- [㉘　　　　　　　]…仁を基準として日本を展望，公武合体論を提唱

### 一君万民論－吉田松陰
- [㉙　　　　　　　]…幕末の志士たちに大きな影響を与える
  → すべての民衆が天皇へ忠をつくす政治（[㉚　　　　　　　]）を唱える

》》》懐徳堂
1724年，大阪町人の出資によって尼崎にひらかれた町人学問所。（→教 p. 167 ❷）

》》》[⑳]
オランダを通じて導入された西洋の学問を[⑳]といったが，開国後，世界各国と外交がおこなわれてからは，洋学が一般的な名称となった。（→教 p. 169 ❶）

》》》[㉒]
[㉒]の努力のあとは，彼の『蘭学事始』に生き生きと描かれている。（→教 p. 169 ❷）

》》》[㉕]
西洋と東洋の特質を科学技術（西洋）と道徳（東洋）とにわけてとらえようとする思考方法。こうした考え方は，西洋への理解を科学技術に限定する傾向をうんだ。（→教 p. 169）

**Check! 資料読解** 教科書 p.169「横井小楠の開明思想」について，小楠は，東洋の伝統精神と西洋文明との関係をどのようなものととらえていたのか。この問いに関して，次の会話文中の空欄 ア ・ イ に当てはまる語句の組み合わせとして正しいものを，下の①〜④のうちから一つ選びなさい。

Y：幕末の思想家横井小楠は ア の科学・技術の積極的な受容を主張したんだね。

X：一方で，道徳においては，利害を基本とする ア のあり方を批判し，イ が理想とした仁を基準に日本の将来を考えていたんだ。

① ア－西洋　イ－朱子　　② ア－西洋　イ－孔子
③ ア－東洋　イ－朱子　　④ ア－東洋　イ－孔子

# ① 啓蒙思想と自由民権思想

教科書 p.170～174

・**明治維新以後**…政府は「[①　　　　　　　　]」というスローガンを掲げ，日本の西洋化を通じての近代化をめざす

## 啓蒙思想

・[②　　　　　　　　]に結集した**啓蒙思想家**たち

…新しい日本を文明開化の方向に導こうとした

[②]…森有礼の発議により，創設。社員には福沢諭吉，西周のほか，立憲思想を展開した加藤弘之や，西洋法学を紹介した津田真道，J. S. ミルの『自由論』を翻訳し（『自由之理』），自由主義や功利主義を紹介した中村正直ら

→『明六雑誌』を通して知識の移入を進め，「天賦人権論」を説く

## 翻訳語の成立

・[③　　　　　　]…『百一新論』などで西洋の学問事情を紹介，朱子学の素養を生かして「哲学」や「理性」など数多くの翻訳語をつくる

→こんにちでも，この時期の翻訳語をぬきにしては，満足な日本語表現は困難

## 一身の独立－福沢諭吉

[④　　　　　　　　]…啓蒙思想家，日本の進むべき道を追究

・封建制度を支えた儒教主義を批判

→「天は人の上に人を造らず，人の下に人を造らずと云へり」

と[⑤　　　　　　]の考えを説く

・西洋から学ぶべきもの…「有形において数理学と，無形において独立心」

数理学…西洋の合理的・実証的な科学であり，それはまた，実用的・実利的な「人間普通日用に近き[⑥　　　　]」

[⑥]を学ぶこと…ほかに依存することなく，自らの生活を，自らの判断と行動とによって切りひらいていくことができる

→[⑤]に基づく「[⑦　　　　　　]」という文明の精神を見出す

・「[⑧　　　　　　　　　]」

…[⑦]の精神が，単に個人の独立にとどまらず，西洋列強による植民地化に対抗して，国家を独立させる

・日本の進むべき道…「西洋の文明を目的とすること」（『文明論之概略』）と命題化

## 自由民権運動と植木枝盛

・薩摩・長州出身を中心とする藩閥政治の様相を強めた政府

→[⑨　　　　　　]（1870 年代なかば）

…参政権を要求して国会開設を求める運動

・民権運動の思想的基盤

①明六社系統から影響を受けた，官民調和を説くイギリス系の穏健な民権思想

②フランスのルソーなどの影響を受けた急進的な民権思想

>>>**森有礼**
森有礼は『妻妾論』をあらわし，一夫多妻を批判して，対等な権利をもつ男女の，合意に基づく近代的な婚姻形態（一夫一婦制）を主張した。（→教 p. 171 ❶）

>>>**日本の進むべき道**
のちに[④]は，国権伸長（「富国強兵」）のためには民権の制限もやむをえないと述べ，また，中国や朝鮮と友好的にかかわるよりは独自に近代化を進めるべきだとする「脱亜論」を唱えた。（→教 p. 173 ❶）

・〔⑩　　　　　　　〕…福沢の思想を学び，しだいに独自の思想を形成

　→国とは政府や君主によってできたものではなく，民によってできたものだ

　　と論じ，主権在民の考えを述べた憲法草案を執筆

　　→〔⑪　　　　　　　〕・革命権の主張をも含む

## ▌二種の民権－中江兆民

〔⑫　　　　　　　　　〕…土佐の下級藩士の出身，共和主義思想を学ぶ

・「亜細亜の片隅に一欧羅巴国を湧出す」ることをめざす

　→自由な人々の「自治の国」でなければならない

・自由民権運動の衰退，政府による憲法制定の動きが本格化

　→『三酔人経綸問答』を書いて，運動の新たな方向を示す

・〔⑬　　　　　　　　　　〕…人民が下から自分で勝ちとった民権

・〔⑭　　　　　　　　〕…為政者が上から人民に恵み与えた民権

　日本人民の務め…「〔⑭〕」であっても，それを次第に「〔⑬〕」に育てあげること

**Check! 資料読解**　①教科書 p.172「一身独立して，一国独立す」について，個人の独立がなければ国の独立はないとされるのは，なぜだろうか。その説明として適切でないものを，次の①～④のうちから一つ選びなさい。

　①　他人の知恵に頼らず独立している人民は，国を思う気持ちが切実だから。

　②　他人の財産に頼らず独立することが，国家を独立させることにつながるから。

　③　国を独立させることが，人民の独立より大切だから。

　④　人民に独立の気力がないときは，国の独立の権利は発展しにくいから。

②教科書 p.174「恩賜的民権・恢復的民権」について，次の文章は，日本の民権が「恩賜的民権」であるとされるのはなぜかをまとめたものの一部である。文章中の空欄　ア　～　ウ　に当てはまる語句の組み合わせとして正しいものを，下の①～④のうちから一つ選びなさい。

　中江兆民は，民権とよばれるものを，二種類考えていたようだ。イギリスやフランスのように　ア　恢復的民権と，　イ　恩賜的民権である。欽定憲法である　ウ　憲法の人民規定は，兆民にとって，恩賜的民権と考えられたのではないだろうか。

　①　ア－上から恵み与えられた　　イ－下からすすんで取った　　ウ－大日本帝国

　②　ア－上から恵み与えられた　　イ－下からすすんで取った　　ウ－日本国

　③　ア－下からすすんで取った　　イ－上から恵み与えられた　　ウ－大日本帝国

　④　ア－下からすすんで取った　　イ－上から恵み与えられた　　ウ－日本国

**TRY!**　明治の思想家たちは日本に人権思想を根づかせるため，さまざまな思索を展開したが，現代の日本ではどのくらい人権思想が定着しているか，考えてみよう。

## 2・3　キリスト教の受容／国家主義の台頭と社会主義思想　教科書　p.175〜178

・1873年にキリシタン禁止令がとかれ，主にアメリカからのプロテスタント系キリスト教の伝道が盛んに

| [①　　　　　] | 幕末に国禁をおかして渡米，京都に同志社英学校を創設 |
|---|---|
| [②　　　　　] | 東京神学校創立 |
| [③　　　　　] | 「日本の魂」の副題をもつ『武士道』を英文であらわす，国連事務局次長 |

### 二つの J ─内村鑑三

[④　　　　　]…新渡戸らとともに，アメリカ人教師クラークの影響が残る札幌農学校(北海道大学の前身)に学ぶ

・「[⑤　　　　　]」…第一高等中学校での勅語奉読式に際し，勅語に記された天皇の署名に深く礼をしなかった
　→退職を余儀なくされた

・「[⑥　　　　　]」…イエス(Jesus)と日本(Japan)にその人生を捧げる
　→高潔な道徳心をもつ日本の武士道→真にキリスト教がいかされる
　＝「武士道の上に接ぎ木されたるキリスト教」

・直接に聖書の言葉に向きあう[⑦　　　　　]を提唱

・[⑧　　　　　]…日露戦争に際しては，絶対的平和という宗教的立場から[⑧]を展開
「余は日露非開戦論者であるばかりでない。戦争絶対的廃止論者である。戦争は人を殺すことである。そうして人を殺すことは大罪悪である」

### 近代日本の宗教政策

・江戸時代まで：神仏習合思想に基づき，多くの天皇が出家し，葬儀も仏式

・明治以降：神仏分離令が出され，神仏習合が否定

### 【国家主義の台頭】

・[⑨　　　　　]…1890(明治23)年発布，忠孝を根本とした国民道徳を説く→天皇への忠誠を旨とする国民道徳論の基盤に

### 国家主義・国粋主義

・政府主導の文明開化により社会が西洋化
　⇔日本の伝統文化に対する意識が高まる

・[⑩　　　　　]…自由や平和を基調とする**平民主義**を説き，雑誌『国民之友』を発行。日清戦争後は，国家に至上の価値をおき，国民に国家への奉仕を求める[⑪　　　　　](ナショナリズム)を提唱

・[⑫　　　　　]…失われた道徳を回復するため，儒教道徳に西洋哲学を一部取り込んで『日本道徳論』をあらわす

〉〉〉【①】
安中藩(群馬県)の下級武士の家にうまれ，幕末に国禁をおかして渡米した。1875(明治8)年に京都に同志社英学校を創設して，キリスト教に基づく教育をおこなった。(→教 p.175❶)

〉〉〉【⑤】
[④]には天皇制を否定する意図はなく，天皇を崇拝せずに敬うという立場であったが，キリスト教そのものが天皇制に反した宗教だとする一部の排撃運動により，社会的な事件となった。(→教 p.175❷)

〉〉〉【③】
南部藩(岩手県)の武士の家にうまれた。武士道のなかにキリスト教受容の可能性を見出し，「日本の魂」の副題をもつ『武士道』を英文であらわして，武士道の道徳性を世界にアピールした。(→教 p.175❸)

- 〔⑬　　　　　　　〕や**志賀重昂**…政府の推進する表層的な欧化主義に反発し，雑誌『日本人』を刊行して，日本の伝統的な文化価値（国粋）を保持しつつ文明化を推進する〔⑭　　　　　　　〕を提唱
- 〔⑮　　　　　　　〕…政府の欧化主義を「百事外国風を尊崇し外国風を模擬し，其得失を択ば」ないものだと批判，ナショナリズムとデモクラシーの総合を意図した〔⑯　　　　　　　〕を提唱，新聞『日本』を発刊

## 社会主義と非戦論

- 日清・日露戦争期：産業革命が急速に進展→労働者の権利を保障し，平等な社会の実現をめざす〔⑰　　　　　　　〕の運動が展開
- 〔⑱　　　　　　　〕や**堺利彦**…〔⑪〕の進展により挫折した自由民権の理想を，〔⑰〕運動を通じて実現しようとした

  →**片山潜，木下尚江，安部磯雄**らと社会民主党を結成

  →平民社を結成し，『平民新聞』を発行して運動を進める
- 〔⑱〕…日露戦争に際しては，非戦論の論陣を張る

  →日露戦争後に渡米，アナーキズム（無政府主義）に傾斜，直接行動論
- 社会主義運動が急進的な傾向を強めると，政府はこれを弾圧

  →〔⑲　　　　　　　〕（1910年）…明治天皇の暗殺計画に関与したとの容疑で逮捕，〔⑱〕を含む12名の社会主義者が処刑
- 〔⑳　　　　　　　〕…歌集『一握の砂』，国家に抵抗しえない自然主義文学と決別して社会主義へ

>>>**岡倉天心**(1862〜1913)は，西洋化の風潮に抗して，日本の文化・芸術の伝統的優秀性を内外に訴え，国粋主義的な見解を展開した。英文の著書『東洋の理想』で「アジアは一つ」と主張し，西洋に対抗するアジアの覚醒とアジアにおける日本の指導的役割を唱えた。(→教 p.177 ❶)

>>>【⑱】
〔⑱〕は中江兆民の弟子。『廿世紀之怪物帝国主義』は，帝国主義批判の先駆的著作。(→教 p.178 ❶)

>>>**アナーキズム**
アナーキズムは，のちに大杉栄(1885〜1923)によって展開された。(→教 p.178 ❷)

>>>【⑲】
幸徳自身はこの事件にかかわっておらず，首謀者でもなかった。(→教 p.178 ❸)

**Check! 資料読解** ①教科書 p.176「二つのJ」について，内村にとってイエスと日本の「二つのJ」は，どのような関係にあったのだろうか。次の文章中の空欄に当てはまる内容として正しいものを，下の①〜④のうちから一つ選びなさい。

「武士道の上に接ぎ木されたるキリスト教」と述べたように，□□□□，日本とイエスをともに愛した。

① 矛盾したものではなく同一のもので　　② 同一のものではなく矛盾したものであるが

③ 武士道の方がキリスト教よりも価値が高いが　　④ キリスト教の方が武士道よりも価値が高いが

②教科書 p.177「道徳の喪失」について，西村が，日本は道徳の規準を喪失していると考えたのはなぜだろうか。その説明として正しいものを，次の①〜④のうちから一つ選びなさい。

① 武士が尊重してきた神道に基づいた道徳観を捨て，その地位を神道と儒学がまじりあった教えによって埋めようとしたがうまくいかず，もとの神道の道徳観も失ってしまったから。

② 武士が尊重してきた儒学に基づいた道徳観を捨て，その地位を神道と儒学がまじりあった教えによって埋めようとしたがうまくいかず，もとの儒学の道徳観にも戻れないから。

③ 庶民が尊重してきた仏教に基づいた道徳観を捨て，その地位を神道と仏教がまじりあった教えによって埋めようとしたがうまくいかず，もとの仏教の道徳観にも戻れないから。

④ 武士が尊重してきた儒学に基づいた道徳観を捨て，その地位を仏教と儒学がまじりあった教えによって埋めようとしたがうまくいかず，もとの儒学の道徳観にも戻れないから。

# ④ 近代的自我の確立

教科書　p.179〜181

## ロマン主義

・ロマン主義…内面の理想や情熱を重んじ，感情を自由に表出させる立場

| | |
|---|---|
| ［①　　　　　　　］ | ・自由民権運動の衰退，政治的な自由の実現に挫折→活動の場を文学へ<br>・文学を通じて，「内部生命」の要求を「想世界」（内面的世界）に実現することで，「実世界」（現実世界）に対抗 |
| ［②　　　　　　　］ | 詩集『若菜集』で自我の目覚めと憂いを歌う |
| ［③　　　　　　　］ | 歌集『みだれ髪』で官能をみずみずしい感性で表現 |

## 日本近代化への反省－鷗外と漱石

［④　　　　　　　　　］…近代的自我に目覚めた青年が社会との葛藤に苦悩する姿を，小説『舞姫』で描き，ロマン主義文学の先駆けに

・日本の社会＝いまだ近代国家として発展途上の「普請中」

　…自我に目覚めた者がそのなかで生きようとしても，矛盾に陥る

　→［⑤　　　　　　　］（レジグナチオン）の境地に解決を求める

［⑥　　　　　　　　　］…イギリスに留学，日本人の自己確立が不十分と痛感

・「［⑦　　　　　　　　　］」ではなく「**外発的開化**」（「現代日本の開化」）

・他人に流されず，［⑧　　　　　　　　　］に生きることをめざす，独自の**個人主義**（「私の個人主義」）

　…自他相互の自由を尊重するものであり，自己中心主義とは異なる

・［⑥］の作品…真の自己確立をめざして，みにくい利己主義（エゴイズム）を乗り越えようと苦悩する人間の姿が描き出されている

## 大正デモクラシー

・大正期…従来の専制的な政治を変革し，民意に基づく議会政治の確立をめざす［⑨　　　　　　　　　　　　］の運動がおこる

・［⑨］運動の理論的支柱

| | |
|---|---|
| ［⑩　　　　　　　］ | ［⑪　　　　　　　　　］…主権は国家にあり，天皇は法人である国家の最高機関とする説 |
| ［⑫　　　　　　　］ | ［⑬　　　　　　　　　］…明治憲法の天皇主権を前提としながらも，主権の運用において民衆の意向を尊重し，民衆の利益と幸福を目的とするべきだと主張 |

［⑭　　　　　　　　　］…『貧乏物語』で，経済学的な視点から「文明国に於ける多数人の貧乏」という問題をとりあげ，運動に影響を与えた

### 側注

>>>**内部生命**
神から人に与えられた根本の生命であり，精神の自由をさす。［①］にとって文学とは，そうした自己の内的な要求としての「内部生命」と，宇宙の精神とを感応させる営みだった。（→教 p.179 ❶）

>>>【②】
のちに詩人から小説家へと転じ，『破戒』において，現実をありのままに描いて社会的偏見を批判し，自己の内面的真実を告白する自然主義の作風を確立した。（→教 p.179 ❷）

>>>【⑤】
社会といたずらに衝突せず，順応しながら，しかもそこに埋没しない態度。（→教 p.179 ❸）

>>>**利己主義**
エゴイズムの克服に苦しんだ［⑥］は，晩年，［⑧］をこえ天地自然に従う「則天去私（天に則り，私を去る）」の境地を求めたとされる。（→教 p.181 ❶）

>>>【⑬】
吉野の論文「憲政の本義を説いて其有終の美を済すの途を論ず」（1916年）で示された見解で，同時に普通選挙の実施をも訴え，民衆の政治参加を促した。（→教 p.181 ❷）

>>>【⑭】
「文明国に於ける多数人の貧乏」の解決を「富者の奢侈廃止」に求めたが，その後マルクス主義に近づいた。（→教 p.181 ❸）

・雑誌『[⑮　　　　　　]』によった[⑮]派…個人主義とキリスト教を基調に，人間性に信頼をよせ，理想の実現を説く人道主義の運動を展開

[⑯　　　　　　　　　]…すべての人が個性を発揮しつつ，調和できるような理想の社会をめざして，宮崎県に「新しき村」を建設

・[⑰　　　　　　　　　]…被差別部落の解放をめざす組織

→[⑱　　　　　　　　]の起草による「水平社宣言」で，差別が悪であることを世人に訴えた

## 女性解放のあゆみ

・女性を差別や抑圧から解放しようとする動き…**岸田俊子**や**福田英子**らが自由民権運動に加わり，男女同権や女性の独立を訴えたことにはじまった

| [③] | 出征した弟によせた詩を反戦歌として非難されつつも，多数の評論を書いて「児を産むから穢はしい，戦争に出るから尊いと云ふ様な偏頗な考え」を打破しようとした |
|---|---|
| [⑲　　　] | 文芸雑誌『青鞜』を創刊し，女性に人間の自由の自覚をうながし，それまでの良妻賢母意識からの脱却を訴えた |

〉〉〉【③】
日露戦争に出征する弟によせた歌「君死にたまふこと勿れ」では，国や天皇のために戦死することを名誉とする社会の風潮に抗して，殺すことにも死ぬことにも名誉はないと訴えた。（→ 教 p. 181 ❹）

---

**exercise** 森鷗外が自らの立場とした「諦念」についての説明として最も適当なものを，次の①～④のうちから一つ選びなさい。

〈センター試験倫理 2005 年本試を改変〉

① 自我と社会の矛盾に遭遇したとき，あくまで自己を貫くのではなく，自らの社会的な立場を冷静に引き受けながらも，なおそこに自己を埋没させまいとする立場。

② 自我と社会の矛盾に遭遇したとき，小さな自我に対するこだわりを捨て，自我を超えたより大きなものへと自らを委ねることで，心の安らぎを得ようとする立場。

③ 自我と社会の矛盾に遭遇したとき，あくまで自己を貫くのではなく，欲求の実現を断念し現実から逃れることで，社会から独立した自己を実現しようとする立場。

④ 自我と社会の矛盾に遭遇したとき，小さな自我に対するこだわりを捨て，社会的要請に応えることに自らの理想を見いだして，人格の完成を目指そうとする立場。

**Check! 資料読解** 教科書 p.180「個人主義」について述べた次のア・イの文の正誤の組み合わせとして正しいものを，下の①～④のうちから一つ選びなさい。

ア 自己本位にもとづいた個人主義とはお互いの個性を尊重し合うものである。

イ 他人本位とは，みにくい利己主義を乗り越えて，他者を尊重することで，個人主義のよりどころになるものである。

① ア 正　イ 正　　② ア 正　イ 誤
③ ア 誤　イ 正　　④ ア 誤　イ 誤

## ⑤ 近代日本哲学の成立と超国家主義

教科書　p.182〜183

・大正，昭和…東洋や日本の伝統思想の再発見を通して，新しい独自の思想を創造しようとする試み

### 純粋経験−西田幾多郎

〔①　　　　　　　　　　　　〕…西洋近代哲学を学ぶとともに，坐禅の修行にはげむ

→「西田哲学」とよばれる独自の思想を形成

【西洋の近代哲学】…主観と客観，精神と物質という対立を前提

⬍

【東洋とくに禅仏教】…区別や対立以前の〔②　　　　　　　　　〕の〔③

　　　　〕

＝唯一の実在であり，意識的な自己の根底にある真の自己

（例）人が音楽にわれを忘れて聞き入っているとき，そこには聞いている「われ」と聞かれている「音楽」との区別は意識されていない。そうした主観と客観の区別がいまだあらわれない〔②〕の直接状態のこと

・〔④　　　　　〕…〔③〕を成り立たせている無限の統一力と一体化し，知・情・意一体の人格を実現すること

→東洋の伝統思想に西洋哲学的な表現を与えた試みとして，後代に大きな影響

### 間柄的存在−和辻哲郎

〔⑤　　　　　　　　　〕…西洋近代の倫理学を個人主義的であるとして批判

→人間をその個人性とともに社会性においてとらえる「〔⑥

　　　　　　　　　〕」を提唱

・〔⑦　　　　　　　　　〕…人間とは，もともと個人のみを示すものではなく，同時に人と人との「間柄」を示すもの

＝個人も社会も，それ自体として存在するのではなく，人間そのものの二つの側面

（例）家族は，父や子という個人によって成り立つが，一方，父であり子であることは，家族という間柄があってこそ成立する。個人と家族は，どちらが先であるともいえない。そうした人間のあり方のこと

・人間のあり方としての倫理

①社会のなかに埋没せず，そこから背き出て自我を確立する

⬍　　①②の運動を常に繰り返す

②その自我を否定して，再び社会の全体に帰り，その一員として生きる

※この動的な関係を失うと，個人中心の利己主義や個人を抑圧する全体主義に陥る

・〔⑤〕の倫理学説

…仏教哲学の研究で得た「空」の理論が生かされている

…日常世界における人と人とのかかわりを重視する点に，儒教思想の影響をみることができる

〉〉〉**禅仏教**

西田の親友であった**鈴木大拙**(1870〜1966)は，禅思想を英文著作で世界に紹介した。(→教 p. 182 )

## 超国家主義

- 昭和にはいり，戦時体制に突入
  → 強権的な政治で国民を国家に従わせようとする〔⑧　　　　　　　　　〕の
  思想が台頭
- 〔⑨　　　　　　　〕（著書『日本改造法案大綱』）
  …クーデタによる国家改造，天皇と国民を直結
  …富を平等化し，対外戦争によって植民地分配を均等化すべきだと主張

**exercise** ① 次の文が正しい場合は〇，誤っている場合は×を（　）に記入しなさい。

1. 西田は，たとえば，音楽を聴きながら集中して自分自身に向き合っている状態のようなことを純粋
   経験とよんだ。（　　　）

2. 和辻は，たとえば，家族は，父や子という個人によって成り立つが，一方，父であり子であること
   は，家族があってこそ成立する。このような人間のあり方を間柄的存在とよんだ。（　　　）

② 和辻哲郎の人間理解の説明として最も適当なものを，次の①〜④のうちから一つ選びなさい。

〈センター試験倫政 2012 年追試を改変〉

① 人間は個人的存在であるとともに社会的存在である。ゆえに，倫理とは，社会を否定して個として
   の自己を自覚することと，その自己を再び否定して，社会のために生きようとすることとの相互運動
   である。この運動が停滞すると，利己主義や全体主義に陥る。

② 人間は単なる孤立した個人的存在ではなく社会的存在である。ゆえに，倫理とは，社会に背く個と
   しての自己をひたすら否定して，社会に没入し，社会のあり方に従っていく運動である。この運動が
   失われると，社会的なあり方を軽視した利己主義に陥る。

③ 人間は単なる孤立した個人的存在ではなく社会的存在である。ゆえに，倫理とは，個人と社会とを
   同時に肯定し，個としての自己を保ちつつ社会とのよりよい関係を築いていく運動である。この運動
   が停滞すると，利己主義や全体主義に陥る。

④ 人間は個人的存在であるとともに社会的存在である。ゆえに，倫理とは，社会全体に埋没してしま
   わない個としての自己を確立し，個人主義を徹底して，同じ個としての他者とのよりよい関係を築い
   ていく運動である。この運動が失われると，個人を抑圧する全体主義に陥る。

**Check! 資料読解** 教科書 p.183「間柄的存在」について，自我の確実性を出発点としたデカルトと和
辻とでは，確実さの理解にどのような違いがあるだろうか。資料の内容をふまえ，二人の考え方の説明
として最も適当なものを，次の①〜④のうちから一つ選びなさい。

① デカルトは，我れ以外のあらゆるものは疑い得るという方法的懐疑で，自我の確実性を証明した
   が，和辻は，方法的懐疑そのものが，他者との連関の上に立っていると主張している。

② デカルトは，我れ以外のあらゆるものは疑い得るという方法的懐疑で，自我の確実性を証明した
   が，和辻は，方法的懐疑そのものが，事実としての「純粋経験」であると主張している。

③ デカルトも和辻も，我れ以外のあらゆるものは疑い得るという方法的懐疑で，自我の確実性を証明
   したが，和辻はその後，自我は他者との連関の上に立っていると主張している。

④ デカルトも和辻も，我れ以外のあらゆるものは疑い得るという方法的懐疑で，自我の確実性を証明
   したが，和辻はその後，方法的懐疑そのものが，事実としての「純粋経験」であると主張している。

## ⑥ 伝統の自覚と新たな課題

教科書　p.184～186

### 日本民俗学の成立と展開

・西洋文化の流入によって生活様式が変容し，しだいに伝統文化が失われていくことへの反省がなされるように

　→大正から昭和にかけて，〔①　　　　　　　　〕や〔②　　　　　　　　〕により，〔③　　　　　　　　〕が提唱される

・〔①〕…村落共同体に生きるごく普通の農民（〔④　　　　　　〕）の日常生活に注目し，〔③〕を創始

　→風俗や習慣，信仰，民間伝承といった文字以外の資料から人々の生活の姿を探究し，そこに日本文化の基底をとらえようとした

・〔②〕…国文学や芸能の研究と〔③〕とを融合させることで，近代へと連なる古代の精神文化を明らかにしようとした

・〔⑤　　　　　　　　　〕…人類学や生物学などの知識を背景に，独自の民俗学研究をおこない，明治の神社合祀で多くの神社や鎮守の森が破壊された際には，森林の保護を主張→現代の環境保護の先駆となる活動

### 柳田の祖霊論

・戦後の〔①〕…伝統的な信仰がより一層失われていくことを危惧

　→日本人の生活様式の根底にある祖霊信仰を描き出す

　　日本では，死後も人の魂はうまれ育った土地を離れることなく，村落を臨みみる場所にいて，子孫を見守り，盆や新年など，ときを定めて家々を訪れ，子孫たちと交流しあうと考えられていた

### ほんとうの幸福－宮沢賢治

・〔⑥　　　　　　　　〕…人々の生活を豊かにするため，故郷岩手県の農村で，農業技術や芸術を教えつつ，詩や児童文学を創作

・動植物と人間の交歓を描いた〔⑥〕の作品…『法華経』信仰に基づき，「すべてのいきもののほんとうの幸福」を願うもの→自然との共生

### 文芸批評の確立－小林秀雄

・〔⑦　　　　　　　　〕…明治以降の日本において，思想や理論がその時々の〔⑧　　　　　　〕(趣向)として扱われていることを批判

　→批評という独自のスタイルで文筆活動を展開

・〔⑦〕の批評

　…モーツァルトやゴッホといった芸術家を対象に，「彼は彼以外のものにはなれなかった」ような「宿命」を，自らの思索を通じて描きとったもの

　→晩年に，11年の歳月をかけた大著『本居宣長』…宣長を通じて，日本人としての自己と向きあう営み

### 戦後の民主化と思想的状況

・1945(昭和20)年，日本の敗戦により太平洋戦争が終結

　…日本国憲法が公布，民主化の道，象徴天皇制

〉〉〉**伝統文化への反省**
白樺派の柳宗悦(1889～1961)は，日常の実用的雑器に美を見出し，そうした民衆的工芸を「民芸」とよんで，その再発見を民芸運動として展開した。(→教p.184❶)

〉〉〉**〔③〕**
〔①〕や〔②〕は，彼らの〔③〕を，江戸時代に興隆し近代に廃れてしまった国学を新たな形で受け継ぐ新国学であるとも位置づけていた。(→教p.184❷)

・〔⑨　　　　　　　　〕…日本人の道徳を支えていた天皇も武士道も幻影とみるほどに「堕落」し，一人ひとりが裸のままの自己の姿に立ち返るところにしか救いはなく，進むべき道はひらかれないと訴えた

・〔⑩　　　　　　　　〕…超国家主義をうみだした精神風土を分析
　→日本では，自己の信条に基づき，責任をもって行動するような主体性が育まれないことを指摘
　近代の日本…誰も主体性をもって現実にかかわることのない「無責任の体系」が成立
　→日本には，いまの「なりゆき」を重視し，主体性の確立を阻むような思考のパターン（古層）がある＝日本人の主体性の確立という課題

>>>**主体性の確立**
近代以降の日本の知識人が大衆から孤立していると批判した詩人・評論家の吉本隆明(1924～2012)は，大衆の政治的無関心を批判しつつ推進される丸山ら知識人主導の民主主義運動とは距離をとり，日々の暮らしに根差して物事を考える大衆の生活思想の深化に「自立」の思想的拠点を見出した。（→教 p. 186 ❶）

**exercise**　次の文章は，戦後のあるべき社会や生き方についての主張である。文章中の空欄　a　～　c　に入る語句の組み合わせとして正しいものを，下の①～⑧のうちから一つ選びなさい。

〈センター試験倫理 2014 年追試を改変〉

　a　は，「何となく何物かに押されつつ，ずるずると」開戦に至り，戦争をやめることができなかった戦前・戦中の日本社会に，無責任の体系を見いだし，批判的な検討を加えた。そして，戦後の社会において，　b　による民主的な市民社会の形成を唱えた。一方，竹内好は，中国の近代化に，日本とは異なる可能性を読み取り，日本の近代化の優等生的な性格を批判し，アジアに開かれた日本のあり方を模索した。また，坂口安吾は，人間本来の姿に戻ることを　c　と呼び，偽り飾ることのない「ただの人間になる」べきだと主張した。時流に乗って民主主義を主張する人も多いなか，彼は一人ひとりが新たな戦後を反省的に始めるべきだと説いたのである。

① a 丸山眞男　b 労働者階級　c 諦　念　　② a 丸山眞男　b 労働者階級　c 堕　落
③ a 丸山眞男　b 近代的主体　c 諦　念　　④ a 丸山眞男　b 近代的主体　c 堕　落
⑤ a 小林秀雄　b 労働者階級　c 諦　念　　⑥ a 小林秀雄　b 労働者階級　c 堕　落
⑦ a 小林秀雄　b 近代的主体　c 諦　念　　⑧ a 小林秀雄　b 近代的主体　c 堕　落

**Check! 資料読解**　教科書 p.186「自由なる主体的意識の欠如」について，資料にある「驚くべき事態」の例として最も適当なものを，次の①～④のうちから一つ選びなさい。

① 学校の伝統として修学旅行は毎年京都にいっているから，今年も京都でいいと思っている。
② 多くの友達が塾に通っているが，私は自分で頑張ろうと決めた。
③ 私の将来の職業について，父親は医者をすすめているが，いまだに迷っている。
④ 大学への進学率が 50％ をこえていることも参考にして，私も大学へ進学することにした。

**TRY!**　日本人の伝統的な死生観・自然観は，生命倫理や環境倫理などの現代的課題を考察するうえでどのような意義をもつか，考えてみよう。

第 4 節　西洋思想の受容と展開 | 123

# Skill Up 徳の比較―東洋思想と西洋思想

教科書　p.187

**1** 徳に関する資料 A・B について述べた会話文を読み，以下の問いに答えなさい。

**資料 A**

　理性的な存在者(人間)に理性(ロゴス)が与えられると，こうした存在者にとっては「理性に従って正しく生きること」が「自然に従う」ということになる。……それゆえ，(ストア派の)ゼノンが初めて……「自然と合致して生きること」が目的であると述べたのだが，これは「徳に従って生きること」にほかならない。というのも，われわれを徳へと導くのは自然なのだから。……だから，目的となるのは「自然に従って生きること」であって，それは自分自身の自然と万有の自然に従うことであり，共通の法が通常禁じていることは何ひとつ実行しないということであるのだが，共通の法とは正しい理法(ロゴス)にほかならない……。まさにこのこと(自然に従って生きること)が幸福な人の徳であり，生が淀みなく流れることである。

**ディオゲネス＝ラエルティオス『ギリシア哲学者列伝』**

**資料 B**

　仁の徳は偉大である。しかし一言でこれを総括する。つまり愛である。君臣にあってはこれを義と言い，父子ではこれを親と言い，夫婦ではこれを別と言い，兄弟ではこれを叙と言い，朋友ではこれを信と謂う。みな愛から出る。思うに愛は真実の心から出る。ゆえにこの五つが愛から生じている時には真実であるが，愛から出ていない時は偽りに過ぎない。故に君子にとって慈愛の徳よりも偉大なものはなく，残忍な心よりも痛ましいものはない。孔子門下で仁を最上の徳とするのは，このためである。……思うに古人(孔子など)の学は専ら徳の行いを基本とし，後人(朱子など)の学はまず理を窮めることを主とした。これこそ，後人が真に仁を知ることのできない理由である。そもそも仁は愛を主とするもので，人を愛すること以上に偉大な徳はないのである。

**伊藤仁斎『童子問』**

ケン：資料 A のディオゲネスの考え方によれば，われわれを徳へと導くのは（　①　）なのだから，「（　①　）と合致して生きること」がわれわれの目的であり，幸福であるということになります。

ミキ：資料 B の伊藤仁斎の考え方によれば，徳は（　②　）であり，朱子学などは（　③　）を窮めることを中心としたので，（　②　）を知ることができないとされています。

ケン：伊藤仁斎は，君臣における義，父子における親，夫婦における別などの徳は，すべて（　④　）を源にしていると考えました。つまり，人を（　④　）すること以上に偉大な徳はないといえます。

ミキ：ストア派は徳について，人と（　①　）とのかかわりでとらえているのに対して，伊藤仁斎は，人と人とのかかわりでとらえているといえるのかもしれません。

　問　会話文中の（　①　）～（　④　）に当てはまる語句を答えなさい。

| ① | ② | ③ | ④ |
|---|---|---|---|
|   |   |   |   |

2  ケンは資料Aを参考にゼノンらの考えをレポートにまとめた。これを読み，以下の問いに答えなさい。

　　ゼノンら（　①　）派の人々は，「　　A　　」ことが人生の目的と考えた。彼らは，自然全体は理性が支配する世界であるから，人間も自分の理性を自然全体の理性に従わせることにより，情念を克服した理想的な状態を実現できると主張した。また，この状態を徳であり善であると考え，「幸福であるためには徳だけで十分である」と考えた。このように（　①　）派の人々は，自然全体を理性が支配していると考えたため，すべての人々が自然のもとで平等であると考えた。そのため，人間を個々のポリスにしばられない（　②　）とみなす考え方がうまれた。

問1　文章中の（　①　）と（　②　）に当てはまる語句を答えなさい。

| ① | ② |
|---|---|
|   |   |

問2　文章中の空欄　　A　　に当てはまる言葉として最も適当なものを，次の①〜④のうちから一つ選びなさい。

①　隠れて生きる

②　自然に従って生きる

③　よく生きる

④　イデアの世界を知る

問3　下線部を何というか，答えなさい。

3  ミキは資料Bを参考に伊藤仁斎の考えをレポートにまとめた。これを読み，以下の問いに答えなさい。

　　伊藤仁斎は，朱子学の抽象的な議論を批判し，『論語』『孟子』のもともとの意味を究明しようとする学問をはじめます。

　　彼は，「仁は愛のみ」とし，人間どうしが互いに親しみあい愛し合う関係に仁の道をみました。　a　に偽りのない「　b　」が成立するとき，そこに仁があると考えたのです。

問1　文章中の空欄　a　・　b　に入る語句の組み合わせとして最も適当なものを，次の①〜④のうちから一つ選びなさい。

①　a　人と人との間に　　　　b　誠

②　a　人と人との間に　　　　b　孝

③　a　人と自然との間に　　　b　誠

④　a　人と自然との間に　　　b　孝

問2　下線部を何というか，答えなさい。

**1**次の文章は，教科書 p.190「自然をどうとらえるか」の要約である。文章中の空欄　a　・　b　に入る記述の組み合わせとして最も適当なものを，下の①〜④のうちから一つ選びなさい。

> 西洋では　a　という考え方が支配的になり，科学が技術と結びついた物質文明を進展させた。科学技術は豊かさを追求する経済活動に影響を及ぼし，西洋文明のこのあり方は地球規模で広まっている。それは自然を資源として消費することでもあるが，自然は無尽蔵ではない。人間の活動と自然環境との調和を図る必要がある今，東洋・日本の　b　は重要な意味をもつだろう。

|  | a | b |
|---|---|---|
| ① | 自然の秩序を知ることで自然を統御できる | 自然との交わりを重視する自然観 |
| ② | 自然の秩序を知ることで自然を統御できる | 自然への服従を重視する自然観 |
| ③ | 自然との共生を図ることで自然を統御できる | 自然との交わりを重視する自然観 |
| ④ | 自然との共生を図ることで自然を統御できる | 自然への服従を重視する自然観 |

**2**教科書 p.191「自然と美的感受性」について，その内容の説明として，最も適当なものを，次の①〜④のうちから一つ選びなさい。

① 松尾芭蕉は俳諧を天地自然に従い四季を友とする営みととらえている。そのさい，花と月を雅やかな趣を示す代表的なものとして掲げ，雅やかな趣を尊ぶ風雅の美意識によって自然の一切をとらえ切り，そうとらえられた自然に従って自然に帰ることが俳諧の営みであるとする。そこには自然を美的にとらえている特色がある。

② 松尾芭蕉は俳諧を天地自然に従い四季を友とする営みととらえている。そのさい，花と月を無常な趣を示す代表的なものとして掲げ，すべてのものは移りかわり滅びる無常の美意識によって自然の一切をとらえ切り，そうとらえられた自然に従って自然に帰ることが俳諧の営みであるとする。そこには自然を無常なものととらえている特色がある。

③ 「仮名序」は和歌を人間が見聞きすることを通じて心に思うことを言葉に表す営みであると述べ，その根拠として，鶯や蛙が声を出して鳴くのは，人の心の現れであるとする。生きものや自然のこのとらえ方には，生きものや自然を人間と対比的に区別し，人間からは最も遠い存在ととらえている特色がある。

④ 「仮名序」は和歌を人間が見聞きすることを通じて心に思うことを言葉に表す営みであると述べ，その根拠として，鶯や蛙が声を出して鳴くのも，人の心の現れであるとする。生きものや自然のこのとらえ方には，生きものや自然を人間と対比的に区別せずに，人間とまったく同じ存在ととらえている特色がある。

③次の文章は，教科書 p. 93 のアリストテレスやデカルトの自然のとらえ方と，王陽明や松尾芭蕉，「仮名序」の自然のとらえ方の違いについての生徒 A と生徒 B の発表である。発表を読んで，以下の問いに答えなさい。

生徒 A：王陽明，松尾芭蕉，「仮名序」の a 自然のとらえ方はいずれも，アリストテレスの目的論的自然観と異なり，またデカルトの機械論的自然観とも異なり，自然の秩序が知的に理解・認識される対象とされていないように考えられます。

生徒 B：王陽明の自然は，人間が心を通わせて思いやり寄り添う，人間の心のあり方との関係でとらえられており，理知的な認識対象でなく，b 人間の心の配り方に基礎をもつ生き方に関わる実践的な観点からとらえていると思います。

生徒 A：一方，松尾芭蕉と「仮名序」では自然が俳諧や和歌という創作活動の美的対象としてとらえられています。芭蕉は自然を風雅の観点からとらえるべきことを説き，「仮名序」は c 人間と生きもの・自然との近しさを述べていると考えられます。

〈大学入学共通テスト倫理 2022 年本試を改変〉

**問 1** 下線部 a に関連して，古代日本人が重んじた自然観・倫理観についての説明として最も適当なものを，次の①〜④のうちから一つ選びなさい。

① 自然との調和を重んじた古代の人々は，自然の恵みを受けて共同体が繁栄することを理想とし，自然の中に神が存在することを認めなかった。

② 自然との調和を重んじた古代の人々は，自然の威力に逆らわないことを理想とし，災厄が生じたときには身を慎んで，一切の祭祀を行わなかった。

③ 純粋な心を重んじた古代の人々は，人間が生まれながらに持っている罪を禊によって祓い清め，神と一体になることを目指した。

④ 純粋な心を重んじた古代の人々は，偽りのない心で神に向き合うことを大切にし，祭祀を妨げて共同体の安穏を脅かす行為を罪であると考えた。

**問 2** 下線部 b に関連して，安藤昌益についての説明として最も適当なものを，次の①〜④のうちから一つ選びなさい。

① 町人が経済的な力を持つようになったことを背景として，町人としての生き方を積極的に肯定し，「ただの町人こそ楽しけれ」と唱えた。

② 天道を受け止めながらも，ひたむきに努力する人道の大切さを説き，分をわきまえて倹約に努める報徳の実践を重視した。

③ あらゆる差別と搾取を排除した平等な社会を理想とし，武士が農民を支配するような封建的な社会のあり方を，法世として批判した。

④ 人間が本来持っている心情と，社会において守るべき道徳との葛藤に着目し，その相克に苦しみながら生きる人間の姿を浄瑠璃に描いた。

問3　下線部cに関連して，西田幾多郎の「純粋経験」の具体例として最も適当なものを，次の①～④のうちから一つ選びなさい。

① ペットの犬と散歩に夢中になってしまったAさんは，自分がどこにいるのか一瞬分からなくなってしまったが，過去の経験を頼りに家まで無事にたどり着いた。

② 自然観察に出かけたBさんは，道端に咲いている向日葵のたくましさを目の当たりにして，自分の今後の人生への糧にしようと心に誓った。

③ 通学途中に川で泳ぐ魚や首を垂れる稲穂を見て，生命の躍動を感じたCさんは，その感動をそのままにノートにまとめ記録した。

④ 隣の教室から聞こえてくるオーケストラ部の演奏に心を奪われ，気がつくと，自分の野球部の活動開始時間まであと数分になっていた。

⬚

4 次の文章は，教科書p.192「善についてどう考えるか」の要約である。下線部について生徒A，生徒B，先生の三人が交わした会話文中の空欄 a ・ b に入る記述の組み合わせとして最も適当なものを，下の①～④のうちから一つ選びなさい。

> 人間にとって何が善であるのか，人間は生まれつき善であるのか，誰の善をめざすのかといった問題について，古今東西の思想家たちはさまざまな考えを唱えてきた。そのため，善について一般的に考えることはできないように見える。たしかに，何を善とするかは，時代や地域，個人によって，大きく異なる。しかし，さまざまな善のなかには，時代や地域，個人をこえた，一般的な善というものもあるはずである。

先　生：ベンサムは快楽それ自体を善と考え，功利主義を唱えたけど，彼らの立場を端的に表す言葉を覚えているかな？

生徒A： a ですね。

先　生：正解。よく理解できてますね。一方で，人間はなかなか善を志すことができないと考える先哲もいて，その考え方は日本では，親鸞に代表されますね。

生徒B： b という考え方ですね。

| | a | b |
|---|---|---|
| ① | 最大多数の最大幸福 | 罪を犯して償った悪人こそが仏によって救われる |
| ② | 最大多数の最大幸福 | 自分の罪悪を自覚する悪人こそが仏によって救われる |
| ③ | 不満足なソクラテスのほうがよい | 自分の罪悪を自覚する悪人こそが仏によって救われる |
| ④ | 不満足なソクラテスのほうがよい | 罪を犯して償った悪人こそが仏によって救われる |

⬚

5 教科書p.193「人格の実現」について，その内容の説明として最も適当なものを，次の①～④のうちから一つ選びなさい。

① 西田は，善とは主客の別を明瞭にさせることで，知・情・意が別となった人格を実現することが絶対的な善であると主張した。

② 西田は，善とは主客の別を明瞭にさせることで，知・情・意が一体となった人格を実現することが絶対的な善であると主張した。

③ 西田は，善とは自己の内面の欲求を満足させることで，知・情・意が一体となった人格を実現することが絶対的な善であると主張した。

④ 西田は，善とは自己の内面の欲求を満足させることで，知・情・意が別となった人格を実現することが絶対的な善であると主張した。

☐

6 生徒Aと生徒Bが交わした次の会話文を読み，以下の問いに答えなさい。

生徒A：個人の善と他者や社会の善の関係に関する先生の話について考えてみたんだ。

生徒B：ああ。個人は社会の一員であるから，a 個人の善と社会の善が対立するときには，個人の善よりもb 社会の善の方が優先されるのではないか，という話のこと？

生徒A：うん。でもやっぱり，社会は個人からなっているから，社会の善よりも個人の善を優先すべきだと思うんだよね。どう思う？

生徒B：難しいなあ…。他者や社会の善に配慮しながら，個人の善をめざすことはできないのかな。

問1　下線部aの事例として適当でないものを，次の①〜④のうちから一つ選びなさい。

① お腹すいたから食事しようと思うんだけど，この教室って飲食禁止だったような…。

② あっちのドアの方は出口専用だよね。帰り道に近いんだけどな。

③ 今日は掃除当番だから部活動には遅れてしまうな…。

④ テストの平均点を上げるためには数学と英語がポイントだけど，両方やるのはきついよね。

☐

問2　下線部bに関連して，次のメモは安天下の道について生徒Bが書き留めたものである。メモ中の空欄 ａ ・ ｂ に入る語句の組み合わせとして最も適当なものを，下の①〜④のうちから一つ選びなさい。

> メモ
> 　安天下の道とは，天から与えられた，お互いに助けあい親しみあいながら暮らす能力や資質を育て，それを発揮させながら世界全体を調和させ発展させていくもので，江戸時代の儒学者 ａ の考えである。彼はまた，儒学の目的を個人の修養ではなく， ｂ とする経世済民を唱えた。

|   | a | b |
|---|---|---|
| ① | 伊藤仁斎 | 世を治め民を救うこと |
| ② | 伊藤仁斎 | 経済を第一にし世を民のものにする |
| ③ | 荻生徂徠 | 世を治め民を救うこと |
| ④ | 荻生徂徠 | 経済を第一にし世を民のものにする |

☐

# 第1節　生命の倫理

〉〉〉**パターナリズム**
子どものためになるという理由で親が子どもの自由を制限するように，他人の自由に干渉することをいう。医療の場合，患者の利益になると医師が判断した治療をおこなうこと。患者の意向が反映されない場合もある。(→教 p. 196 ❶)

〉〉〉**個人の自律**
[②]や[③]は，西欧近代社会における個人の自律の重視と自由主義を医療に適用したものである。(→教 p. 196)

〉〉〉【⑤】
出産できない女性のために出産後に子を渡す約束で子を妊娠・出産すること。代理懐胎ともいう。[⑤]を引き受ける女性を代理母という。[⑤]は日本では禁止されている。(→教 p. 196 ❹)

〉〉〉**子どもの福祉の問題**
精子・卵子の提供者の情報を知ることができないために，子どもがアイデンティティの確立に悩んだり，親子関係が不明確になるために，子どもが養育上の不利益を受けるなどの恐れがある。(→教 p. 197)

〉〉〉【⑨】・尊厳死
[⑨]は積極的[⑨]と消極的[⑨]に大別される。積極的[⑨]は本人の意思に基づいて医師などが致死薬を与えて死期を早めること。消極的[⑨]は生命維持治療をさし控えたり，おこなっている治療を中止することである。日本では，過剰な生命維持治療をさし控え・中止することにより，患者が自然な死を迎えることを尊厳死，自然死，平穏死とよんでいる。(→教 p. 198 ❷)

〉〉〉【⑩】
患者が将来，延命治療に関する自分の意向を表明できなくなったときのために，前もって自分の意向を文書により表明したもの。(→教 p. 198 ❸)

### 生命倫理

・[①　　　　　　　　　　　　　]

　…1960〜70 年代にアメリカで誕生

　…生命の誕生や死に人間がどこまで介入してよいのかを研究する学問

　誕生の背景

　┌・医学や技術の急速な進歩

　└・公民権運動などの人権運動→医療の現場へと波及

　特に，患者が自分の身体に何がなされるかを決定する権利

　＝[②　　　　　　　　]の重視

・[③　　　　　　　　　　　　　]の原則の成立

　…医師が十分な説明を与え，患者が承諾しなければ，治療をすることができない

　→それまでの医師と患者の関係(**パターナリズム**)を大きくかえる

### 生命の始まりへの介入

・1978 年，初の[④　　　　　　　]による子どもの誕生

　→第三者からの卵子や受精卵の提供，[⑤　　　　　　]も可能に

・さらに，出産前に備える目的から…

　①胎児の健康状態や異常の有無を調べる[⑥　　　　　　　　]

　②重い遺伝病を回避する目的から，受精卵の遺伝子の異常を調べる[⑦　　　　　　]

　→恩恵がある一方で，子どもの福祉の問題や生命の選別といった問題も

### 生命の終わりへの介入

・生命維持治療の進歩

　→死期の迫った患者にも延命治療がおこなわれ，人間らしい生き方や尊厳のある死が問われることに

・[⑧　　　　　　　　]の重視

　…生命維持治療のさし控え，中止は殺人や自殺を認めることとして反対

・患者の自己決定による治療拒否の尊重

　(例)[⑨　　　　　]や**尊厳死**を認める法律を制定した国，[⑩　　　　　　　　](生前の意思)の普及をめざす運動(日本でも)

・その人らしい人生をまっとうできるような支援

　[⑪　　　　　　　]

　…患者の肉体的・精神的苦痛を取り除き，その人らしい死を迎えさせる施設

　→[⑫　　　　　　　]の改善をめざす[⑬　　　　　]の提供

## 脳死と臓器移植

- 〔⑭　　　　　〕…心臓は動いているが，脳の機能が失われ，二度と戻らない

  状態→〔⑭〕状態の患者は臓器移植の提供者（**ドナー**）となりうる
- 1997 年：〔⑮　　　　　　　　　〕が成立（2009 年に法改正）

  →臓器提供の場合に限って，〔⑭〕は「人の死」

  1997 年 本人の書面による臓器提供の意思表示＋家族の承諾→臓器の摘出

  　　　　へ

  2009 年 本人の意思が不明でも家族の承諾がある→臓器の摘出へ

## バイオテクノロジーの進歩

- DNA の二重らせん構造の発見→**遺伝**のしくみが明らかに
- 〔⑯　　　　　　　　　〕（生命工学）の分野

  …生物の遺伝子を人工的に操作する研究の進歩

  （例）遺伝子組み換え技術の農業分野への応用
- 〔⑰　　　　　　　　〕…人の DNA に含まれる遺伝子情報

  →遺伝子検査や出生前診断に応用

  →遺伝子からその人にあった医療をおこなう〔⑱

  　　　　〕の実現
- 効率よく遺伝子を改変できる〔⑲　　　　　　　〕技術→食品への応用

## 再生医療

- 〔⑳　　　　　　　〕…機能が失われた組織や臓器に対し，細胞を利用して

  機能を再生

  →ES 細胞（胚性幹細胞）や iPS 細胞（人工多能性幹細胞）

>>>【⑭】
日本では，脳幹を含めた脳全体の機能が不可逆的に失われた状態をいう。一方，脳幹の機能は失われておらず自ら呼吸できる状態が植物状態である。植物状態は回復することもある。（→ 教 p. 199 ❶）

>>>【⑲】
〔⑲〕の医療への応用には，がんやエイズの治療に役立つことが期待される一方で，安全性やデザイナー・ベビーへの道をひらくなどの倫理的問題がある。（→ 教 p. 200）

>>>【⑳】
〔⑳〕は，多くの患者に利益をもたらす一方，安全性の問題や倫理的な問題がある。ES 細胞は受精卵からつくられるため，人間生命の萌芽（始まり）である受精卵を壊してもいいのかという議論がある。iPS 細胞は患者自身の細胞からつくられるため，受精卵を壊す必要がなく，拒絶反応もおこりにくいが，安全性への配慮が必要である。（→ 教 p. 201）

---

**exercise**　次のア～ウの事例は日本の臓器移植法（1997 年成立，2009 年改正）でどう扱われるだろうか。ア～ウの事例を下の A～D に分類した場合，どう分類されるかを記号で答えなさい。

〈センター試験倫理 2012 年本試を改変〉

ア　E さんは脳死状態になった場合には心臓を提供したいという意思表示を口頭でしていた。E さんが 14 歳で脳死状態になったとき，両親は E さんの心臓の提供を病院に申し出た。

イ　F さんは，脳死状態になった場合には肝臓提供することをドナーカード（臓器提供意思表示カード）に記していた。F さんが 15 歳で脳死状態になったとき，両親は F さんの肝臓の提供を病院に申し出た。

ウ　G さんは，脳死状態になった場合には心臓と肝臓の提供を拒否することをドナーカードに記していた。G さんが 16 歳で脳死状態になったとき，両親は G さんの心臓と肝臓の提供を病院に申し出た。

A：改正前の臓器移植法でも改正後の臓器移植法でも提供が認められる。

B：改正前の臓器移植法でも改正後の臓器移植法でも提供は認められない。

C：改正前の臓器移植法では提供が認められないが，改正後は認められる。

D：改正前の臓器移植法では提供が認められるが，改正後は認められない。

| ア | イ | ウ |
|---|---|---|
|  |  |  |

教科書　p.202〜205

## 地球環境問題

・人類による経済活動や開発→自然環境と生態系の深刻な破壊

・[①　　　　　　　　　　　　　]…主著『[②　　　　　　　　　]』でDDT
などの化学物質による生態系の破壊に警鐘

・[③　　　　　　　　　　　　　]…オゾン層の破壊，地球温暖化，酸性雨，砂漠化，
熱帯林の減少，野生生物の減少

## 地球環境問題への取り組み

・地球環境問題への国際的な取り組み…1970年代からはじまる

| 1972年<br>ストックホルム | [④　　　　　　　　　　　　　　]<br>…テーマ：「かけがえのない地球」<br>→環境問題が人類の共通課題であることを確認 |
|---|---|

→地球環境問題への取り組みを主導する考え方として[⑤
　　　　]という理念が提唱

| 1992年<br>リオデジャネイロ | [⑥　　　　　　　　　　　　　　　　]の開催<br>→[⑤]を具体化したリオ宣言，気候変動枠組条約の採択 |
|---|---|
| 1993年<br>京都 | 気候変動枠組条約第3回締約国会議(COP3)の開催<br>→[⑦　　　　　　　　　]の採択 |
| 2015年<br>パリ | 気候変動枠組条約第21回締約国会議(COP21)の開催<br>→[⑧　　　　　　　　]の合意 |

・自然は人間の支配の対象という考え方

　…ユダヤ・キリスト教から機械論的自然観→環境破壊の進行

・人間中心の自然観への反省→[⑨　　　　　　　　]の誕生

　[⑨]…自然や環境を自然それ自体のために保護すべきであると提唱

## 動物の権利

・人間の視点ではなく，動物の視点にたった動物の権利やアニマルウェルフェ
ア(動物の福祉)の主張

　(例)家畜生産の場での，動物の心身に配慮した飼育環境の整備

・きっかけ：[⑩　　　　　　　　　　　　　]の動物解放論

　…人間が動物を食糧や実験道具として利用＝[⑪　　　　　　　]

　→功利主義に基づくと，快楽や苦痛を感じるのは人間も動物も同じであり，
　　平等の原則を人間以外の動物へも拡大すべき

・動物の権利だけでなく，森林や生態系を含む[⑫　　　　　　　　　　]も提唱

## 生態系としての自然

・環境倫理…[⑬　　　　　　　　　　　　]から多くの影響

・アルド＝レオポルト…動物，植物，水からなる[⑭　　　　　　　　]が相互に依
存しながら，ひとまとまりの全体を構成していると考察

　→全体＝土地であり，人間もその一部

　→[⑮　　　　　　　　]＝人間が土地に対し，尊敬の念や良心をもつこと

>>>【⑤】
将来世代の欲求を満たしつつ，現在の世代の欲求も満足させるような発展。1987年に環境と開発に関する世界委員会の報告書「われら共有の未来」のなかで提唱され，以後，環境問題への取り組みのスローガンとなった。(→教 p.202 ❶)

>>>【⑧】
世界の平均気温の上昇を，産業革命前と比べて2度より十分低く保つことを目標として掲げ，1.5度以内に抑えるよう努力することを求めている。[⑦]は温室効果ガスの排出削減目標を先進国だけに課したが[⑧]では途上国を含むすべての国・地域が排出削減に取り組む。各国は自主的に削減目標を作成し国連に提出，5年ごとに目標を見直すこと，世界全体で温暖化防止に向けた進捗状況を点検することなどが盛り込まれている。(→教 p.202 ❷)

>>>【⑨】
[⑨]の主張は三つにまとめられる。**自然の生存権**(人間だけでなく，ほかの種，生態系，景観などにも生存の権利があり，私たちは彼らの権利を尊重しなければならない)。**世代間倫理の問題**(私たちは未来世代の人々に対して責任や義務がある)。**地球全体主義**(地球の生態系は有限であり，有限な全体の視点から個々のあり方を決めなければならない)。(→教 p.203 ❶)

>>>**功利主義**
(→教 p.107 参照)

>>>【⑪】
人間による特定の動物種に対する差別あるいは搾取。人類は動物よりも優れているという前提に基づいている。(→教 p.203 ❷)

>>>【⑮】
[⑮]における善悪の基準は，土地が全体としての秩序を維持し安定性と美しさを保つかどうかである。生態系中心の視点から自然や動植物を見直してみると，人間の生命はほかの生命との相互依存関係において維持されており，調和的な共存関係が大切であることがわかる。(→教 p.204)

## 未来世代への責任

- 気候変動など→子孫や将来世代の人々に対して深刻な危害を与える
- ハンス＝ヨナスによる〔⑯　　　　　　　　　〕＝将来世代の生存の可能性に
  対する責任→未来への責任を中心とする新しい倫理が必要

## 宇宙船地球号

- 〔⑰　　　　　　　　　　　　　　〕…これまでの経済のあり方からの脱
  却を提唱
  →地球は宇宙船のような有限な空間であり，**宇宙船地球号**の飛行士という自
  　覚のもと，**循環型の経済**を目指すべき

## 持続可能な世界の実現に向けて

- 2015 年，国連は「〔⑱　　　　　　　　　　　　　　　〕」を採択
  →持続可能な世界のため，2030 年までの国際目標として，17 のゴール，
  　169 のターゲットが示される

〉〉〉〔⑱〕までの道のり
地球サミットで示された「持続可能な発展」の実現に向け，国連は 2000 年に「国連ミレニアム宣言」を採択。これをもとにした「ミレニアム開発目標」(MDGs)において，極度の貧困と飢餓の撲滅など，2015 年までに達成すべき 8 つの目標が掲げられた。MDGs の成果をふまえて，2015 年に国連は〔⑱〕を採択した。(→教 p. 205)

---

**exercise** 自然にも存続する権利を認める立場の事例として<u>適当でないもの</u>を，次の①〜④のうちから一つ選びなさい。

〈センター試験倫理 2001 年本試を改変〉

① 自然観察グループを中心とした人々が，アマミノクロウサギなどの野生生物を原告として自然環境保全のための訴訟を起こした。
② 動物愛護運動をしている人々が，動物の生命を尊重する立場から毛皮製品の使用に反対した。
③ 絶滅の危機にあるオオタカがダムの建設予定地に生息していたため，建設計画が行政によって大きく変更された。
④ 森林の伐採が進み洪水の危険性が高まったので，地方公共団体が近辺の山岳地帯に植林を行った。

---

**Check! 資料読解** 教科書 p. 205「未来に対する責任」について，将来世代の倫理に関する次の文章の空欄に当てはまる語句の組み合わせとして正しいものを，下の①〜④のうちから一つ選びなさい。

　将来世代の倫理には以下の特徴がある。それは，　ア　という観念と　イ　という観念から完全に自由でなくてはいけないということだ。例えば，「未来が今まで私に何かしてくれたことがあったか？」ということや，「いったい未来は私の権利を尊重してくれるのかい？」と問うことは，絶対に許されない。

① ア 権利　イ 相互性　　② ア 責任　イ 義務
③ ア 責任　イ 権利　　④ ア 義務　イ 相互性

---

**TRY!** 現在世代と将来世代の間に平等や正義が成り立つかどうかを，ロールズの正義論の観点から考え，「公正としての正義」という言葉を使用して，自分の考えを書いてみよう。

## 高度情報社会の進展と課題

・コンピューターの普及，インターネットの登場＝IT革命

　→携帯電話，スマートフォンの普及，そして〔①　　　　　　　〕の出現

・〔①〕…経済を発展させ，少子高齢化にともなう社会的課題の解決への期待

・私たちの生活を便利にするもの

　・〔②　　　　　　　　　　　　　　　　〕の進展→動画や音楽の視聴，モノの購入
　・〔③　　　　　　　　　　　　　〕→情報の自由な発信と共有

　⇕

・他方で，新たな問題も

　・インターネットの普及→ネット詐欺，不正アクセス，ウイルス感染など
　・情報の発信と共有→情報漏洩，〔④　　　　　　　　　　〕・肖像権の侵害，
　　〔⑤　　　　　　　　　　〕の侵害

## 高度情報社会における取り組みと倫理

・課題…社会的な取り組みが必要なものと個人の倫理観で対応するもの

【社会的な取り組みが必要】

・購買履歴や閲覧履歴…経済的価値⇔不正利用，プライバシーの侵害

　→2003年，〔⑥　　　　　　　　　　　〕の制定

　　2015年の改正…企業による情報の利活用のルールの整備

## 感染症拡大防止とプライバシー

・新型コロナウイルスの感染拡大→感染者の氏名や行動履歴の把握，外出規制

　・個人のプライバシー，自由の侵害

　⇕

　・個人の自由は公共の福祉，他者危害原則によって制限

【個人の倫理観で対応】

・偏見や誤解に基づいた情報，虚偽を含む情報（フェイクニュース）

　→〔⑦　　　　　　　　　　〕（真偽検証）や〔⑧　　　　　　　　　　　　〕

　　（必要な情報を収集し，分析し，活用する能力）が必要

## AI・ロボット技術の進展と課題

・〔⑨　　　　　　　　　　〕，IoT，ロボット技術など

・…〔⑩　　　　　　　　　　〕の実現のための基盤技術

　　※狩猟社会（Society 1.0），農耕社会（Society 2.0），工業社会（Society

　　　3.0），情報社会（Society 4.0）に続く，新たな社会

　　〔⑨〕やロボット技術

　　　利点：生活を便利に，労働力不足や介護負担などの社会課題の解決

　　　問題：雇用の喪失，消費者の感情や行動の操作，〔⑨〕を利用した自動車

　　　　　　が事故をおこした場合の責任問題など

---

〉〉〉〔①〕
Internet of Things の略称。あらゆるモノが通信機能をもちインターネットにつながること。〔①〕により収集された多種多様な情報は，インターネット上に蓄積され（ビッグデータ），それをAIが分析して，結果を私たちに提供するという関係が構想されている。ロボット技術と組みあわせ，社会の課題の解決に役立つことが期待されている。（→教 p.206 ❶）

〉〉〉〔④〕
発明や著作物など「人間の創造的活動によりうみだされるもの」に対して認められる権利。具体的には，特許権，著作権，肖像権などがある。（→教 p.206 ❷）

〉〉〉肖像権
自分の肖像（顔，姿）を無断で撮影，公表されない権利。プライバシー権とパブリシティ権（有名人の肖像の使用に関する権利）の二つの側面がある。（→教 p.206 ❸）

〉〉〉〔⑤〕
私的なことがらに関する自己決定権，あるいは他人や社会による干渉を受けない私的な領域のこと。情報化の進展にともない，自分に関する情報に誰がアクセスしてよいかを自分で決めることのできる権利（自己情報コントロール権）をさすようになった。（→教 p.206 ❹）

〉〉〉〔⑥〕
個人情報を扱う事業者を対象に，利用目的による制限，外部への提供の制限，保管，開示請求への対応の義務を定めている。2015年の改正では，個人情報の定義がより明確になり，企業によるビッグデータの利活用を進めるために「匿名加工情報」が新設された。（→教 p.207 ❶）

〉〉〉〔⑦〕
社会に広がっている情報・ニュースや言説などの①事実言明［factual statement］の②真実性・正確性を調査し，③検証結果を発表する活動（総務省）（→教 p.207 ❷）

## 科学技術と人間

・技術…人類の誕生とともにはじまる

　↓　　※ベルクソン：人間を〔⑪　　　　　　　　　　　　　　〕と定義

・近代の科学技術…生命の操作や環境破壊など，倫理的な問題もうみだす

　（例）〔⑫　　　　　　　　　　〕技術，ゲノム編集技術の人間への適用など

## 科学技術と責任

・科学技術

　…技術者と社会，技術者同士の信頼関係が基盤

　　→技術を活用して，持続可能な社会の実現に貢献する責任

　　（例）「〔⑬　　　　　　　　　　　　　　　　〕」

　　　　→将来世代や人類への責任

　　→市民との対話と交流に参加，政策決定に有効な科学的助言を与える責任

》》》〔⑫〕技術
遺伝的に同一の細胞や個体をうみだす技術。（→教 p.208 ❷）

》》》ゲノム編集
（→教 p.200）

》》》〔⑬〕
1955年，米ソによる水爆実験を背景に，イギリスの哲学者ラッセルとドイツうまれのユダヤ人物理学者アインシュタインを中心に，11名の科学者が核兵器の廃絶を訴えた宣言。（→教 p.209 ❶）

---

**exercise** ジョージ・オーウェルが1949年に発表した『1984年』は，ビッグ・ブラザー（偉大な兄弟）が支配する監視社会を描いた小説であり，現代社会の様々な問題を予見したことで知られている。次の文章を読み，その説明として最も適当なものを，下の①〜④のうちから一つ選びなさい。

〈センター試験倫理 2010年本試を改変〉

　印刷技術の発明は世論操作をより容易なものにし，映画とラジオの出現はその流れをより加速させた。テレビが登場し，また技術的進歩によって一つの装置で同時に受信と送信が出来るようになると，ついに私的な個人生活は終わりを告げるに至った。全市民，あるいは少なくとも要注意の市民は警察当局による一日二十四時間体制の監視下に置くことが出来るし，他の通信手段をすべて塞いで政府の宣伝だけを聞かせることも出来るのだ。国家の意思に対する完全な服従を強制できるばかりか，あらゆる問題に対して完全な意見の一致を強制できる可能性まで，今や初めて存在するに至った。

（ジョージ・オーウェル『1984年』）

① マスメディアが，事実に即した正確さよりも疑似イベントの提供に奔走する危険性を予見している。

② 双方向性の通信技術を用いて，個人の行動や思想が統制される危険性を予見している。

③ 現実世界から切り離された仮想現実の中に個人が埋没する危険性を予見している。

④ 人間の欲求を刺激する宣伝等が流されることによって，消費が止まらない消費社会の到来の危険性を予見している。

---

**Check! 資料読解** 教科書 p.209「ラッセル・アインシュタイン宣言」について，科学者達は核兵器がもたらす人類の未来についてどのように考えているのだろうか。次の文章の空欄に当てはまる語句の組み合わせとして正しいものを，下の①〜④のうちから一つ選びなさい。

　世界の諸政府の　ア　は決して核兵器の使用によっては促進されないということを自覚すべきである。したがって，あらゆる紛争問題の解決には　イ　的な手段を見出す必要がある。

① ア―目的　　イ―勢力均衡　　② ア―問題　　イ―平和

③ ア―目的　　イ―平和　　　　④ ア―問題　　イ―勢力均衡

**1** 次の資料は，授業で気候変動についての議論のために配布されたものであり，後のア～ウは，資料の下線部ⓍとⓎのいずれかに当てはまる事例である。資料の趣旨を踏まえて，Ⓧに当てはまる事例をア～ウのうちからすべて選んだとき，その組み合わせとして最も適当なものを，後の①～⑧のうちから一つ選べ。

---

【資料】

　ほとんど誰もが，次の基本的な道徳原理を認識している。Ⓧ他の人に危害を及ぼすのであれば，自分自身の利益になることであってもすべきではない。……そして通常は，Ⓨ危害を引き起こす時はいつでも，その被害を受けることになる人に補償をすべきだ。……車の運転，電力の使用……これらすべての活動は，気候変動の一因となる温室効果ガスを生じる。……基本的な道徳原理は，他の人に危害を及ぼす行動をやめる努力をし，私たちが危害を及ぼすであろう人々に補償をしておくべきだ，と告げる。

　　　　　　　　　　　　　　　　　　　　　　　（J.ブルーム「気候変動の倫理」より）

---

**ア**　化石燃料で動く交通・輸送手段の利用で二酸化炭素が放出されるため，生活者たちが，それらの使用を控えるべく，生活や仕事の場を近くに集約させるとともに，できる限りその地域で生産したものを消費する。

**イ**　牛や羊は，ゲップやオナラによって二酸化炭素の数十倍の温室効果を持つメタンを出すので，消費者や企業が，こうした動物の肉・乳や毛・皮の過剰な売買と利用をやめて，温室効果ガスの排出量を減少させる。

**ウ**　気候変動の影響で海面が上昇するため，温室効果ガスを大量に排出した人々や企業が，高波の危険にさらされる人々のための防波堤の設置や，海の近くに住めなくなる人々の生活や移住の支援のために，資金を拠出する。

① ア　　　　② イ　　　　③ ウ　　　　④ アとイ
⑤ アとウ　　⑥ イとウ　　⑦ アとイとウ　⑧ なし

〈大学入学共通テスト倫理 2022 年本試〉

**2** 次のア～ウは環境問題への取り組みに関する説明である。その正誤の組み合わせとして正しいものを，下の①～⑧のうちから一つ選べ。

**ア**　1997 年に開かれた地球温暖化防止京都会議では，京都議定書が締結され，先進国だけに温室効果ガスの排出量削減目標が定められた。

**イ**　アメリカの海洋生物学者カーソンは『奪われし未来』の中で，農薬など有害な化学物質の大量使用が，生態系の破壊に繋がると警鐘を鳴らした。

**ウ**　1992 年に開催された地球サミットでは，宇宙船地球号という考え方によって，地球環境の持続性を損なわない範囲内での経済開発が提唱された。

① ア 正　イ 正　ウ 正　　　② ア 正　イ 正　ウ 誤
③ ア 正　イ 誤　ウ 正　　　④ ア 正　イ 誤　ウ 誤
⑤ ア 誤　イ 正　ウ 正　　　⑥ ア 誤　イ 正　ウ 誤
⑦ ア 誤　イ 誤　ウ 正　　　⑧ ア 誤　イ 誤　ウ 誤

〈センター試験倫理 2014 年本試〉

③情報技術の発達に伴う社会の変化についての記述として最も適当なものを次の①～④のうちから一つ選べ。

① 企業や公的機関に大量の個人情報が集積されるようになったため，プライバシーが侵害される危険が大きくなっている。

② 公的な情報は市民の共有財産であるという考え方が定着し，国や自治体のもつあらゆる情報が市民に公開されるようになっている。

③ 情報技術の発達によって情報の違法な複製が困難となったため，知的所有権が侵害される危険は少なくなっている。

④ インターネットを使って個人が直接情報を得られるようになり，マスメディアが情報操作を行う危険は少なくなっている。

〈センター試験倫理 2013 年本試〉

④「倫理」の学習のまとめとしておこなわれた課題探究にかかわる次の問いに答えよ。
生徒 X は，課題探究の準備として次のメモを作成した。これを読み，下の問いに答えよ。

〈大学入学共通テスト試行調査 2018 年を改変〉

> 【哲学者ロックの言葉】
>
> > 個々の人間は身体という財産を所有している。本人を除けば，何人もこれに対する権利を持たない。
> > (ロック『統治論(市民政府論)』より)
>
> 【ロックについて学習したこと】
> ・人間は，生まれながらにして自らの生命，自由，財産について，所有権を持つ。
> 【この言葉から読み取れること】
> ・自分の身体は「自分のもの」であり，それに介入する権利を持つのは自分だけである。
> 【疑問に思ったこと】
> ・①現代社会で生じている諸問題にこの考え方を当てはめてよいのだろうか？
> ・近年の医学や生命科学の進歩が，身体や生命をめぐる問題を複雑にしているのではないだろうか？

問 生徒 X は，下線部①の疑問について考えるために，日本における法整備などの現状を調べた。その説明として最も適当なものを，次の①～④のうちから一つ選べ。

① 身体は自分に固有なものであるから，本人の意思が確認できなければ，死後であっても移植のために臓器を摘出することは許されていない。

② 身体は自分に固有なものであるにもかかわらず，臓器の提供者といえども臓器の提供先について意思を表明しておくことは出来ない。

③ 身体がもたらす苦痛から逃れるために，医師による致死薬の投与など直接死に至らしめる処置を受ける権利は法制化されていない。

④ 身体の衰えた部分や損傷した部分の機能を回復させるために，幹細胞を用いた再生医療の技術を用いることは認められていない。

# 第1節　福祉の課題

## 少子高齢化の進行と地域社会の課題

- ・日本…少子化の進行

- ・1975 年以来，〔①　　　　　　　　　　　　　　　〕は低下

　原因：晩婚化と未婚化，仕事と育児の両立の難しさ，家事・育児の負担の偏
　　　　り，経済的負担などの要因が関連

　少子化による若年人口の減少，65 歳以上人口の増加→〔②　　　　　　　　〕

- ・少子高齢化…労働力人口の減少，経済活動の低下，医療・介護問題，地域社
　会の変容など社会問題化

- ・かつての家族や地域社会…異なる世代が共生

- ・〔③　　　　　　　　　　〕の進行，地域の人々のつながりの希薄化

　→介護や保育などの公的な支援制度が代替

- ・少子高齢化により，公的支援の基盤に揺らぎ

　→「〔④　　　　　　　　　　　　〕」の実現をめざす

> ・地域住民，ボランティア，〔⑤　　　　　　　　〕など多様な主体が，公的サ
> 　ービスと連携，高齢者が抱える課題を解決する「地域力の強化」
> ・地域において住まい・医療・介護・予防・生活支援が一体的に提供され
> 　るような「〔⑥　　　　　　　　　　　　　　　〕」の体制づくりの推進

## ケアの考え方

異なる世代，多様な境遇・価値観をもつ人々が共生する社会を実現するには…

- ・〔⑦　　　　　　　　　〕
　…「公正としての正義」
　→すべての人に自由が平等に配分され，格差が是正されるべき

- ・〔⑧　　　　　　　　　〕
　…人間関係における思いやり（〔⑨　　　　　　〕）と責任
　　※正義中心の倫理において，見失われがちなもの

- ・〔⑩　　　　　　　　　〕の背景
　…合理性と自律性を重視する近代の人間観への批判
　…普遍的な原理と規則を重視する道徳への批判

- ・⑩の特徴
　…人々の脆弱さや相互依存関係への注目，個々人の具体的な状況への関心，
　　女性の経験の尊重など

- ・すべての人が，自分らしく生き，お互いを尊重しあうためには…
　→政治や経済を正義という観点から見直すだけでなく，一人ひとりが他者
　　に対する思いやりや責任感をもつことも必要

---

>>>〔①〕
一人の女性が一生にうむ子どもの数。ある年次の 15 ～49 歳の年齢別出生率を合計して算出する。人口を維持するために必要なのは 2.07 だが，2018 年は 1.42 であった。(→教 p. 211 ❶)

>>>〔②〕
総人口に占める 65 歳以上の高齢者人口の割合が高くなること。65 歳以上の高齢者の人口が総人口に占める比率が 7% をこえた社会を高齢化社会，14% をこえた社会を高齢社会という。日本は，1994 年に高齢社会に突入した。(→教 p. 211 ❷)

>>>核家族
一組の夫婦と未婚の子どもからなる家族，夫婦のみの家族，父親または母親と未婚の子どもからなる家族。(→教 p. 211 ❸)

>>>〔④〕
制度・分野の枠や，「支える側」「支えられる側」という従来の関係をこえて，人と人，人と社会がつながり，一人ひとりが生きがいや役割をもち，助けあいながら暮らしていくことのできる，包摂的なコミュニティ，地域や社会をつくるという考え方。(→教 p. 211 ❹)

>>>〔⑤〕
福祉や環境保全，国際協力などの社会貢献活動をおこなう，営利を目的としない団体。(→教 p. 211 ❺)

>>>〔⑥〕
重度な要介護状態となっても住み慣れた地域で自分らしい暮らしを人生の最後まで続けることができるよう，住まい・医療・介護・予防・生活支援が一体的に提供されること。政府は団塊の世代が 75 歳以上となる 2025 年を目途に実現をめざしている。(→教 p. 211 ❻)

## 誰もが生きやすい社会の形成に向けて

・社会のしくみ…男性，現役世代，健常者中心の視点からつくられる
　→女性，高齢者，障がい者の人々が十分に社会参加できるような環境づくり
　　の推進

- ・〔⑪　　　　　　　　　　　　〕：職場における男女差別の禁止
- ・〔⑫　　　　　　　　　　　　〕：障がい者の自立や社会参加を支援
- ・〔⑬　　　　　　　　　　　　〕：高齢者の社会参加を促進

　　→すべての人が，人格と個性を尊重し，理解しあいながら生きる共生社会
　　　の実現へ

・共生社会…国や地方公共団体の施策だけでなく，家庭，学校，地域社会，職
　場との協働の必要

　1999 年：〔⑭　　　　　　　　　　　　〕
　　　　　　　→〔⑮　　　　　　　　　　　　　　〕の考え方
　　　　　　　　の浸透

　〔⑮〕…さまざまな違いをもつ人々が平等に受け入れられる環境をめざそうと
　　　　　いう理念

》》》〔⑮〕
ダイバーシティは「多様性」，インクルージョンは「包摂」という意味である。多様性には，性別，世代，心身機能の違いがあり，とくに性別については，LGBT の人々への配慮が求められる。LGBT は，女性同性愛者(Lesbian)，男性同性愛者(Gay)，両性愛者(Bisexual)，心と体の性が一致しないトランスジェンダー(Transgender)の頭文字を組みあわせた，性的少数者の総称。(→教 p. 212)

---

**Check! 資料読解** 教科書 p. 211「効率か正義か」と「正義の倫理とケアの倫理」をふまえ，社会制度や道徳について考える A と B の会話を読み，空欄 ア ～ ウ に当てはまる語句をそれぞれ記入しなさい。

A：最近，社会の制度や道徳のあり方ってどうしたらいいんだろうって考えることが多くてね。

B：そうなんだ，そんなときは哲学者の思想からヒントをもらおうよ。

A：うん，それで ア について，ロールズっていう哲学者を参考にしたんだよね。そうするとこういうことを言っていたんだ。「どれだけ効率的に編成されている法や社会制度でも，もしそれが ア に反するのなら，撤廃せねばならない。」

B：本当にその通りだよね，納得出来る。社会の制度のあり方を考える際に必要な視点は ア だよね。

A：うん，もちろん反対ではないんだけど，ア 中心に考えすぎたときに見落とされるようなものがある気がしていてね。なんとなく，個別具体的な状況を イ 的な原理とか規則のみで判断出来るのかな？ って。

B：なるほどねえ。そうすると ウ の倫理の視点も必要なんじゃないの，ということ？

A：そうだね，もっと人々の弱さとかに目を向けつつ，人間関係における心理的側面も重要視した方がいいんじゃないかなと考えちゃったり。

B：なるほどね，確かに近代以降の道徳観は イ 的な原理と規則を重視していたもんね。いやー，話しているうちに ア が何かわからなくなってきたよ。ただ一つ確実に言えるのは，安易な「わかった」で社会制度や道徳のあり方を決めていない，この姿勢はとても大切だっていうことだね。

| ア | イ | ウ |
|---|---|---|
| | | |

## グローバル化と文化の均質化

・[①　　　　　　　　　]

…ヒト・モノ・資本・情報が国境をこえて移動

→経済の効率性重視，文化の均質化＝少数者の言語と文化の多様性の価値の軽視

→使用言語が特定の言語に集中＝少数言語と固有の文化の消滅

[②　　　　　　　　　]の喪失へ

## 多文化共生と文化摩擦

・[②]，固有の文化の価値を尊重するため[③　　　　　　　]が課題に

×自分の文化のみを基準，異質なものを排除する態度

＝[④　　　　　　　　　　　　　　　]

○異なる文化をそれぞれに固有の基準や尺度を用いて理解する視点

＝[⑤　　　　　　　　]

→[⑤]の視点にたって[⑥　　　　　　　]を深める重要性

・多様な文化的アイデンティティをもつ人々が共生する**多文化主義（マルチカルチュラリズム）**の実現…積極的な支援の必要性

・[①]による移民労働者や紛争による難民の大規模流入によるさまざまな[⑦　　　　　　　]→自国優先的なナショナリズムの台頭

（例）移民や難民の排除を主張，分断と対立による政治的支持の獲得

→誰もが包摂される社会の構築が必要

## オリエンタリズム

・[⑧　　　　　　　　　　]…西洋の東洋に対する自己中心的なまなざしや文化的な支配のあり方（**サイード**によって指摘）

→西洋の優越性と植民地支配の正当化に利用され，影響力をもっていた

## 現代の世界と宗教

・宗教…多くの人のアイデンティティの一つ，現代の世界において重要な意味

・[⑨　　　　　　　]：宗教と社会の関係を考察

→世界全体を包む普遍的な人類愛は宗教により実現すると主張

[⑩　　　　　　　]：家族，市民社会，国家

[⑪　　　　　　　]：人類全体が属する共同体

[⑩]の同胞愛は異質なものを受け入れない

宗教による[⑫　　　　　　　　　　　　]

人を普遍的に愛する[⑬　　　　　　　]が可能，[⑪]が実現

普遍的な[⑬]の可能性を宗教に見出す

（例）キリスト教＝隣人愛，仏教＝慈悲，イスラーム＝神の前での平等

---

〉〉〉[②]

異なる文化や宗教を受容することで，固有の伝統に新しい息吹がもたらされ，創造的な展開が生じることもある。たとえば，アメリカでは，奴隷時代にキリスト教を受容したアフリカ系アメリカ人が黒人霊歌をうみだし，今日のゴスペルソングへとつながっている。また20世紀初頭に同じくアフリカ系アメリカ人の民俗音楽と西洋音楽が融合し，ジャズがうまれた。これらの音楽はさらに多様なジャンルへと発展しつつ，そのほかの音楽や芸術・文化にも影響を与えている。（→教 p. 214 ❶）

〉〉〉[⑧]

西欧では，帝国主義的な植民地支配の歴史に由来する文化理解が，西欧中心的な偏見をもつ[⑧]であるとして反省された。「東洋」とは，西洋的文化や価値観をもたない，異質で，理解不能で，劣った存在として，西洋の側からつくり上げられたイメージにすぎない。（→教 p. 214）

〉〉〉[⑨]

第一次世界大戦で西欧文明の凄惨な殺戮行為に直面した[⑨]は，血縁や国家をこえた普遍的な人類愛の可能性を宗教に見出した。（→教 p. 214）

〉〉〉**キリスト教**
（→教 p. 42）

〉〉〉**仏教**
（→教 p. 56）

〉〉〉**イスラーム**
（→教 p. 51）

## 宗教をめぐる摩擦と共生の試み

・宗教

　…集団的なアイデンティティとしても重要な意味をもつ

　　→政治的に利用され，民族や国家の宗教として絶対化

　　→異なる宗教の差別や弾圧など，〔⑭　　　　　　　　〕がみられる

　…人間の生き方に大きな影響

　　→さまざまな宗教の人が集まるところでは〔⑭〕がおこりやすく，異なる生
　　　き方を受け入れあう〔⑮　　　　　　〕の知恵が必要

・〔⑯　　　　　　　　　　　〕

　…一つの宗教だけが真実であるという排他的主張を離れ，それぞれの宗教の
　　うちに真実の教えと信仰があることを認めあう視点

>>>宗教の政治利用
実際，宗教は集団の絆を高める要素をもつため，政治的に用いられ，民族や国家の宗教として絶対化され，異なる宗教の差別や弾圧が正当化されてきた歴史的経緯がある。（→教 p.215）

**Check! 資料読解** 教科書 p.215「人類愛と宗教」について，次の文章中の空欄①〜④に当てはまる語句を，下の【語群】のなかから選び，それぞれ記号で答えなさい。

　　①　は世界全体を包む，普遍的な愛のことであり，これは宗教によって成り立つ。なぜなら，私たち人間が　②　的に愛するのは，やはり身内のものや同国人という　③　に存在する人々であって，人類全体への愛は　②　的には持ち得ないからである。私たちが　①　を持つようになるのは，④　を通して，④　においてのみである。

【語群】

| ア　アガペー | イ　後得 | ウ　開いた社会 | エ　神 | オ　世界観 |
|---|---|---|---|---|
| カ　閉じた社会 | キ　生得 | ク　人類愛 | ケ　友人 | コ　多様性 |

| ① | ② | ③ | ④ |
|---|---|---|---|
|   |   |   |   |

**TRY!** ユダヤ教，キリスト教，イスラームの信仰をもつ留学生が日本の文化を学びにあなたの地域にやってくる。あなたが留学生をもてなす場合，どのような配慮が必要か，書いてみよう。

| ユダヤ教 |
|---|
|   |

| キリスト教 |
|---|
|   |

| イスラーム |
|---|
|   |

>>>【①】
列強諸国が自国の植民地拡大をめざして対立するなかで【②】によって各国の独立をそれぞれ認めあう国際社会を構想した。(→教 p.216)

>>>【④】としてのアメリカ
南北アメリカ大陸のほかの国々の独立を認めながら、特化した軍事力でその地域を守るかわりに、他国に政治的・経済的な見返りを求めるという「平和」が保たれていた。(→教 p.216)

>>>戦後の国際秩序
アメリカを中心とした国際秩序のあり方に不満を感じる国も存在する。その善／悪を一律に判断することはできないが、結果として戦後の「国際平和」のなかでも常に断続的に戦争が発生していることは認識しておく必要がある。(→教 p.216)

>>>【⑥】
無意識を発見したフロイトの甥のエドワード＝バーネイズは、人々の無意識の欲望に働きかける【⑦】を発達させる。その結果、広告に刺激を受けた人々の旺盛な消費が経済を発展させていく社会構造がうみだされた。(→教 p.216)

## 国際社会の「平和」

・第二次世界大戦以降の国際秩序

　…アメリカ大統領〔①　　　　　　　　　　　〕による構想に起源(第一次世界大戦後)

　　　→〔②　　　　　　　　　　〕によって各国の独立をそれぞれ認めあう国際社会

・〔③　　　　　　　　　　　　〕の拡張構想

　　　〔③〕

　　　…第一次世界大戦以前のアメリカの外交方針，ヨーロッパ諸国からのアメリカ大陸への干渉の拒否(「孤立外交」)

　　　→ほかのアメリカ大陸の国に対し〔④　　　　　　　　　〕として干渉

〔①〕の「平和」には〔④〕としてのアメリカの軍事力の優位が必要

・アメリカが想定する民主主義を脅かす存在

　…〔⑤　　　　　　　　　　〕＝攻撃の対象

　※戦後の「国際平和」のなかでも常に断続的に戦争が発生

## 消費社会をこえて

・第二次世界大戦後…〔⑥　　　　　　　　　　〕の進展

　→人々の無意識の欲望に働きかけ，消費をうながす〔⑦　　　　　　　　　〕の発達

経済発展によって，人々は〔⑧　　　　　　　　　　　　　〕を享受

人々の関係性は〔⑨　　　　　　　　　　　　　〕へ

　┌民主主義の理想＝公共の場でひらかれた議論による意思決定
　└〔⑥〕の現実＝人々は消費行動を介してのみ社会とかかわる

　→理想と現実の乖離＝〔⑩　　　　　　　　　　　　〕(ハーバーマス)

・現代の〔⑥〕→社会的・経済的な格差をうみだす

<センター試験倫理 2003 年本試>

① 情報社会は消費されても消耗しないため，これが消費の重要な対象になったことによって消費が鈍り，それが不況の主要な原因になった。

② テレビ番組や CM などを通して消費者は欲求を絶えず刺激されており，それを一因とするいわゆるカード破産が社会問題となった。

③ 商品に関する正確で十分な情報を容易に入手できるようになったため，消費者は風評や流行に左右されなくなった。

④ 通信販売やインターネット・ショッピングが普及したことで，消費者が悪徳商法などのトラブルに巻き込まれる危険はなくなった。

**Check! 資料読解** 教科書 p. 217「セオドア＝ルーズベルトによるモンロー主義の拡張」と「ウィルソンによるモンロー主義の拡張」について，次の文章ア〜エはそれぞれどちらの資料に関する説明か，記号で答えなさい。

ア すべての民族は自らの発展を自由に決定することが出来る，という原則が定められるべきである。

イ アメリカの考えるモンロー主義を世界各国が原則とすることで平和がもたらされる。

ウ アメリカは民主主義に対する脅威に対しては，国際警察力として介入することもある。

エ すべての国が他の国や民族に対して，自らの体制を拡張してはならない。

| 「セオドア＝ルーズベルトによるモンロー主義の拡張」 | 「ウィルソンによるモンロー主義の拡張」 |
|---|---|
|  |  |

**TRY!** ①第二次世界大戦後の「平和」がどのようなしくみで実現したのか，「モンロー主義」という言葉を使って説明してみよう。

②「社会の変化のきざし」として考えられるものをあげ，未来の社会でどう生きるべきか，考えてみよう。

# 「詳述倫理」の学習を振り返ってみよう

## 第1章　自己形成と自己の生き方（教科書 p. 4〜21）

●自分の生き方・あり方を，これからどのようにしていけばよいか，改めて考えよう。

## 第2章　人間としてのあり方生き方（教科書 p. 22〜75）

●学んだ先哲の思想をふまえ，人間としてのよりよいあり方・生き方を，改めて考えよう。

## 第3章　社会・世界と人間としてのあり方生き方（教科書 p. 78〜137）

●学んだ先哲の思想をふまえ，社会や世界のなかで生きる人間としてのあり方・生き方を，改めて考えよう。

## 第4章　国際社会に生きる日本人としての自覚（教科書 p. 140〜189）

●国際社会において，日本人としてどのように生きていけばよいか，記述しよう。

## 第5章　自然や科学技術にかかわる諸課題と倫理（教科書 p. 196〜209）

●自然や科学技術にかかわる諸課題に対する自分の考えはどのように変化したか，記述しよう。

## 第6章　社会と文化にかかわる諸課題と倫理（教科書 p. 210〜217）

●社会と文化にかかわる諸課題に対する自分の考えはどのように変化したか，記述しよう。

# 詳述倫理演習ノート

## 解答編

文章記述式の設問については，必要に応じて解答例を掲載しました。

実教出版

# 第1章　自己形成と自己の生き方

## 第1節　青年期の課題と自己形成

### ① 青年期とは何か (p. 4)

①発達　②発達段階　③第二次性徴
④通過儀礼　⑤エリクソン
⑥心理社会的モラトリアム　⑦自我
⑧第二の誕生　⑨心理的離乳　⑩第二反抗期
⑪マージナル・マン　⑫愛着　⑬共感性
⑭道徳性　⑮自己中心性　⑯脱中心化

exercise　②
Check! 資料読解　②

### ② 自己形成の課題 (p. 6)

①パーソナリティ　②遺伝　③環境
④主体的　⑤欲求　⑥マズロー
⑦自己実現の欲求　⑧葛藤　⑨適応
⑩欲求不満(フラストレーション)
⑪欲求不満耐性　⑫防衛機制　⑬無意識
⑭アイデンティティ(自我同一性)
⑮アイデンティティの危機

exercise　1　①
2　一次的欲求：②, ③　　二次的欲求：①, ④

### ③ よりよい生き方を求めて (p. 8)

①ウェルビーイング　②使命感　③反響
④フランクル　⑤生きる意味　⑥社会化
⑦個性化

exercise　⑦
Check! 資料読解　①

TRY! (例)私は難しいことに挑戦することが好き
で, 自己実現欲求が高い。また, 野球をしているとき
に生きがいを感じるため, 今後どのような進路に進ん
でも, 継続して野球をしていきたい。

## 第2節　人間とは何か (p.10)

①英知人(ホモ・サピエンス)　②言葉
③工作人(ホモ・ファーベル)
④遊戯人(ホモ・ルーデンス)　⑤知覚
⑥問題解決　⑦学習　⑧記憶　⑨短期記憶
⑩長期記憶　⑪感情　⑫エクマン　⑬基本感情
⑭自己意識的感情

---

### 章末問題　第1章
## 自己形成と自己の生き方 (p.12)

1　A. ⑥　　B. ①　　C. ③

解説　⑥のレヴィンは, いずれの集団にも安定した
帰属意識をもてないため, 行動の仕方が一定しない人
をマージナル・マンと名づけた。
③のエリクソンは, 青年期の発達課題をアイデンティ
ティ(自我同一性)の確立であるとした。
②はユング, ④はルソー, ⑤はピアジェの考え。

2　⑤

解説　オの心理的離乳を唱えたのはアメリカの心理
学者ホリングワース。
イの防衛機制は, 日常生活における葛藤や欲求不満に
対して, 無意識に自己を守るしくみのこと。精神分析
学者フロイトが唱えた。
ウのエゴイズムは, 自分の利益のみを重視して, 他者
の利益を軽視する思考や行動の様式のこと。

3　⑦

解説　アのG. H. ミードは, さまざまな立場の他者
とのかかわりあいを通して, 他者の態度や役割を学ぶ
ことの重要性を指摘している。
イの自己中心性を脱することを脱中心化という。
ウのボウルビィが唱えた愛着は, 特定の他者に対して
もつ情緒的な絆で, 愛着の形成は, さまざまな発達を
支える基盤になると考えられている。
エのコールバーグは, 3水準6段階からなる道徳性の
発達段階を提唱した。

4　⑥

解説　①と②のXの反動形成は, 抑圧した欲求と正
反対の行動をとることなので, Yはどちらも該当しな
い。③と④の抑圧は, 欲求不満や不安を無意識に押さ
え込んで, 忘却することなので, Yはどちらも該当し
ない。⑤と⑥の置き換えには, 他の欲求に置き換えて
満足すること(代償)とより高い価値の欲求に置き換え
て満足すること(昇華)があるが, ⑤のYは置き換え
の例ではない。⑥は代償の例である。

## 第2章　人間としてのあり方生き方

### 第1節　ギリシア思想

#### ① ギリシア思想の誕生—自然哲学 (p. 14)

①神話　②傲慢　③神話的世界観　④哲学
⑤自然哲学　⑥ロゴス　⑦合理的世界観
⑧コスモス　⑨タレス　⑩根源　⑪アルケー
⑫ピュタゴラス　⑬ヘラクレイトス
⑭エンペドクレス　⑮デモクリトス
**exercise** 問　③
**TRY!** ④

#### ② ソフィストたちとソクラテス (p. 16)

①徳，アレテー　②ソフィスト　③徳の教師
④プロタゴラス　⑤万物の尺度は人間である
⑥相対主義　⑦フィロソフィア
⑧善美であること　⑨無知の知　⑩問答法
⑪助産術(産婆術)　⑫よく生きる
⑬魂(プシュケー)　⑭魂への配慮
⑮徳(アレテー)　⑯知行合一　⑰福徳一致
**Check! 資料読解** ②
**TRY!** ②

#### ③ プラトン (p. 18)

①感覚　②理性　③イデア　④善のイデア
⑤洞窟の比喩　⑥思慕の情(エロース)　⑦想起
⑧統治者　⑨生産者　⑩理想国家　⑪哲人政治
⑫欲望　⑬気概　⑭正義　⑮四元徳
**exercise** ③
**Check! 資料読解** ①

#### ④ アリストテレス (p. 20)

①形相(エイドス)　②質料(ヒュレー)
③目的論的自然観
④性格的徳(倫理的徳・習性的徳)
⑤中庸　⑥知性的徳　⑦観想(テオーリア)
⑧友愛　⑨全体的正義　⑩部分的正義
⑪配分的正義　⑫調整的正義
**exercise** ④
**Check! 資料読解** ①
**TRY!** ア．四元徳　イ．性格的徳

#### ⑤ ギリシア思想の展開 (p. 22)

①ヘレニズム　②エピクロス　③快楽主義
④アタラクシア　⑤隠れて生きよ　⑥ゼノン
⑦ストア派　⑧自然に従って生きる
⑨無情念(アパテイア)　⑩禁欲主義
⑪世界市民(コスモポリーテース)　⑫懐疑派
**exercise** ① ①　② ③
**TRY!** ア．③　イ．④　ウ．①

### 第2節　キリスト教

#### ① 古代ユダヤ教 (p. 24)

①ユダヤ教　②ヤハウェ　③旧約聖書　④契約
⑤選民思想　⑥モーセ　⑦シナイ契約　⑧十戒
⑨律法　⑩神殿　⑪預言者　⑫罪
⑬バビロン捕囚　⑭メシア　⑮ファリサイ派
**exercise** ③, ④
**Check! 資料読解** ②

#### ② イエス (p. 26)

①神の国　②福音　③山上の説教
④新約聖書　⑤病者　⑥ファリサイ派
⑦アガペー　⑧放蕩息子のたとえ　⑨隣人愛
⑩黄金律
**exercise** ①
**Check! 資料読解** （ⅰ）B　（ⅱ）A
**TRY!** 解説 敵の排除を安全・安心と言い換えて平和と比較してもよい。厳重なセキュリティの町と誰も鍵をかけない町，どちらが平和か？　などの例を示して意見を出し合い，そのあとで，他者に対する恐怖心・不安に目を向けさせ，排除で安全・安心が実現された状態ははたして平和な状態と言えるかなどの問いかけを重ねてもよい。

㉟良知　㊱致良知　㊲知行合一
exercise▶　③
Check! 資料読解▶　②

③ 老荘思想 　　　　　　　　　(p. 44)

①道家思想　②老子　③道　④無　⑤無為
⑥自然　⑦小国寡民　⑧無為自然　⑨柔弱謙下
⑩荘子　⑪万物斉同　⑫真人　⑬心斎坐忘
⑭逍遥遊
exercise▶　老子：④　　荘子：②
Check! 資料読解▶　④

TRY! 　人間の社会に，家族の情愛を原点とする仁という理想を築こうとする儒家において，善や美は，その仁において実現されるものとされた。一方，万物を生み出す宇宙の絶対的な原理を道ととらえた道家は，人知が生み出す善悪や美醜の価値は相対的なものだとして，そうした価値から自由になることに道に即した生き方があるとした。

第6節 宗教・芸術と人生 　　　(p.46)

①精神　②聖　③美　④宗教
⑤グローバル化　⑥デュルケーム　⑦美的感受性
⑧芸術　⑨ゴッホ
exercise▶　③

章末問題 第2章
人間としてのあり方生き方 　　　(p. 48)

① 問1　ア．イエス　イ．プラトン
ウ．アリストテレス　エ．ブッダ　オ．フロム
カ．孔子
解説 アの神の愛とはアガペーのこと。
イは直接的にエロースが説明されていないが，知恵を愛する者が，（理性によって）欲望や気概に支配されずに魂を調和させていくという記述からプラトンだとわかる。
ウの人間としてのよさ（徳）に基づいて成り立つものは友愛である。
エの生きとし生けるすべてのものに対する思いやりの心は慈悲である。
カの相手を思いやる心は恕であり，自分勝手な欲望を抑えることは克己である。
問2　A．友愛　　B．慈悲　　C．エロース
D．仁愛　　E．アガペー
② ②
解説 ②の遠くにいる者よりも近くにいる者を愛す

ることを重視するのは儒家の仁愛である。墨子は，儒家と対立して，自他の区別なく，無差別・平等に愛する兼愛を重んじた。
③の「神だけが真に知を愛する者」が誤り。ソクラテスは，人間は無知であるが，そのことを自覚するがゆえに知を愛し求めると考えた。
④の「個々の美しいものを愛する欲望」と「エロースは不要」の箇所が誤り。プラトンは，個々のものではない普遍的なイデアに憧れてそれをとらえようとするエロースを重視した。
③ a．③　　b．⑤　　c．④
解説 ①の神との関わりから自己自身のあり方を見つめ直すことを説いたのはイエスである。
②の苦行に専念することをブッダは説いていない。ブッダは，苦行に専念するのでもなく，快楽を追求するのでもない，その両極端を離れた中道を説いた。
④ 問1　③　　問2　ウ
問3　ウ
解説 ウの「普遍的真理が存在し，人類社会に不可欠」ということまでは，教科書 p. 77 および生徒A・Bの要約で述べられていないため，内容としてふさわしくない。
⑤ 問1　a．キ　b．エ　c．イ　d．ア
問2　②
解説 ②の「主観的真理を主張するならば，普遍主義と変わらない」という箇所が教科書 p. 77 の内容と照らして適当でない。

5

# 第3章 社会・世界と人間としてのあり方生き方

## 第1節 人間の尊厳

### ① ルネサンス (p. 52)

①ルネサンス ②人文主義 ③万能人(普遍人)
④レオナルド=ダ=ヴィンチ ⑤ミケランジェロ
⑥神 ⑦人間中心主義(ヒューマニズム)
⑧自由意志 ⑨マキャヴェリ

**exercise** ②

**Check! 資料読解** ①

**TRY!** (例)ピコによれば，人間は，ほかの動物とは異なり，自由な意志をもち，自分の生き方を自由に選ぶことができる。だとすれば，そのような人間として，自分にとって望ましい生き方を自分で考え，選び，主体的に生きるような存在になりたい。

### ② 宗教改革 (p. 54)

①宗教改革 ②ルター ③95か条の意見書
④信仰義認説 ⑤聖書 ⑥万人祭司説
⑦職業召命観 ⑧予定説 ⑨カルヴィニズム
⑩プロテスタンティズム ⑪イエズス会
⑫イグナティウス=デ=ロヨラ

**exercise** ③

**Check! 資料読解** ①，④

### ③ モラリスト (p. 56)

①モラリスト
②私は何を知っているか(ク・セ・ジュ)
③考える葦 ④中間者 ⑤気晴らし ⑥幾何学
⑦繊細

**exercise** ②

**Check! 資料読解** ア．人間 イ．宇宙
ウ．考える

**TRY!** (例)モンテーニュは，自己への無反省や他者への非寛容が対立や戦争をうみだすとして，自己反省をすすめ，寛容を説いた。このモンテーニュの主張をふまえ，人間は，自己を反省することによって，自らの無知を知り，謙虚になり，互いを認め，寛容にならなければならない。

## 第2節 科学・技術と人間

### ① 近代の自然観 (p. 58)

①科学革命 ②目的論的自然観 ③コペルニクス
④地動説 ⑤ケプラー ⑥ガリレイ ⑦観察
⑧実験 ⑨機械論的自然観 ⑩ニュートン

**exercise** ① ④
② ②
③ 問1 数学 問2 ガリレイ 問3 ③

### ② 新しい学問の方法―経験論と合理論 (p. 60)

①知は力なり ②イドラ ③種族 ④市場
⑤帰納法 ⑥経験論 ⑦合理論 ⑧方法的懐疑
⑨理性 ⑩演繹法 ⑪良識
⑫物心二元論(心身二元論) ⑬情念
⑭高邁の精神 ⑮バークリー ⑯ヒューム
⑰知覚の束 ⑱スピノザ ⑲神すなわち自然
⑳ライプニッツ ㉑モナド

**Check! 資料読解** ① ② ② ③

### Skill Up 自然観の比較 (p. 62)

**☑振り返りチェック** 問1 ③ 問2 ④
① 問1 A．アリストテレス B．デカルト
問2 ①目的 ②機械論的自然観 ③延長
④精神 ⑤物心二元論
② 問1 A．目的 B．理性 C．自然法則
D．知は力なり 問2 ベーコン

## 第3節 民主社会と自由の実現

### ① 民主社会の形成―社会契約説 (p. 64)

①自然権 ②万人の万人に対する戦い
③リヴァイアサン ④所有権 ⑤信託
⑥抵抗権 ⑦革命権 ⑧一般意志 ⑨共和国

**exercise** ④

**Check! 資料読解** ②

### ② 人格の尊厳―カント (p. 66)

①善意志 ②動機説 ③道徳法則 ④仮言命法
⑤定言命法 ⑥意志の自由 ⑦意志の自律
⑧人格 ⑨目的の国 ⑩永遠平和 ⑪批判哲学
⑫コペルニクス的転回 ⑬現象 ⑭物自体
⑮理論理性 ⑯実践理性

**Check! 資料読解** ①

**TRY!** ア．自由意志　　イ．考える
ウ．意志の自律

## ③ 人倫―ヘーゲル (p.68)

①絶対精神　　②自己外化
③自由の意識の進歩である　　④弁証法　　⑤テーゼ
⑥アンチテーゼ　　⑦ジンテーゼ　　⑧止揚　　⑨法
⑩道徳　　⑪人倫　　⑫家族　　⑬市民社会
⑭国家

**exercise** ②

**Check! 資料読解** ②

## 第4節　社会と個人

## ① 個人と社会との調和―功利主義 (p.70)

①見えざる手　　②共感　　③功利主義
④功利性の原理　　⑤最大多数の最大幸福
⑥量的功利主義　　⑦快楽計算　　⑧制裁
⑨質的功利主義　　⑩他者危害原則

**exercise** ③

**Check! 資料読解** ②

## Skill Up 帰結主義と義務論の比較 (p.72)

**Check! 資料読解** ① ⑥　② ②
**TRY!** ① A．○　　B．○　　C．×
② (例)道路の建設のような大規模な開発に関して，
それが社会全体の幸福をもたらすが，一部の人々の権
利を侵害する恐れがある場合，
・帰結主義に従えば，その開発は，全体として善い結
果を生み出すから，道徳的に正しい。
・義務論に従えば，その開発は，権利を尊重する義務
に反するから，道徳的に正しくない。
・帰結主義と義務論の両方に従えば，その開発は，社
会全体の幸福をもたらし，かつ，一部の人々の権利を
侵害しないかぎりで，道徳的に正しい。

## ② 社会の進歩と変革 (p.74)

①実証主義　　②三段階の法則　　③社会進化論
④エラン・ヴィタール　　⑤エラン・ダムール
⑥開いた社会　　⑦社会主義　　⑧オーウェン
⑨サン＝シモン　　⑩フーリエ　　⑪空想的社会主義
⑫科学的社会主義　　⑬疎外　　⑭類的存在
⑮唯物史観(史的唯物論)　　⑯上部構造
⑰下部構造　　⑱生産力　　⑲生産関係
⑳階級闘争　　㉑レーニン　　㉒フェビアン協会

㉓ベルンシュタイン　　㉔社会民主主義
**exercise** ア．ベルクソン　　イ．スペンサー
ウ．コント
**Check! 資料読解** ④
**TRY!** (例)現代の資本主義の社会でも，貧困や失業
などの社会問題は深刻であり，社会主義は，資本主義
を批判する立場として大きな意義をもっている。

## ③ 真理と行為―プラグマティズム (p.77)

①プラグマティズム　　②パース　　③ジェームズ
④有用主義(実用主義)　　⑤デューイ
⑥創造的知性　　⑦道具主義

**exercise** ①

## 第5節　近代的人間の見直し

## ① 主体性の再定義―実存主義(1) (p.78)

①死に至る病　　②主体的真理　　③実存　　④美的
⑤倫理的　　⑥宗教的　　⑦単独者　　⑧ニヒリズム
⑨奴隷道徳　　⑩ルサンチマン　　⑪神が死んだ
⑫善悪の彼岸　　⑬永劫回帰　　⑭運命愛
⑮力への意志　　⑯フッサール　　⑰志向性
⑱エポケー　　⑲現象学的還元

**exercise** ①

**Check! 資料読解** ③

## ① 主体性の再定義―実存主義(2) (p.80)

①限界状況　　②包括者(超越者)
③実存的交わり　　④愛しながらの闘い
⑤現存在(ダーザイン)　　⑥被投性
⑦世界―内―存在　　⑧世人(ダス・マン)
⑨死への存在　　⑩故郷喪失
⑪実存は本質に先立つ
⑫自由という刑に処せられている
⑬アンガージュマン　　⑭ボーヴォワール

**Check! 資料読解** ③

**TRY!** 社会を変える可能性を「私」のなかの真理に求
めるのが実存主義だった。既存の社会で役割を与えら
れている「私」のなかにある「私」をこえたものとは，キ
ルケゴールとヤスパースにとっては超越者，ハイデガ
ーでは死への存在，ニーチェでは力への意志，サルト
ルでは自由だった。

## ②・③ 近代的な「私」の問い直し―無意識の発見／思考は言語にしばられる―言語論的転回 (p.82)

①無意識　　②欲動　　③自我　　④イド(エス)

⑤エロス(リビード)　⑥超自我　⑦タナトス
⑧元型　⑨集合的無意識　⑩言語の恣意性
⑪ラング　⑫構造主義　⑬言語批判
⑭語りえぬものについては，沈黙せねばならない
⑮言語ゲーム　⑯言語論的転回　⑰クワイン
⑱全体論，ホーリズム
**exercise**　【a】自然科学　【b】日常生活
【c】言語ゲーム
**Check! 資料読解**　①

## ④ 社会関係のなかでの「私」の成立 ─構造主義 (p. 84)

①野生の思考　②知の考古学　③権力
④ポスト構造主義　⑤ラカン　⑥ドゥルーズ
⑦ガタリ　⑧デリダ　⑨脱構築
**exercise**　②
**TRY!** ①①
②（例）ポスト構造主義の思想家は，自分たちが前提にする無意識的な思考の枠組み自体を変えていく方法を模索した。普段，私たちが反射的に「正しい」と思うこと，あるいは「日本人だったら当然」といって「常識」を設定する態度を振り返り，ゼロベースで考えることで社会を変えていける。

## Skill Up 真理観の比較 (p. 86)

☑振り返りチェック　問1　③　問2　②
**Check! 資料読解**　①①　②③
**TRY!**（例）人はそれぞれ自分のことは自分で決める自由をもっているので，その自由は尊重されるべきである。相手のことを思ってなされるアドバイスも，それがどれだけの愛情に裏打ちされていたとしても，結局はその人の価値観の押しつけになる場合もある。むしろ愛が深いほど自由な判断ができなくなり，いわれるままに従わざるを得ない状況が作られるのだ。よって，価値判断はあくまで個人の自由に委ねられるべきだと思う。

## 第6節　現代の暴力に抗して

## 1・2 生命への畏敬と非暴力の思想／暴力のあとで─理性，人間，他者の見直し (p. 88)

①生命への畏敬　②サティヤーグラハ
③非暴力主義(アヒンサー，不殺生)
④キング牧師　⑤道具的理性
⑥権威主義的なパーソナリティ　⑦労働　⑧仕事
⑨活動　⑩他性　⑪他者　⑫顔

**exercise**　①
**Check! 資料読解**　①

## ③ 暴力のなかで─公共性，正義，共通善の実現 (p. 90)

①公共性の構造転換　②生活世界の植民地化
③対話的理性　④討議(コミュニケーション的行為)
⑤公正としての正義　⑥原初状態
⑦無知のヴェール　⑧正義の原理　⑨機能
⑩潜在能力(ケイパビリティ)　⑪リベラリズム
⑫共同体主義(コミュニタリアニズム)
⑬負荷なき自己　⑭共通善　⑮ボランティア活動
**exercise**　①
**TRY!**（例）貨幣を媒介にした取引で人間関係が決まる「生活世界の植民地化」の問題を解決するためにハーバーマスは，対話的理性による討議の必要を訴えた。ロールズやセンも経済原理とは異なる「平等」のあり方を問い，社会的な基本財や各人がそれぞれに能力を発揮できるような場を等しく分配しなければならないと考えた。それに対してテイラーやサンデルは，コミュニティの共通善を実現することで個々人の孤立が解決されるとした。

章末問題　**第3章**
## 社会・世界と人間としてのあり方生き方 (p. 92)

☑振り返りチェック　②
解説　「調整的正義(矯正的正義)」とは，裁判や取引などで当事者たちの利害・得失が均等になるように調整する正義のこと。
①は配分的正義に関する記述なので，誤り。
③アリストテレスは「知性的徳」と「習性的徳(性格的徳)」を身につけることを重視したが，両方を身につけることを調整的正義としたわけではないので誤り。
④は全体的正義に関する記述なので，誤り。
① 問1　⑦
解説　この問題では，構造主義が実存主義と対立する考え方であることをおさえたい。構造主義的人類学を確立したレヴィ＝ストロースは，西洋の近代的な主体性を重視するサルトルを厳しく批判した。
問2　②
解説　1960年代以降，西洋近代を特徴づける自我意識と主体性を重視する実存主義が人間の思考や認識の基礎となる構造を重視する構造主義に取って代わられたことをおさえたい。
② ①
解説　教科書 p. 138の内容から，「価値観を宙吊り

にしたうえでの対話が必要」という主張は，構造主義やポスト構造主義の立場である。構造主義やポスト構造主義が明らかにしたのは，自分たちが属する社会の価値観がその人を無意識にしばっているということであったので，Aには，「無意識のバイアス」が入る。また，デリダの脱構築は，二項対立でものを考える硬直した思考様式を変化させていくための手法であるため，①が正解となる。

②や④のBにある「社会的に弱者の立場に置かれている女性を積極的に救済することで，実質的な男女平等の実現」をめざすことをポジティブ・アクションという。

③ 問1 X．ベンサム　Y．アリストテレス
問2 エウダイモニア
問3 ③

解説 アリストテレスは知性的徳のなかでも，理性を純粋に働かせ，そのこと自体を楽しむ観想的活動が，人間の本質を完成させ，人間に最高の幸福（最高善）をもたらすと主張した。

①ストア派は宇宙を貫く理法（ロゴス）に従って生きることを主張した。エピクロスは精神的快楽のうちに幸福があると主張したが，それを最高善とよんでいない。

②プラトンは真の実在をイデアとよび，イデアを認識する哲学者が国家を統治しなければならないとする哲人政治を唱えた。

④アリストテレスは人間を社会的な存在ととらえ，共同体の善を重視したが，それを最高善としていない。

問4 ②

解説 アリストテレスは，いつも善い（正しい）行為をするような性格や資質をもつことを重要だと考えた。このような考え方を徳倫理学という。

善い行為を動機のうちに見出そうとしたのは，カントである。

④ ①

解説 センは人間が幸福になるには，「健康である」「社会に参加できる」など，社会で生活するのに必要なものを用いて達成できる状態や活動である機能やその集合である潜在能力が必要であると考えた。それらは，欲求などとは関係なく客観的にあげられるものである。よって，生活への満足という，それまで送ってきた人生によって異なる可能性がある主観的な幸福をセンは警戒する。それは偏った，歪んだ満足感を認めてしまうことにつながる恐れがあるからである。

# 第４章　国際社会に生きる日本人としての自覚

## 第１節　古代日本人の思想

### ① 日本人の自然観と気質 (p. 96)

①温帯モンスーン　②忍従的　③戦闘的
④牧場　⑤合理的　⑥風土　⑦花鳥風月
⑧万葉集　⑨古今和歌集　⑩極楽浄土
exercise ④
Check! 資料読解 ①
TRY! ア．桜の花　イ．満ち欠け

### ② 神との関わりと道徳観 (p. 98)

①アニミズム　②八百万の神　③祭祀　④神道
⑤折口信夫　⑥まれびと　⑦古事記　⑧祀る神
⑨重層的　⑩「なる」神　⑪禊
⑫清き明き心（清明心）　⑬正直　⑭罪
⑮祓え（祓い）　⑯天つ罪　⑰国つ罪
exercise 1．×　2．○
Check! 資料読解 ④
TRY! ア．祓え　イ．もとの状態に戻る

## 第２節　日本の仏教思想

### ① 仏教の受容 (p. 100)

①蕃神　②聖徳太子　③十七条の憲法　④和
⑤三宝　⑥世間虚仮，唯仏是真　⑦鎮護国家
⑧鑑真　⑨南都六宗　⑩行基　⑪山岳仏教
⑫最澄　⑬天台宗　⑭空海
⑮真言宗（真言密教）　⑯法華一乗思想
⑰一切衆生悉有仏性　⑱密教　⑲大日如来
⑳即身成仏　㉑加持祈禱　㉒神仏習合
㉓本地垂迹説
exercise ① ③　② ③
Check! 資料読解 ①

### ② 仏教の日本的展開―鎌倉仏教 (p. 102)

①空也　②南無阿弥陀仏　③源信　④往生要集
⑤浄土教　⑥厭離穢土　⑦欣求浄土
⑧観想念仏　⑨末法　⑩無常　⑪浄土宗
⑫専修念仏　⑬他力　⑭明恵　⑮浄土真宗
⑯絶対他力　⑰悪人正機　⑱自然法爾　⑲時宗
⑳踊り念仏　㉑臨済宗　㉒曹洞宗　㉓只管打坐
㉔心身脱落　㉕修証一等　㉖日蓮宗

㉗南無妙法蓮華経　　㉘唱題　　㉙法華経の行者
㉚法難　　㉛蓮如
**Check! 資料読解**　１　③　　２　①　　３　①

## ③　仏教と日本文化 (p. 105)

①西行　　②無常観　　③栄西　　④千利休
⑤茶道　　⑥わび　　⑦世阿弥　　⑧幽玄
⑨松尾芭蕉　　⑩さび　　⑪いき　　⑫九鬼周造

## 第3節　近世日本の思想

### 1・2　儒教の受容と朱子学／日本陽明学 (p. 106)

①仁政　　②藤原惺窩　　③林羅山
④上下定分の理　　⑤敬　　⑥存心持敬
⑦山崎闇斎　　⑧垂加神道　　⑨中江藤樹　　⑩孝
⑪人倫　　⑫良知
**Work**　ア．林羅山　　イ．山崎闇斎　　ウ．熊沢蕃山
**exercise**　１　①　　２　①

### ③　日本的儒学の形成―古学 (p. 108)

①山鹿素行　　②士道　　③伊藤仁斎　　④古義
⑤忠信　　⑥恕　　⑦誠　　⑧荻生徂徠
⑨古文辞学　　⑩安天下の道　　⑪先王の道
⑫礼学刑政　　⑬経世済民
**exercise**　④
**Check! 資料読解**　③

**TRY!**　朱子学は，個人が内的な道徳性を発揮し完成することで，共同体に秩序が実現すると考えた。これに対して仁斎は，個人は道徳の萌芽をもつに過ぎず，道徳は人と人との関わりのなかに成立するとした。一方徂徠は，共同して生きようとする本性とともに，個人の個別の能力に注目し，それが調和的に生かされる共同体を構想した。

### ④　国学の形成 (p. 110)

①契沖　　②国学　　③荷田春満　　④賀茂真淵
⑤ますらをぶり　　⑥高く直き心　　⑦本居宣長
⑧もののあはれ　　⑨惟神　　⑩真心　　⑪平田篤胤
⑫復古神道
**exercise**　１　①　　２　②　　３　④
**Check! 資料読解**　①

### 5・6　民衆の思想／幕末の思想 (p. 112)

①鈴木正三　　②西川如見　　③井原西鶴
④近松門左衛門　　⑤心学（石門心学）　　⑥正直
⑦知足安分　　⑧安藤昌益　　⑨法世　　⑩万人直耕
⑪自然世　　⑫二宮尊徳　　⑬天道　　⑭人道
⑮分度　　⑯推譲　　⑰富永仲基　　⑱山片蟠桃
⑲三浦梅園　　⑳蘭学　　㉑解体新書　　㉒杉田玄白
㉓高野長英　　㉔渡辺崋山　　㉕和魂洋才
㉖水戸学　　㉗尊王攘夷論　　㉘横井小楠
㉙吉田松陰　　㉚一君万民
**Check! 資料読解**　②

## 第4節　西洋思想の受容と展開

### ①　啓蒙思想と自由民権思想 (p. 114)

①文明開化　　②明六社　　③西周　　④福沢諭吉
⑤天賦人権　　⑥実学　　⑦独立自尊
⑧一身独立して一国独立す　　⑨自由民権運動
⑩植木枝盛　　⑪抵抗権　　⑫中江兆民
⑬恢復（回復）的民権　　⑭恩賜的民権
**Check! 資料読解**　１　③　　２　③

**TRY!**　（例）現代では障がい者やLGBTなど社会的弱者や少数者の人権に対する理解が進み，明治時代よりも人権思想が定着したと言えるが，女性の社会進出が先進国でも低いことなど，各種の社会的差別がいまだに残っており，人権思想のさらなる理解と発展がいまなお必要である。

### 2・3　キリスト教の受容／国家主義の台頭と社会主義思想 (p. 116)

①新島襄　　②植村正久　　③新渡戸稲造
④内村鑑三　　⑤不敬事件　　⑥二つのJ
⑦無教会主義　　⑧非戦論　　⑨教育勅語
⑩徳富蘇峰　　⑪国家主義　　⑫西村茂樹
⑬三宅雪嶺　　⑭国粋主義　　⑮陸羯南
⑯国民主義　　⑰社会主義　　⑱幸徳秋水
⑲大逆事件　　⑳石川啄木
**Check! 資料読解**　１　①　　２　②

### ④　近代的自我の確立 (p. 118)

①北村透谷　　②島崎藤村　　③与謝野晶子
④森鷗外　　⑤諦念　　⑥夏目漱石　　⑦内発的開化
⑧自己本位　　⑨大正デモクラシー　　⑩美濃部達吉
⑪天皇機関説　　⑫吉野作造　　⑬民本主義
⑭河上肇　　⑮白樺　　⑯武者小路実篤

⑰全国水平社　⑱西光万吉　⑲平塚らいてう
**exercise** ▶ ①
**Check! 資料読解** ▶ ②

## ⑤ 近代日本哲学の成立と超国家主義 (p.120)

①西田幾多郎　②主客未分　③純粋経験　④善
⑤和辻哲郎　⑥人間の学としての倫理学
⑦間柄的存在　⑧超国家主義　⑨北一輝
**exercise** ▶ ① 1. ○　2. ○
② ①
**Check! 資料読解** ▶ ①

## ⑥ 伝統の自覚と新たな課題 (p.122)

①柳田国男　②折口信夫　③民俗学　④常民
⑤南方熊楠　⑥宮沢賢治　⑦小林秀雄　⑧意匠
⑨坂口安吾　⑩丸山眞男
**exercise** ▶ ④
**Check! 資料読解** ▶ ①
**TRY!** （例）安楽死や尊厳死，臓器移植などの生命倫理の問題は各国で法整備をして対応する必要があるが，日本では日本の伝統的死生観をふまえなければ定着しないだろう。また，環境問題に関しても，近代の人間中心主義的自然観を反省し，自然と人間との関係を再考するためには，自分自身の置かれた自然環境やそこで培われた自然観を顧みる必要があり，日本の伝統的自然観をふまえたうえで国としてできる対応を考えるべきである。

## Skill Up 徳の比較―東洋思想と西洋思想 (p.124)

① 問　①自然　②仁　③理　④愛
② 問1　①ストア
②世界市民（コスモポリーテース）　問2　②
問3　アパテイア
③ 問1　①　問2　古義学

**章末問題 第4章**
## 国際社会に生きる日本人としての自覚 (p.126)

① ①
**解説** a には西洋の自然観，b には東洋や日本の自然観に関する説明が入る。「知は力なり」と唱えたベーコンは，観察によって自然を知ることで自然を統御することができると考えた。一方，東洋では古来，自然との交わりが重視された。ここでは，二つの自然観が対比的に説明されている。

② ①
**解説** 松尾芭蕉は『笈の小文』において，俳諧をみやびやかで趣があることを意味する風雅を求めるものであるとし，俳諧では，天地自然に従い，四季を友としていると説明している。芭蕉は花や月を例に出して自然を美的にとらえている。
②について，文中で芭蕉は「すべてのものは移りかわり滅びる無常」について説明していない。
③について，生きものや自然を人間からは最も遠い存在とは説明していない。
④について，生きものや自然を人間とまったく同じ存在とは説明していない。

③ 問1　④
**解説** 古代の日本人は偽りのない心で神に向き合う純粋で澄み切った心を重んじた。これを清き明き心（清明心）とよぶ。また，祭祀を妨害し，共同体を脅かすことを罪であると考えた。
①は「自然の中に神が存在することを認めなかった」が誤り。古代の日本人は自然の事物のうちに不可思議な力を認め，そこに神のあらわれを見出した。
②は「災厄が生じたときには身を慎んで，一切の祭祀を行わなかった」が誤り。神のあらわれが災厄の形をとったとき，人々は神の力をなだめるため，供物を捧げて神をもてなす祭祀を行った。
③の「人間が生まれながらに持っている罪」というのはキリスト教の原罪の考え方であって，古代の日本人の考え方ではない。
問2　③
**解説** 安藤昌益は，「あらゆる差別と搾取を排除した平等な社会」を自然世と呼び，理想とした。
①は長崎の商人の家にうまれた西川如見についての説明。「ただこの町人こそ楽しけれ」というのは，『町人嚢（ちょうにんぶくろ）』のなかの言葉。
②は二宮尊徳についての説明。農業は，稲と雑草の別を問わず万物を成長させる天道とそれに従いながら日々雑草を抜き穀物を得ようと努力する人道によって成り立つとした。
④は浄瑠璃・歌舞伎の脚本を書いた近松門左衛門についての説明。町人社会の身近な出来事を題材とする世話浄瑠璃を創始した。
問3　④
**解説** 純粋経験とは，主観と客観の区別がいまだあらわれない主客未分の直接状態のことである。たとえば人が音楽にわれを忘れて聞き入っているとき，そこには聞いている「われ」と聞かれている「音楽」との区別は意識されていない。

④ ②
**解説** 親鸞は，煩悩から離れることのできない罪深

い人間であることを深く自覚し，阿弥陀仏の慈悲にすがるしかない「悪人」こそが阿弥陀仏の本願で約束された救いの本当の対象であると説いた。

⑤　③

解説　善とは「自己の内面的要求を満足する者をいう」ので，「知情意合一」といった人格の実現というのが絶対的善である。

①は「善とは主客の別を明瞭にさせる」「知・情・意が別となった人格を実現する」が誤り。

②は「善とは主客の別を明瞭にさせる」が誤り。

④は「知・情・意が別となった人格を実現する」が誤り。

⑥　問１　④

解説　数学と英語を勉強することは，どちらも社会の善ではない。

問２　③

解説　荻生徂徠が唱えた経世済民とは，世を経め民を済うことであり，具体的には，現実社会の課題を解決して秩序を安定させ，民衆の安寧をはかること。

## 第5章　自然や科学技術にかかわる諸課題と倫理

## 第1節　生命の倫理　(p.130)

①生命倫理（バイオエシックス）　②自己決定権
③インフォームド・コンセント　④体外受精
⑤代理出産　⑥出生前診断　⑦着床前診断
⑧生命の神聖さ（SOL）　⑨安楽死
⑩リヴィング・ウィル　⑪ホスピス
⑫QOL（生活の質）　⑬ケア　⑭脳死
⑮臓器移植法　⑯バイオテクノロジー
⑰ヒトゲノム　⑱テーラーメイド医療
⑲ゲノム編集　⑳再生医療

**exercise**　ア．C　イ．A　ウ．B

## 第2節　環境の倫理　(p.132)

①レイチェル＝カーソン　②沈黙の春
③地球環境問題　④国連人間環境会議
⑤持続可能な発展
⑥国連環境開発会議（地球サミット）
⑦京都議定書　⑧パリ協定　⑨環境倫理学
⑩ピーター＝シンガー　⑪種差別　⑫自然の権利
⑬生態学（エコロジー）　⑭生態系　⑮土地倫理
⑯世代間倫理　⑰ケネス＝ボールディング
⑱持続可能な開発目標（SDGs）

**exercise**　④

**Check! 資料読解**　①

**TRY!**　（例）人類の文化や制度を維持するために必要な負担と義務は，現在世代と将来世代の間で平等に配分されるべきだ。この配分の原理を決めるのに，ロールズの正義論が役立つ。無知のベールは，自分がどの世代に属するか，自分の社会がどの文明段階に達しているか，自分の属する社会が貧しいのか豊かなのかなどの情報を遮断する。このような原初状態で選ばれる原理は，全世代が承認できるものになるはずだ。

## 第3節　科学技術の倫理　(p.134)

①IoT　②情報通信技術（ICT）
③ソーシャルメディア　④知的財産権
⑤プライバシーの権利　⑥個人情報保護法
⑦ファクトチェック　⑧情報リテラシー
⑨人工知能（AI）　⑩Society5.0
⑪ホモ・ファーベル　⑫クローン
⑬ラッセル・アインシュタイン宣言

**exercise**　②

**Check! 資料読解**　③

章末問題　第5章
## 自然や科学技術にかかわる諸課題と倫理　(p.136)

①　④

解説　ア　二酸化炭素の放出による気候変動は他者に危害を及ぼすことになるため，化石燃料で動く交通・輸送手段の利用を控えることはXの事例といえる。

イ　牛や羊などの家畜を飼育することは，自分自身の利益になることであるが，温室効果をもつメタンの放出を伴い，他者に危害を及ぼすことになるため，過剰な売買と利用をやめることはXの事例といえる。

ウ　温室効果ガスを削減するのではなく，防波堤の設置や移住の支援のために資金を拠出することは，危害への補償という行動であるため，Yの事例に該当する。

②　④

解説　イについて，カーソンが著したのは『沈黙の春』である。『奪われし未来』はコルボーンらによる著書。環境ホルモンによる人類や野生生物の生殖への影響を指摘し，警鐘を鳴らした。

ウについて，1992年に開催された地球サミットでは，「持続可能な発展」という理念に基づいて，リオ宣言や気候変動枠組条約などが採択された。宇宙船地球号は，経済学者ケネス＝ボールディングらによって使われた言葉。ボールディングは，宇宙船のような有限

な空間である地球を汚染しないよう，循環型の経済を
めざすべきと唱えた。

③ ①

解説 個人情報のデータ化による集積は，企業や公
的機関での業務の効率化などの利便性をもたらす一方
で，個人情報の漏えいやプライバシーの侵害などがし
ばしば起こっている。情報技術の発達にともなう社会
の変化についての記述として適当である。

②について，安全保障に関する情報や個人情報などに
は，非公開とすべきものがあるので，「あらゆる情報
が市民に公開される」という部分は誤りである。

③について，違法な複製は現在でも可能であり，「知
的所有(財産)権」の侵害が問題となっている。また，
情報技術の発達によって個人や企業の情報への不正ア
クセスやウイルス感染などの犯罪行為も生じている。

④について，前半は正しいが，マスメディアによる情
報操作の危険性は常にある。必要な情報を収集・分析
し，活用する情報リテラシーを高めることが求められ
ている。

④ 問 ③

解説 日本では，本人の意思に基づいて医師などが
致死薬を与えて死期を早める積極的安楽死も生命維持
治療をさし控えたり，おこなっている治療を中止した
りする消極的安楽死も法制化されていない。

①について，2009年に改正された臓器移植法では，
本人の意思が不明な場合も，家族の承諾があれば，臓
器を摘出することが可能になった。

②について，2009年に改正された臓器移植法によ
り，親族への優先提供も認められている。

④について，病気や事故によって機能が失われた組織
や臓器に対して，幹細胞を利用することによって機能
を再生させる再生医療の研究が進んでいる。

---

## 第6章 社会と文化にかかわる諸課題と倫理

### 第1節 福祉の課題 (p.138)

①合計特殊出生率　②高齢化　③核家族化
④地域共生社会　⑤NPO
⑥地域包括ケアシステム　⑦ロールズ
⑧ギリガン　⑨ケア　⑩ケアの倫理
⑪男女雇用機会均等法　⑫障害者基本法
⑬高齢社会対策基本法　⑭男女共同参画社会基本法
⑮ダイバーシティ＆インクルージョン

**Check! 資料読解** ア．正義　イ．普遍　ウ．ケア

---

### 第2節 文化と宗教の課題 (p.140)

①グローバル化　②文化的多様性　③多文化共生
④自民族中心主義(エスノセントリズム)
⑤文化相対主義　⑥異文化理解　⑦文化摩擦
⑧オリエンタリズム　⑨ベルクソン
⑩閉じた社会　⑪開いた社会
⑫愛の飛躍(エラン・ダムール)　⑬人類愛
⑭宗教摩擦　⑮共生　⑯宗教多元主義

**Check! 資料読解** ①ク　②キ　③カ　④エ

**TRY!** (省略)

---

### 第3節 平和の課題 (p.142)

①ウィルソン　②国際連盟　③モンロー主義
④国際警察力　⑤テロ国家　⑥消費社会
⑦広告技術　⑧物質的な豊かさ
⑨商品を媒介された関係　⑩公共性の構造転換

**exercise** ②

**Check! 資料読解** 「セオドア＝ルーズベルトによるモン
ロー主義の拡張」：ウ　「ウィルソンによるモンロ
ー主義の拡張」：ア，イ，エ

**TRY!** ① 第一次世界大戦以前のアメリカのモンロ
ー主義は，アメリカ大陸の諸国に対してアメリカ合衆
国が国際警察力となり，各国の独立を認めながら政治
経済的な介入を実現するものだった。第二次世界大戦
後の「平和」において，植民地主義から解放され，各国
の独立が認められたが，そこでもアメリカが世界の国
際警察力として，各国に介入する枠組みが踏襲され
た。

② (例)各人が自分の利益を最大化しようと自由に競
争することで現代社会は経済的に発展してきた。しか
し，気候変動の問題が示すように，自由競争では長期
的な視点で問題を解決することが難しく，未来の世代
に負債を残すものになっている。これまで「当たり前」
とされてきたものの考え方が通用しなくなってきてい
る状況では，物事を広い視野でとらえ直し，人に流さ
れず自分の頭で考えることが必要となると思われる。